本书获江西省高校人文社会科学重点研究基地项目《生态文明视域下环境法治与价值观的生态化转型研究》（项目编号：JD0938）资助

江西省高校人文社科重点研究基地
《环境资源法学文库》 主编／王世进

# 环境法治与伦理的生态化转型

HUANJING FAZHI YU
LUNLI DE SHENGTAIHUA ZHUANXING

邓永芳　赖章盛　著

中国社会科学出版社

# 图书在版编目(CIP)数据

环境法治与伦理的生态化转型 / 邓永芳，赖章盛著.—北京：中国社会科学出版社，2015.9

ISBN 978-7-5161-5617-9

Ⅰ.①环… Ⅱ.①邓…②赖… Ⅲ.①环境保护法-研究-中国 ②环境科学-伦理学-研究 Ⅳ.①D922.684②B82-058

中国版本图书馆 CIP 数据核字(2015)第 037452 号

| | |
|---|---|
| 出 版 人 | 赵剑英 |
| 责任编辑 | 任 明　梁剑琴 |
| 责任校对 | 闫 萃 |
| 责任印制 | 何 艳 |

| | |
|---|---|
| 出　　版 | 中国社会科学出版社 |
| 社　　址 | 北京鼓楼西大街甲 158 号 |
| 邮　　编 | 100720 |
| 网　　址 | http://www.csspw.cn |
| 发 行 部 | 010-84083685 |
| 门 市 部 | 010-84029450 |
| 经　　销 | 新华书店及其他书店 |

| | |
|---|---|
| 印刷装订 | 北京市兴怀印刷厂 |
| 版　　次 | 2015 年 9 月第 1 版 |
| 印　　次 | 2015 年 9 月第 1 次印刷 |

| | |
|---|---|
| 开　　本 | 710×1000　1/16 |
| 印　　张 | 13.75 |
| 插　　页 | 2 |
| 字　　数 | 209 千字 |
| 定　　价 | 56.00 元 |

凡购买中国社会科学出版社图书，如有质量问题请与本社营销中心联系调换
电话：010-84083683
**版权所有　侵权必究**

# 内容摘要

对环境法治有着重要影响的价值观是生态哲学伦理价值观。无论是东方还是西方,生态哲学、生态伦理的思想自古有之。但作为一门新学科,它们是现代自然环境保护运动的产物。经过一百多年的发展,流派纷呈,其中可分为两大流派,其一是以墨迪、帕斯莫尔等为代表的人类中心主义;其二是以辛格、雷根、施韦泽、莱奥波德、罗尔斯顿等为代表的非人类中心主义。在中国学界,从20世纪70年代开始引进和介绍西方生态哲学伦理学思想,经历了引进和移译、评价和研究、整合和创新等几个阶段,取得了颇为丰硕的研究成果。近年来,国内有不少学者致力于生态文明与环境法治关系的研究,同时,从法哲学的宏观视角对生态问题进行研究也日益受到重视。

但是,综合生态文明观、环境法哲学、生态伦理学来系统、深入研究的成果还不多见。综观近年来关于环境法治与伦理价值观方面的研究,大体呈现出如下趋势:其一,自觉以"生态文明"作为研究的整体视域。"生态文明"表征着一种新的社会形态的建构,关于环境法治与伦理价值观方面的研究首先应该对"生态文明"(如其社会形态)作进一步的研究。其二,特别突出法哲学的研究角度。对环境法治的深层次把握需要站在法哲学的高度。其三,重点关注道德—法律生态互动。道德—法律的生态互动实质上是一个生态文明建设的德治与法治的关系问题,对它的研究具有重要的理论价值,将为生态文明建设提供理论支撑,而伦理价值观的生态化转型又是其中一个关键性的论题。

在当代,生态哲学伦理深刻地影响着人类的生态价值观、生态决策行为,同时也推动、促进环境法治的建设和发展。事实上,生态哲学伦理是环境法治的基础，是环境法治的价值核心。而当今我国生态文明建设的宏伟事业，对于环境法治提出了更高的要求。因此，研究哲学伦理价值观的生态化转型，对于进一步完善环境立法、实现环境法律的生态化、提升人们的生态意识和法律意识、推动和促进人们积极投身生态文明建设，具有重要的实践意义。通过本课题的研究，从历史与理论的层面，深刻揭示哲学伦理价值观与环境法治的关系；依据生态文明社会的建设目标，揭示人类价值观生态化转型的必然性与必要性；提出生态价值观的构建设想，探究生态文化自觉的实现途径，等等。这些方面对于环境法学、生态哲学、价值哲学等理论学科的完善、发展甚至融合具有重要的理论意义。

就整体而言，本书的研究思路可以概述为：以生态伦理学为理论框架、以生态文明社会建设为背景和目标的道德—法律的生态互动研究，体现了独特的研究视域和学术关切。具体而言，涉及如下几个方面：

"明晰视域"。本书首先通过对生态文明社会形态的分析，提供一个研究"视域"——环境法治与伦理价值观生态化转型的背景和目标。在此基础上，进一步阐明道德—法律的生态互动对于生态文明社会构建的必要性、紧迫性和艰巨性。本书第一、二章主要阐述生态文明这一理论视域。

"理顺关系"。本书把生态文明建设中的德法关系问题具体化为生态伦理与环境法治之间的关系问题，使之更具有针对性、现实性和学科特性。本课题从理论和历史两个维度对此关系进行深入阐述，在此基础上进一步论述环境法治的多元化的伦理支撑。在方法论上通过对历史与逻辑、一般与特殊、中国与西方等方面关系的综合处理，为进一步论述奠定基础。本书第三、四、五章主要阐述生态伦理与环境法治之间的关系问题。

"关注建构"。伦理价值观的生态化转型是本课题关注的焦点。此部分涉及构建怎样的生态价值观以及从工业价值观向生态价值观转型等问题。生态价值观的建构是生态文明社会建设观念层面的一个核心问题，也是对生态伦理与环境法治关系问题的阐述的深化。伦理价值观的生态化转型还涉及其培育路径的研究。建设生态文明社会的途径是多样的，注重德性教化是其中重要的一个方面，在此，生态文化自觉构成德性教化高层次的要求。本书第六、七章主要阐述价值观的建构以及德性教化问题。

概而言之，本书"明晰视域"部分引入论述的背景和目标，"理顺关系"、"关注建构"部分渐次拓展为课题的主要内容和关键环节。经由问题的提出、分析与初步解决，本书中章节之间呈现出比较清晰的逻辑框架，并且体现出了整个研究的基础性、重要性、前沿性和现实性等特征。

# 目　录

**第一章　环境法治与伦理生态化转型的背景** ……………（1）
　第一节　生态文明社会形态转型的必然性 ………………（1）
　　一　转型的现实依据 …………………………………（1）
　　二　转型的科学基础 …………………………………（4）
　　三　转型的思想资源 …………………………………（6）
　第二节　生态文明：人类社会的全面转型 ………………（8）
　　一　生态文明的基本内涵 ……………………………（8）
　　二　人类文明发展中的人与自然关系 ………………（10）
　　三　生态文明社会形态的转型 ………………………（12）

**第二章　生态文明社会形态的系统结构** …………………（15）
　第一节　生态经济形态 ……………………………………（15）
　　一　生态文明社会的物质基础 ………………………（15）
　　二　发展生态经济的必要性 …………………………（17）
　　三　生态经济形态的主要内涵与运行机制 …………（18）
　第二节　生态政治形态 ……………………………………（21）
　　一　生态文明社会的制度保障 ………………………（21）
　　二　生态政治形态的基本框架和构建要求 …………（23）
　　三　生态政治形态的前景展望 ………………………（25）
　第三节　生态文化形态 ……………………………………（26）
　　一　生态文明社会的思想基础 ………………………（26）
　　二　生态文化形态的价值取向 ………………………（28）
　　三　生态文化形态的创新和发展 ……………………（30）
　第四节　生态主体形态 ……………………………………（32）

一　生态文明社会的主体变革 …………………………………（32）
　　二　生态主体形态的基本内涵 …………………………………（34）
　　三　生态危机下的生态主体形态的建设 ………………………（36）
第三章　环境法治与环境伦理的辩证关系 ……………………………（38）
　第一节　法律与道德的辩证关系 ………………………………（38）
　　一　道德与法律的辩证关系 ……………………………………（38）
　　二　对法律与道德关系认识的变化 ……………………………（40）
　　三　法律与道德出现融合的趋势 ………………………………（42）
　第二节　环境伦理推动环境法治的历史进程 ……………………（42）
　　一　环境伦理催生环境立法 ……………………………………（43）
　　二　环境伦理改变环境立法的目的 ……………………………（46）
　　三　环境伦理促使法哲学思想变化 ……………………………（50）
　第三节　环境伦理与环境法治的相互作用 ………………………（53）
　　一　环境伦理为环境法治提供价值灵魂 ………………………（53）
　　二　环境法治为环境伦理提供强有力支持 ……………………（59）
　　三　环境法律与环境道德出现融合的趋势 ……………………（60）

第四章　环境法治的生态化转向 ………………………………………（62）
　第一节　生态文明对环境法治的新要求 …………………………（62）
　　一　环境法治对于生态文明的意义 ……………………………（62）
　　二　生态文明对环境法治的新要求 ……………………………（64）
　第二节　生态文明与法律的生态化 ………………………………（66）
　　一　生态化与法律生态化 ………………………………………（66）
　　二　关于法律生态化的论争 ……………………………………（67）
　第三节　环境法治的生态化转向 …………………………………（69）
　　一　环境法调整对象的突破 ……………………………………（69）
　　二　环境法立法目的的生态化转向 ……………………………（77）
　　三　环境法保护目标的生态化转向 ……………………………（84）

第五章　环境伦理价值观的生态化转向 ………………………………（94）
　第一节　环境伦理的基本理念 ……………………………………（94）
　　一　人与自然关系的范式革命 …………………………………（94）

二　人类中心主义的基本理念 …………………………… (97)
　　三　非人类中心主义的基本理念 ………………………… (100)
  第二节　环境伦理价值观的生态化转向 …………………… (106)
　　一　环境法治愈加倚重价值观的变革 …………………… (106)
　　二　从"工具价值"转向"内在价值" …………………… (108)
　　三　从"内在价值"转向"价值同根" …………………… (113)
  第三节　两种主义从对立到统一的转向 …………………… (117)
　　一　当今学界对两种主义的调和 ………………………… (117)
　　二　消融"人的中心"的"现代人类中心主义" ……… (121)

第六章　生态价值观的建构 ………………………………… (123)
  第一节　生态价值观的建构原则 …………………………… (123)
　　一　生态性原则 …………………………………………… (123)
　　二　批判继承性原则 ……………………………………… (127)
　　三　先进性原则 …………………………………………… (135)
  第二节　生态价值观的基本体系 …………………………… (138)
　　一　生态发展观 …………………………………………… (138)
　　二　生态科学观 …………………………………………… (144)
　　三　生态和谐观 …………………………………………… (149)
　　四　生态公正观 …………………………………………… (154)
　　五　生态自由观 …………………………………………… (158)
  第三节　生态价值观的培育路径 …………………………… (162)
　　一　生态价值观培育的思想条件 ………………………… (162)
　　二　生态价值观培育的实践基础 ………………………… (165)
　　三　生态价值观培育的运行机制 ………………………… (168)

第七章　中国环境法治进程与中国特色环境伦理学的构建 … (174)
  第一节　中国环境法治进程及伦理缺失 …………………… (174)
　　一　当代中国环境法治的历史进程 ……………………… (174)
　　二　环境法治的伦理要求 ………………………………… (177)
　　三　当代中国环境法治的伦理缺失 ……………………… (179)
  第二节　"文化自觉"视角下中国特色环境伦理学的

　　　　构建 …………………………………………………（182）
　　　一　当代中国环境伦理学的发展 ……………………（183）
　　　二　"文化自觉"及其对中国特色环境伦理学的启示 ……（186）
　　　三　"文化自觉"视角下中国特色环境伦理学的构建 ……（191）
　第三节　以环境伦理的生态化推进中国环境法治建设………（194）
　　　一　以环境伦理的生态化推进中国环境立法建设…………（195）
　　　二　以环境伦理的生态化推进中国环境执法建设…………（196）
　　　三　以环境伦理的生态化推进中国环境守法建设…………（198）

**参考文献** ……………………………………………………（200）
**后记** …………………………………………………………（211）

# 第一章

# 环境法治与伦理生态化转型的背景

工业文明不可持续性的历史教训和现实压力使得人类不得不从因征服自然所带来的物质享受中遽然惊醒，不得不为曾经给自然界造成的难以弥合的创伤展开严厉检讨，不得不对关乎人类命运的"文明将向何处去"之类的问题进行审慎的思考。生态文明是人类为了走出生态危机的困局、实现社会文明可持续发展而作出的具有重大历史意义的理性抉择，是人类对传统社会文明形态特别是工业文明发展历程进行深刻反思和扬弃超越的成果，是人类社会文明发展理念、模式和路径的重大创新。作为对工业文明社会形态的扬弃，生态文明社会一定将会以否定之否定的形式实现人与自然"天人合一"的美好愿景。

## 第一节 生态文明社会形态转型的必然性

毫无疑问，工业革命以来的四分之一个千年里，人类创造了规模空前的工业文明。然而，20世纪中叶以来，生态危机的幽灵开始席卷全球，给人类的生存和发展敲响了警钟。1972年6月，在瑞典首都斯德哥尔摩召开的联合国人类环境会议发表了《人类环境宣言》，强调"保护和改善环境已经成为人类一个紧迫的目标"。新的时代、新的社会呼唤着新的文明形态，"生态文明"应运而生。可以说，生态文明是人类为了走出生态危机的困局、实现社会文明可持续发展而作出的具有重大历史意义的理性抉择。

### 一 转型的现实依据

工业革命以来，人类的社会实践活动一直"风帆高扬、凯歌猛进",但这辉煌的成就始终是以伤害大自然为代价的。大气污染、臭氧层破坏、水污染和淡水匮乏、耕地锐减和土地沙漠化、自然能源紧缺、生物多样性锐减,如此等等,不一而足,无不说明当前人类文明已走到了生死存亡的边缘。2007年10月26日,联合国环境规划署在北京发布了《全球环境展望（四）》（GEO4, Global Environment Outlook 4），该报告着重对过去20年间的环境状况和趋势以及大气、土地、淡水、海洋地区、生物多样性等专题下的相关政策进行了回顾,分析了全球应对环境问题所取得的进展和教训,通过情景模式对从现在开始到21世纪中期人类可能面临的环境状况进行了预测,提出警示:人类已经逼近环境恶化的"引爆点"[①]。何至于斯!

现实表明,价值观的扭曲是导致严重生态环境问题的思想性因素。工业文明奉行的是"人类中心主义"价值观,它认为人是世界唯一的价值评定者,自然存在的意义就是满足人的需求、为人的目的服务。在这种意义世界里,人类曾自豪地认为自身的"生存"就是对自然世界无止境的"索取",即"无止境的索取＝完全的自由＝绝对的幸福"。如此,工业文明的物质生产活动从来就只关注人的存在,而不考虑其他物种的生存,甚至往往是以牺牲自然界生存的方式来发展社会生产力。开发土地、伐采林木、探明矿藏,"所有这一切理由最终都这样或那样地与人类利益有关,而不是大自然本身的利益"[②]。但是,"拿走的比送还的多",长此以往,不仅造成"社会物质生产"和"自然界物质生产"的尖锐对立,而且戕害了地球生物圈物质循环的生态学基础,因而最终威胁到了人类和其他生物的永续生存。

而近代以降的工业文明生产方式是生态环境恶化最直接的因素。在"人类统摄自然界"思想的教唆下,加之资本主义生产方式奉行

---

① 参见《联合国〈全球环境展望（四）〉（GEO4）在北京发布》，2007年11月2日，中国科学院（http://www.cas.cn/xw/yxdt/200711/t20071102_985292.shtml）。

② 甘绍平：《应用伦理学前沿问题研究》，江西人民出版社2002年版，第134—135页。

"利润最大化"的原则,近代以降的工业文明把工人和自然同时裹挟进"血腥剥削"的范围,由此埋下了社会、生态"双重危机"的祸根。工业文明在一定的人类社会发展阶段具有历史进步性和社会合理性,它在短短一百年中创造的物质财富比人类过去全部世代社会生产力所创造的还要多、还要大。然而正如恩格斯所说,资本主义工业文明生产方式"包含着现代的一切冲突的萌芽"。工业文明的长期生产需要满足两大前提:一是自然资源取之不竭、用之有余;二是大自然对废弃物有着无限的降解能力。可是,事实上,工业文明的粗放型、高消耗、低效率的发展方式无法满足这两个前提条件,所以它不可能不带来不公正、不可持续和反人类的恶果:

首先,它是不公正的。工业文明滥用资源、破坏环境的生产方式,不仅对他人不公正,也对后代不公正,还对大自然的其他物种不公正。其次,它是无法长期维持的。据中国科学院严陆光院士在2010年的估计,地球数十亿年间沉积下来的化石能源,大约仅能继续供人类开发使用100年。[①] 而今此类数据比比皆是,触目惊心。最后,它是"反人类"的。对大自然无止境的开发,使得生态环境日趋恶化,人类正在逐步沦为"生态难民",输得彻头彻尾:"人自身的价值也就随着自然价值的消解而消解了——人占有得越多,得到的却越少。"[②]

无论是从思想看,还是从行动看,工业文明都解决不了人与自然之间的矛盾,因而另一种全新的文明应该诞生。也就是说,工业文明向生态文明的转型,并不是人类自身的想当然,而是人类文明发展、进步的迫切呼唤。地球上的空间和资源是有限的,它既不能够也不应该承纳过多的人口、过度的开发和过量的排放。为了摆脱生态危机的威胁,自20世纪中叶始,自诩"高举环保大旗"的西方发达国家,调动最优秀的科技力量和最强大的经济实力以发展先进的环保事业,

---

[①] 参见郑欣荣《全球化石能源还够用多久?中科院院士估计约100年》,《长江日报》2010年3月12日第12版。

[②] 孙道进:《马克思主义环境哲学研究》,人民出版社2008年版,第119页。

虽然取得了一些可喜成果，但并没有从根本上扭转生态环境持续恶化的趋势，甚至同之前的情形相比，生态安全的情势反而更加严峻了，以至于滋生了制约经济社会持续发展、健康发展的"瓶颈"。生态问题的症结究竟在哪里？其实，我们应当站在时代的前沿，从转变社会发展方式的视角来思考。如果过去半个世纪环境保护的历程和生态持续恶化的现实为人类带来了什么警示的话，那就是：工业文明本身不可能自我缓解生态危机，而地球上的自然资源再也无法继续支持工业文明的发展。

当前，人类文明已经步入新的发展时期，如果我们依然套用老旧的发展方式——工业文明模式来进行思考和行动，那么只能是使既有的社会（人和人）矛盾与生态（人和自然）矛盾变本加厉、雪上加霜。这种双重的深刻矛盾只有在超越工业文明的发展模式之后、建立了新型的生态文明模式之时才能够获得根本性的解决方案。概而言之，工业文明所面临的多重发展问题，正向我们昭示着人类社会必然走向生态文明向度的社会转型，从而建立全新的社会文明形态。

## 二 转型的科学基础

当前人类全部的现代化生活都与科学技术的进步息息相关。一句话，是科学技术的高度发展造就了现代人类社会文明。然而，工业革命以来的科学技术却始终处于"自相矛盾"的尴尬境况：一方面，依赖于科技进步，人类具备了认识自然和改造自然的强大能力；另一方面，现代科技的运用也导致了相应的负面效应，其中包括自然环境普遍恶化。为什么会这样？这里有一个"科学技术的合理性"的问题。早在1750年，法国启蒙思想家卢梭在递交给第戎学院的征文《论科学与艺术》中就曾探讨过科学技术对于道德的负面影响问题。20世纪中后期，西方国家的一些学者在关于"科学、技术、社会"（STS）的研究中，又提出了"科学技术的负面作用"的论题。当然，他们都未能探究出令人信服的关于科学技术异化的真正根源。其实，"科学本身对人与物的关系，以及人们现有的世界观所导致的他们的行动方式，都不感兴趣"①。因为科学技术本身是中立的，并无所谓对与错，所以试图将科学技术运用不当所导致的负面效应归结于科学技术本身，进而提出"科技悲观论"甚至"反科学主义"的论调是不对的，它既犯了把属于人的错误归之于物的逻辑错误，也有悖于人类社会发展的历史事实。

从根本上说，科学技术在运用中对自然环境造成的"双刃剑"效应是对其"工业文明生产方式应用"的必然后果。对此，美国著名生态学家、华盛顿大学巴里·康芒纳教授以洗涤剂、化肥、汽车、汞的运用等为例，指出："如果现代技术在生态上的失败，是因为在完成它的既定目标上的成功的话，那么它的错误就在于既定的目标上。"② 因此，如果说工业革命以来"科学技术上的成功，却是生态上的失败"的话，那么这是因为当时的科学技术以机械唯物主义为指导，属于科学主义范式的失败。

如何走出这一科学主义范式悲剧呢？人们已经开始清醒地意识到，科学技术发展的"生态化"转向是人类文明根本转型的重要前提。环境危机虽发端于对科学技术的不恰当运用，但作为第一生产力的科学技术却不可弃之不用。建设生态文明、促进"人与自然的和谐"，最终依然要寄希望于科学技术的力量，只不过科学技术的运用必须经历一个"生态化"的环节。1972年的《人类环境宣言》指出："必须应用科学和技术，以鉴定、避免和控制环境恶化"，也就是说人类必须发展"促进可持续发展的科学技术"；1992年里约热内卢的《21世纪议程》又从"加强可持续发展的科技基础"、"增进对科技的了解"、"改进长期科学评价"、"增强科技的能量和能力"4个方面提出了科学技术发展"生态化"的具体目标。进入21世纪，以太阳能、地热能、空气能、生物质能等为代表的新型能

---

① [英] 弗里德里希·A. 哈耶克：《科学的反革命：理性滥用之研究》，冯克利译，译林出版社2003版，第15页。

② [美] 巴里·康芒纳：《封闭的循环——自然、人和技术》，侯文蕙译，吉林人民出版社1997年版，第48页。

源获取技术,以循环、低碳、绿色、集约为发展方向的能源使用技术,正在全球范围内日新月异地迅猛发展。在美国,奥巴马总统在2009年上任之初就提出:"美国准备在新技术和环保问题上重新领导世界",2009年、2011年美国政府连续两次出台的《美国创新战略》,都强调要开发使用新型能源和可再生能源,以争夺世界未来新科技发展的制高点;在欧盟,2002年就启动了"第六框架研究计划",提出将纳米科技、资源环境科技等作为优先研发领域,到2020年欧盟各成员国在科技方面的财政投入比重必须占到当时GDP的3%以上;在日本,2009年日本政府出台了"数字日本创新计划",也提出要促进生态、智能等新兴科技产业的发展。另据国际能源署不完全统计,截至2005年底已有50多个国家和地区出台了有关鼓励新型能源和可再生能源发展的政策。

纵观人类社会的发展历程,科学技术始终是"一种在历史上起推动作用的、革命的力量"[①]。在历史上,指南针、火药、印刷术等伟大发明曾帮助西方新生的资产阶级打碎封建主义的枷锁,从而由农业文明大踏步走向工业文明。在今天,生态化的科学技术以及科学技术的生态化运用也将会为另一种文明的诞生而助力。应当坚信,科学技术发展的"生态化"转型,必定能开创出社会物质生产的全新的技术形式,为人类新文明开启最富有希望的根本性转机。方此时,"人类将加速获得对自然和社会生活中的双重自由,形成一种不同以往的、没有根本冲突的利益关系,从而孕育出新的社会制度"[②]。

### 三 转型的思想资源

早在生态危机初见端倪、尚未引起人们普遍重视的时代,马克思、恩格斯就提醒人类应当意识到"自身和自然界的一体性"。全球性的生态危机,打破了工业文明的发展神话。这时,"工业文明(工业文化)伴随其最高成就的达到,它所固有的问题出现恶化现象,开

---

① 《马克思恩格斯全集》第3卷,人民出版社1972年版,第575页。
② 许明达:《第三个台阶》,社会科学文献出版社2005年版,第383页。

始走向衰落，它被新社会（新文化）代替就成为不可避免的了"①。

20世纪中叶以来，环境保护运动风靡全球、高潮迭起。1962年，美国学者蕾切尔·路易斯·卡逊出版了《寂静的春天》一书，书中以令人触目惊心的案例阐述了因大量使用DDT而对环境造成的破坏，敲响了资本主义工业文明生态危机的警钟，并掀起了全球范围内的现代环境保护运动。1972年，罗马俱乐部发表的研究报告《增长的极限》提出："地球的有限性"决定了"增长的极限性"，必须使社会发展改变目标，朝着均衡的方向进步。② 此后，罗马俱乐部还陆续发表了多个重要的生态环境报告，以唤起公众对生存环境的关注，并增强人类的环境保护意识和未来发展意识。面对生态危机的挑战，人类在对自身处境和前景进行思考和探索时，呈现出各种观点百花齐放、百家争鸣的场景。

尽管截至目前，人们的相关认识仍然存在分歧，甚至相互矛盾，一些见解和结论也存在片面性，但保护大自然、保护地球的共同呼声越来越强烈。1991年，世界自然保护同盟、联合国环境规划署等联合发表的《保护地球——可持续生存的战略》指出：关心地球是每个人的事情，这是人类新的道德原则，是生态文明的道德原则。1992年里约热内卢《环境与发展宣言》的发表，使得可持续发展由理论成为世界各国人民共同的价值追求。2005年2月16日，《京都议定书》正式生效，人类历史上第一次以国际法的形式来约束温室气体的排放。1997年的日本京都联合国气候变化框架公约会议、2002年的南非约翰内斯堡联合国可持续发展大会、2009年的丹麦哥本哈根联合国气候变化大会，说明生态环境保护屡屡引起国际社会和各国政府的广泛关注。世界水日、地球日、防治荒漠化日、人口日等不断提出，据不完全统计，目前全球性的和生态保护相关的纪念日已达14

---

① 余谋昌：《环境哲学：生态文明的理论基础》，中国环境科学出版社2010年版，第4页。

② 参见［美］丹尼斯·米都斯《增长的极限》，李玉恒译，四川人民出版社1984年版。

个，这意味着全世界在可持续发展的道路上迈出了相同的步伐。

对生态文明价值观的普遍诉求，不仅体现在人们理论上的呼吁，更在于将生态文明的理念作用于社会各构成要素并与之结合。德国动物学家恩斯特·海克尔在1866年最早提出了"生态学"的概念，并将外部世界理解为广义的生态条件。进入20世纪，"生态学"被广泛地渗入自然科学、工程科学和人文社会科学的研究领域，"文化生态学"、"人口生态学"、"城市生态学"、"生态神学"、"生态伦理学"等学科如雨后春笋般诞生。有关生态问题的研究逐步成为显学，一些学者也开始力图从建构"生态社会"的角度开拓正视人与自然关系的新视野。霍尔姆斯·罗尔斯顿（美国）的《哲学走向荒野》、维克多·奥辛廷斯基（波兰）的《未来启示录》、巴里·康芒纳（美国）的《封闭的循环——自然、人和技术》、威廉·莱斯（加拿大）的《自然的控制》、罗宾·柯林伍德（英国）的《自然的观念》等大批经典著作，纷纷从探究人类社会同自然世界内在契合的可能性和必要性出发，呼吁和启示着有关人类社会发展的生态化转型研究，对唤起人们的生态意识、促进生态文明向度的价值观转变起到了重要的推动作用。

生态文明是人类在新的生存、发展愿景面前对以往自身行为的痛切反省。当前，生态文明已成为全人类的共同期许。人们深刻体味到："构建生态社会是消除生态危机并恢复自然界生机勃勃景象的现实的迫切要求，是维持人类社会自身存在与发展、避免人类自我毁灭的现实要求。"[①]

# 第二节 生态文明：人类社会的全面转型

## 一 生态文明的基本内涵

文明的内涵十分丰富，古今中外思想家们众说纷纭，莫衷一是。

---

[①] 曹孟勤、徐海红：《生态社会的来临》，南京师范大学出版社2010年版，第193页。

但大多数都认为文明表征的是人类社会先进的、积极的进步状态，它与野蛮、愚昧相对立。马克思主义经典作家恩格斯认为："文明是实践的事情，是一种社会品质。"① 恩格斯对文明的定义恰好突出了文明的实践性与社会性的统一、静态性与动态性的统一，它有助于我们科学界定生态文明的内涵。在这里，文明的内涵应包括以下几个基本要点：第一，文明是人类实践活动的产物；第二，文明具有社会品质；第三，文明是人类社会发展的进步状态；第四，文明是社会整体的进步；第五，文明是一个不断进化发展的过程。②

学术界对生态文明的界定主要侧重于两种维度：一是生态文明形态的地位；二是生态文明的关系。③ 关于前者，有学者认为，生态文明应是一种独立的形态，它是相对于农业文明、工业文明的一种社会经济形态，是人类文明演进到一定阶段出现的产物。生态文明是对工业文明的发展与超越，是一种新的文明形态。它不再单纯地追求经济目标，更注重经济生态双重目标的实现，从而使社会、经济、自然协调一致，实现可持续发展与人的全面发展。生态文明的实现要求人们树立人与自然和谐发展的文化价值观、可持续发展的社会发展观、以"生态技术"为核心的科技发展观以及树立绿色消费至上的科学消费观。④ 而另一种观点是，生态文明不是一种独立的形态，而是一种处于依附地位的形态。生态文明是相对于物质文明、精神文明、政治文明而言的，它渗透在物质文明、精神文明、政治文明之中，并与物质文明、精神文明、政治文明相互依存、共同生长。

然而，这两种说法都不能准确揭示生态文明的内涵，前者片面强调生态文明是一种静态的结果，而忽略生态文明的发展是一个复杂的动态系统过程；后者则片面强调生态文明是一个动态发展过程，而忽

---

① 《马克思恩格斯全集》第1卷，人民出版社1956年版，第666页。
② 参见虞崇胜《政治文明论》，武汉大学出版社2003年版，第49页。
③ 参见张首先《生态文明：内涵、结构及基本特性》，《陕西师范大学学报》2010年第1期。
④ 参见李应振《从农业文明到生态文明：走向人与自然的和谐发展》，《阜阳师范学院学报》（社会科学版）2006年第2期。

略了生态文明亦是一个相对稳定的文明形态。由此可见，生态文明的内涵便可这样界定：生态文明就是人类在改造自然、社会和自我的过程中不断地促进人与自然、人与人、人与社会、人与自身和谐共生的进步状态。

## 二 人类文明发展中的人与自然关系

一部人类社会的发展进步史，其实是一部人与自然关系的演变史，因为"人类历史的根基处在生态系统的运行方式中"[①]。众所周知，马克思社会形态理论在哲学史上实现了自然观和历史观的统一，在《1844年经济学哲学手稿》一书中，青年时期的马克思即已指出："社会是人同自然界的完成了的本质的统一，是自然界的真正复活，是人的实现了的自然主义和自然界的实现了的人道主义。"[②] 这是马克思在展望人类未来的共产主义社会时，对人与自然关系所作的深刻且富于启发性的论述。当然，马克思所关注的自然不仅是先在的、自在的自然，而且是属人的自然、对象性的自然。在马克思看来，人与自然关系的问题贯穿于人类社会的发展始终，是人类文明发展中必须面对、无法摆脱的基本关系。因此，运用马克思社会形态理论的原则，我们也可以以人与自然关系的演化为线索，从人类社会在不同生产力水平基础上的生产、生活对自然所造成的影响，来对人类社会的发展历史进行阶段分期。对此，学术界较一致的观点是：人类社会文明至今已经经历了原始文明、农业文明、工业文明三个发展阶段。

原始文明时期，人类的力量在神秘的自然界面前是那么渺小，和其他的动植物一样，人类要想生存就必须遵循自然界的法则。在原始文明的这种人与自然关系中，自然居于主导地位，人类只能以狩猎、采摘、渔捞等天然的劳动方式来获得所必需的生活资料，丝毫没有凌驾于其他自然生物之上的优越性，他们所追求的目标是如何顺应自

---

① ［英］克莱夫·庞廷：《绿色世界史：环境与伟大文明的衰落》，王毅、张学广译，上海人民出版社2002年版，第417页。

② 《马克思恩格斯全集》第42卷，人民出版社1979年版，第121—122页。

然。"古者丈夫不耕,草木之实足食也;妇人不织,禽兽之皮足衣也。不事力而养足,人民少而财有余。"① 这一时期,人和自然共生共存、共同进化,其相互作用关系为生态规律所支配,表现出"天人合一"的原始和谐状态。

伴随着社会生产力的进步,人类在生产、生活中开始广泛地使用金属工具和畜力,使得人能够从纯粹的体力劳动中解放出来,并从自然界的众多物种中脱颖而出,人类社会开始步入农业文明时代。这时,人对自然界的依附性相对减弱,人类开始积极地认识大自然,并利用自然资源为自身的生产、生活服务。"天定则胜人,人定则胜天;故狼众则食人,人众则食狼。"② 当然,在农业文明时代,人类对自然资源的开发能力还是十分有限,人的能动性并不足以打破自然生态系统的自我调节和循环再生的本来状态。总体来看,农业文明时期的生态秩序没有发生失衡,自然环境也没有出现明显的恶化。

18世纪中后期开始的工业革命,开启了人类社会发展的全新历史时期,自此机器大工业取代工场手工业,科学技术取得显著进步,社会生产力获得迅猛发展。在人与自然的关系上,"人是大自然主宰"的哲学理念占据了绝对的统治地位,人类开始以"征服者"和"主宰者"的身份自居,由以往的崇拜自然、顺应规律,转变成随心所欲地征服自然、支配万物。人类在改造大自然的行动中取得了空前胜利,但是让人类始料未及的是,空气污染、资源紧缺、水土流失、气候异常等全球性的生态问题,已经悄然对人类的生存构成了重大威胁,人与自然的关系已走向了严重的对立状态。

100多年前,恩格斯就曾用美索不达米亚、希腊等地的土地和森林被破坏的事例来警戒人类:"不要过分陶醉于我们对自然界的胜利,对于每一次这样的胜利,自然界都报复了我们。"③ 当前,日益严峻的生态危机迫使人类不得不重新思考未来社会文明的发展方向,人们

---

① 《韩非子·五蠹》。
② 《吕氏春秋》。
③ [德] 弗里德里希·恩格斯:《自然辩证法》,人民出版社1971年版,第158页。

越来越清醒地意识到，不顾环境污染和生态破坏，一味追求经济高速增长的做法是极不可取的。正是这种清醒的态度开启了人类社会文明发展的一场深刻变革。20世纪中后期以来，在对人与人、人与自然、人与社会关系进行理性思考和审慎反思的基础上，"生态文明"的理念在全世界范围内开始逐渐深入人心。生态文明，作为一种社会形态的财富，指的是"人类遵循人、自然、社会和谐发展这一客观规律而取得的物质与精神成果的总和"①，它强调人与自然的互相依存、彼此促进，既追求人与自然关系的和谐，也呼唤人与人、人与社会关系的和谐，并且认为人与人、人与社会关系的和谐是人与自然关系和谐的基础。可以说，生态文明是人类对传统社会文明形态特别是工业文明发展历程进行深刻反思和扬弃超越的成果，是人类社会文明发展理念、模式和路径的重大创新。

## 三　生态文明社会形态的转型

马克思始终强调，人类社会文明的进步程度是由其所处的生产力发展阶段所决定的。工业文明时代，在"人类中心主义"思想的指导下，工业文明"在价值观上，不承认自然价值；在思维方式上，运用线性非循环思维发展线性经济"②。人类依靠科学技术的进步和机器大工业的发展，取得了空前巨大的经济社会发展成就，也使得人类沉湎于对自然的征服、利用和改造的狂热之中。300年来，人类在世界范围内征服大自然的活动达到了极致。然而，对自然界肆无忌惮、毫无节制的开发、利用和索取，也导致了大自然对人类的无情惩戒。当前，生态危机已经成为威胁人类生存和发展的全球性问题。20世纪中叶以来，尽管人类动用了大量的人力、物力、财力，力图来扭转人与自然关系紧张的局面，但在付出了巨大的努力后，却发现生态环境问题在全球范围内依然是"局部有所缓解、整体持续恶化、形势不

---

① 姬振海：《生态文明论》，人民出版社2007年版，第2页。
② 黄承梁、余谋昌：《生态文明：人类社会全面转型》，中共中央党校出版社2010年版，第82页。

断严峻"①。一系列全球性的生态环境危机表明：工业文明的发展模式是导致当前人类经济社会发展不可持续的根本原因，在工业文明价值观的引领下，人类是不可能走出已经越陷越深的生态环境危机的。人类社会文明的发展、进步和延续，迫切要求实现对工业文明的超越。

工业文明的发展窘局，成为推动人类社会文明发展进步的重大转折机遇。马克思在《资本论》第一卷中论述人类社会历史的变革时，从辩证法的视域明确指出："转变的顶点，是全面的危机。"② 当前，"工业文明开始走下坡路，一种新的文明——生态文明正在成为上升中的人类文明，预示一种新社会——生态文明社会的到来"③。纵观人类社会历史，人与自然的关系始终是影响人类社会文明发展进步历程的重要因素。在特定的历史阶段，人类和自然的关系可能处于相对和谐的情境，也可能处于冲突甚至对立的状态，而正是这一矛盾关系，推动着人类社会文明的不断演变进步。工业文明扭曲的价值观、掠夺型的生产方式和不可持续的发展模式，对整个自然环境以及人类生存发展构成了重大威胁；生态文明则要求人类在认识和改造世界的时候，必须遵循人与人、人与社会、人与自然关系互相协调的客观规律。

在这里，"生态文明这一概念可以有广义（社会形态）与狭义（社会文明的一个方面）之分，但广义的生态文明社会形态概念的确立显得更为迫切，且意义重大"④。当今时代，人与人、人与社会之间关系的异化，突出表现在人与自然之间关系的异化上。将生态文明建设成为延续人类社会文明可持续发展的新型社会形态，实现人、自

---

① 杨学博：《从战略高度破解环境污染难题（问对）》，《人民日报》2013年7月28日。
② [德] 卡尔·马克思：《资本论》第1卷，郭大力、王亚南译，人民出版社1975年版，第二版跋。
③ 余谋昌：《生态文明论》，中央编译出版社2010年版，第65页。
④ 赖章盛：《关于生态文明社会形态的哲学思考》，《云南民族大学学报》（哲学社会科学版）2009年第5期。

然、社会的共同进步、和睦共荣,是时代发展的必然趋势。生态文明的社会形态,在生产力上,强调人们认识和改造自然的创新能力,并突出表征为生态环境对人类生存和发展的影响;在生产关系上,要求构建维护人与自然关系协调发展的社会关系;在人的发展上,认为只有通过实现人与自然的和谐,才能真正促进人的全面而自由的发展。

生态环境同全人类的生存与发展息息相关,生态文明的理念不仅仅在于引导人们亲近自然、保护生态,而是要将其上升为人类共同的生存理念和行为准则,成为一种新的世界观、价值观,从而使每个人都清醒地意识到"他和他所栖居的大自然是一个休戚与共的整体"。以"人与自然的和谐"为目标,这表明人类在认识和处理自身与自然关系方面达到了崭新的文明层次,不仅体现着人类社会文明理念和价值追求的转变,还意味着人类社会将实现由工业文明向生态文明时代的重大变革。当前,生态文明向度的社会形态转型,是引领人类走出生态困境的必由之路,这条道路是人类进行自我反省并科学总结工业文明发展经验教训的结果,是人类社会发展进步的现实必要性与历史必然性的辩证统一。我们有理由相信,作为对工业文明社会形态的扬弃,生态文明的社会形态一定将会以否定之否定的形式实现人与自然"天人合一"的美好愿景。

# 第二章

# 生态文明社会形态的系统结构

建立在一定社会生产力水平上的经济基础和上层建筑相互统一而组成的社会模式即人类社会形态。作为人类社会文明的高级形态，生态文明社会囊括了人类为实现人与自然关系和谐所作出的一切努力和所取得的全部成就。建设生态文明，就是在生态危机的时代背景下，以生态学规律为基础，对人类社会所进行的一次重大转型，它是涉及政治、经济、文化及其主体等在内的社会文明形态的全面变革。

## 第一节 生态经济形态

### 一 生态文明社会的物质基础

在生态危机面前，人类必须在经济活动中自觉遵守自然法则，迫切需要实现由工业文明经济向生态文明经济的转变。1966年，美国经济学家肯尼斯·鲍尔丁将经济学与生态学原则相结合，首次提出了"生态经济学"的观念。半个世纪以来，这一理论越来越被人们所理解、接受和践行，"生态经济开始朝着人类社会中的一种经济形态的方向发展"[1]。

所谓生态经济形态，就是围绕人类社会经济活动和自然环境之间的互动作用关系，以生态学理论为基础、经济学原则为主导，为实现经济、社会和生态环境的协调发展而形成的现代经济体系。这是一条既遵循经济规律搞好建设，又按照生态规律做好环境保护，在维护自

---

[1] 姬振海：《生态文明论》，人民出版社2007年版，第243页。

然价值的前提下扩大再生产,并将经济社会的发展建立在自然环境能承受范围之内的发展模式。生态经济形态是生态文明社会形态的重要组成和决定性因素。具体来说:

首先,生态经济形态是生态文明社会形态的物质基础。马克思始终强调,经济水平是社会生产力进步程度的重要体现。生态形势日趋严峻的今天,经济水平的关键词是"生态文明",体现为"经济总量"和"经济质量"两方面的有机统一。生态文明向度的社会形态转型,必须将当前人类社会经济的持续、健康发展建构在绝对的生态学意义之上:生态经济以肯定"自然价值"为前提,从而调整人类的行为方式,确定人类在经济活动中的权利与责任,让生态资源遵照自然法则有序进行配置;生态经济以可持续发展为目标,并将其上升为人类社会必须共同遵守的行为规范,是对人类社会生产活动的有效约束;生态经济强调尊重自然规律,科学合理地使用生态资源,从而推进经济和社会的全面发展,促进人与自然和谐。因此,生态经济在生态文明社会建设中必然发挥基础性的推动作用。

其次,生态经济形态是生态文明向度社会形态转型的重要动力。工业文明按"资源—产品—废弃物"的模式进行社会生产,其经济形态是线性、非循环的。生态经济则将社会物质生产与自然物质生产都纳入价值创造的范畴,构建"资源—产品—再生资源"的社会生产模式,从而使经济活动对自然资源的消耗和生态环境的影响都尽可能降到最低程度。这一模式能够做到经济有效性和生态安全性、经济社会效益和生态环境效益、经济可持续发展和生态资源循环利用的有机统一与协调发展。进入21世纪,生态经济在世界各国风起云涌,并发展成为"现代社会发展的最高层次的经济形态"[1],更为重要的是其将经济社会发展和自然界存在的需要相互融合起来,进而为人类文明进步树立起一种全新的生态理念。正是在这个意义上说,生态经济形态将人类社会经济系统的运行与发展,牢固建构在自然生态系统的良性运转基础之上,从而为生态文明向度社会形态转型提供了可持续发

---

[1] 刘思华:《生态马克思主义经济学原理》,人民出版社2006年版,第326页。

展的经济范式。

生态文明时代呼唤新的经济形态，需要将经济发展建构在社会生产力、资源供给力和环境容纳力所能承载的范围内。生态经济形态就是这样一种力图实现生态与经济并重、共赢，既不为经济而牺牲环境，又不单纯为保护生态而让渡发展的经济形式。当然，这要求一系列根本性的变革。

## 二 发展生态经济的必要性

当前，人类社会发展的不可持续道路，最为集中地体现在我们的经济活动之中。工业文明生产方式的破坏性同市场经济运行方式的盲目性紧密结合，成了导致生态危机的经济根源。在工业文明时代，人类的社会经济活动遵循还原论的思维方式，以利润的最大化为目标。在当前全球工业化的背景下，这种以破坏环境和浪费资源为特征的经济发展方式使得大自然再也无力持续支持下去。而在马克思看来，"人和自然以及人与人之间在历史上形成的关系，都遇到由前一代传给后一代的大量生产力、资金和环境"[1]。它启示我们，人类对生态环境的依赖、大自然对人类的制约，不是一时的、局部的，而是长久的、全面的，人与自然之间的物质变换过程"必须像好家长那样，把土地改良后传给后代"[2]。用当前的话说，就是经济发展一定要是可持续的。

人类社会发展的历史证明，以往的一切经济活动，特别是工业文明时代的社会经济活动，都以眼前最直接、最现实的劳动成果为目标，而"往后和再往后却发生完全不同、出乎意料的影响，常常把最初的结果又消除了"[3]。恩格斯的精辟论述告诉我们：人类要科学探索并正确运用自然规律，决不能以牺牲生态环境为代价来求得一时的经济增长，决不能以谋求眼前的、局部的发展而危害到长远的、整体

---

[1] 《马克思恩格斯全集》第3卷，人民出版社1960年版，第43页。
[2] 《马克思恩格斯全集》第25卷，人民出版社1974年版，第875页。
[3] 《马克思恩格斯选集》第4卷，人民出版社1995年版，第383页。

的发展。推动人类社会的可持续发展，人类必须在社会经济活动中，把近期发展和长远发展统一起来，促进代内公平和代际公平。对此，我们可以从不同角度来把握：首先，从环境伦理角度看，要把人类"当作普遍因而也是自然的存在物来对待"①，坚持"以人为本"和"以生态为本"的内在一致；其次，从经济学角度来看，人类需要"善待自然"，正确处理"增长"和"发展"的关系，在利用自然资源发展经济时，立足当前又着眼未来，对后代负责、为子孙着想；再次，从社会学角度看，人类的经济活动要和大自然的承载能力保持平衡，自觉维护"共时性"和"历时性"的统一，促进全人类的共生共荣；最后，从科学技术的角度看，经济活动要积极开发环保新能源、节能新材料、生态新技术，尽可能减少对资源的消耗和环境的污染，在促进经济发展中发挥科学技术的核心作用，并促进其"生态化"转向。

大自然是"人为了不致死亡而必须与之不断交往的、人的身体"②，马克思以敏锐的洞察力对可持续发展的重要性作了形象的表述。诚然，促进人类社会的可持续发展是一个长期的、复杂的实践过程，但这一使命十分紧迫。如果说工业文明取代农业文明是可以延缓的话，生态文明取代工业文明则是刻不容缓的，拖延意味着环境污染的加重和生态危机的加深，代表着生态危机由可能性变为现实性程度的加重。莱斯特·R.布朗在《生态经济》中尖锐地提出了"时间够吗？"的问题，正是对这一状况的呼应。人与自然关系需要"加速回归"，这一回归应当是主动的、高度自觉的，是为了维护人类社会可持续发展和地球永续美好的回归。

## 三　生态经济形态的主要内涵与运行机制

美国经济学家莱斯特·R.布朗曾在其著作《B模式》中，从能源、交通和生产方式等方面提出了"拯救地球、延续文明"的"B模

---

① 《马克思恩格斯全集》第42卷，人民出版社1979年版，第95页。

② 同上。

式"——关于人类"未来经济"①的设想。这个模式其实可以看作是对生态文明经济形态的美好描绘。

西方生态社会主义学者常用"帕累托改进"的思维来形容生态经济。在他们看来，生态经济在时间上，促进资源利用的持续性；空间上，维护生态环境的平衡性；效能上，实现经济发展的高效性。也就是说，选择生态经济就可以得到良好的生态环境和持续的经济发展。

这一经济形态的具体内涵表现在如下五个方面：其一，高水平的生态认知：对自然的价值有明确认知，全社会的环保意识和参与生态经济活动的能力普遍提升，有关生态经济理论的研究前沿，以及对生态经济运行、管理的宏微观认识十分丰富。其二，多方位的机制保障：政府、企业、社会组织等相关经济主体，任务明确、责任清晰，服务管理运行完善，能及时掌握和准确判断生态环境形势的现实状况和发展趋势。其三，高效益的利益调控：本着经济建设和环境保护并重的原则，生态效益惩罚、补偿和奖励机制健全，能综合运用行政、法律、经济手段来调整和规范对环境与自然资源的利用活动。其四，高质量的科技支持：在资源开发和利用、环境保护和治理方面，能充分运用科技进步的最新成果，让知识和技术创新在财富创造中发挥最为关键的作用。其五，生态化的发展方式：以生态技术为基础，让生态产业在经济结构中位居主导，并成为经济发展的主要源泉，实现经济发展的生态化转型。

为顺应生态经济的变革，人类需要在经济活动中贯彻生态化的核心要点：通过不断的创新把社会生产从工业文明的生产方式中解放出来，维护经济发展和生态环境保护的统一，实现经济、生态和社会有机结合的综合效益，把经济社会发展推向生态文明时代。因此，这需要有全人类的共同努力，建立促进生态经济持续、协调和健康发展的动力机制和保障体系：

第一，要推动经济发展向低碳、循环与生态化转型。在经济活动

---

① ［美］莱斯特·R. 布朗：《B 模式》，林自新、暴永宁译，东方出版社 2003 年版，第 22 页。

中：要从生态学的视野思考经济发展问题，将环境保护目标纳入价值考量，使发展低碳经济、循环经济成为全社会的普遍共识，促进资源节约型和环境友好型的生态产业、绿色产业的发展；要以整体最优为标准，树立开发和保护并重、经济和环境共赢的理念，大力发展资源低消耗、环境低影响、产出高效益的生产，在对自然资源的开发模式上，实现从"单一利用型"到"循环再生型"的转变，推动经济结构优化升级；要从技术革新和工艺改进的角度，积极推广人类科学技术研究的最新成果，积极开发新能源，最大限度地利用资源、减少污染，促进经济发展方式由"粗放型"向"集约型"的转型，使社会生产真正实现生态学意义上的和谐。

第二，要以"绿色GDP"为核心，重构经济发展的评估体系。在马克思的视野中，自然生产力和社会生产力都是财富的源泉，但环境生产力才是生态文明社会的财富源泉。因此，发展生态经济，必须构建"有益于环境的保全型生产体系和循环生产体系"[①]，将人类社会生产创造的劳动价值和大自然物质循环创造的生态价值，都列归发展布局。在评估经济发展时，要把对自然资源的消耗、因环境破坏而导致的损失、治理污染的经济投入等，都纳入国民经济核算体系，从而克服片面强调经济增长速度的倾向，以真实考量和评估经济增长与自然环境和谐统一的生态效益。

第三，发展生态经济，要把政府调控、市场调控和生态调控的作用有机结合起来。要以生态法则为导向，积极加强区域协同、国际合作，突出地区发展特色，因地制宜发挥资源的比较优势；要充分发挥市场的作用，完善公平竞争机制，调动全社会的主动性、创造性和积极性，本着"谁投资，谁受益"、"谁开发，谁保护"和"谁破坏，谁治理"的原则，广泛吸纳各种社会力量参与生态项目开发和环境保护的市场化运作；要建立环境风险约束机制，通过财政、税收、信贷、金融、土地等手段加强宏观调控，克服市场作用的盲目、自发与

---

① [日]岩佐茂：《环境的思想》，韩立新等译，中央编译出版社1997年版，第105页。

滞后，扬弃异化的生产和生活方式，实现经济、生态和社会的协调发展。

## 第二节 生态政治形态

### 一 生态文明社会的制度保障

工业革命以来的传统政治理论，视个人主义和自由主义为基石，充分张扬作为个体的"人"的权利，并以此为基础构建起现代意义上的政治体系以及一系列旨在维护和实现个人权利的制度规范。然而，这一政治模式以工具主义的态度对待生态环境，从未真正关注过自然存在的权利。工业文明的政治经济制度以"资本专制"为根本属性，在这里，所谓自由、民主和人权都是不充分的，只有资本的无限增长才是实在的。为了实现资本利润的最大化，工业文明的社会生产不仅对劳动者进行剩余价值的剥削，还对大自然进行生态价值的掠夺。因而，在工业文明模式下，社会危机和生态危机必然同时存在且彼此强化。西方一些学者曾设想用"生态资本主义"、"福利资本主义"来缓和生态危机，但这些调节都只是局部的、暂时的，不可能解决根本问题。所以，试图在不变革政治形态的条件下，用生态文明取代工业文明都是改良主义的幻想。

生态政治则自觉"将生态关注与广义的政治经济学联系起来"[1]，是在对生态危机的制度原因进行审视的基础上兴起的绿色政治思考。生态政治坚持"以人为本"和"公正和平"，以生态和谐为中心，将大自然也纳入关怀的范围，强调赋予所有生命以自由、正义和公平的尊重。生态政治将促进和谐的人与人、人与社会关系为己任，并把生态环境问题纳入政府行政决策、公众政治参与和国际政治博弈等行为之中，力图通过"生态化的政治经济制度"来"控制生物圈中物质

---

[1] P. Blaikie and H. C. Broodfield (eds.), *Land Degradation and Society*, London: Methuen, 1987, p. 17.

产品的生产、分配和享用"①，以实现人的自由而全面的发展和经济社会的全面进步。这正是与生态文明社会相适应的新型政治观。

当代美国行为学派政治学家伊斯顿·戴维在其著作《政治系统》中开篇即指出：政治系统始终是社会系统的一个组成部分，或子系统，并受后者的影响。人类是大自然中的一部分，生态危机面前，人类更加清醒地意识到：人与自然关系的矛盾与冲突，是当代人类社会发展的终极危险。如此一来，人与自然的关系必然要成为人类政治行为关系的立论基点。然而，传统政治体制为维持政治合法性而进行的局部改良，在面对生态问题时，是那样的僵硬刻板和无能为力。生态政治却把自然界、生物界这些被传统政治体系所忽略的范畴，视为不可或缺的重要组成，并把人与自然和谐共处的理念上升到了政治学高度。在生态政治观的视野里，生态问题与政治问题、社会问题是密切相关的，"正是由于社会对个人权利的剥夺，才导致了人类对自然权利的剥夺"②。不言而喻，要实现人与自然的和解，必然要将人与自然的关系问题引入政治领域，实现政治观念的变革，才能推动人与人、人与社会的和谐，纠正人与自然关系的偏误。

生态政治打破了传统政治体系，对生态问题的成因进行了政治性思考。20世纪中叶以来，人类逐步认识到：一方面，生态破坏、环境污染与政治决策失误和执行不力有着直接关系；另一方面，生态治理仅仅依靠技术手段是远远不够的，要保护地球家园、维护生态平衡，必须依托政治关注。于是，生态的原则和政治的原则在实践中也逐步走向融合。公平正义、自由民主、可持续发展、全球责任等，都成了生态政治理念的重要内涵，甚至女权主义、非暴力原则也都被看作是生态社会的基本价值组成。生态政治将政治发展推向了广阔的自然领域，突出强调政治行为者应以生态化的视野来面对政治活动及其与社会、自然的相互作用关系。在全球性生态形势日益严峻的背景

---

① [美]约翰·帕金斯：《地缘政治与绿色革命》，王兆飞、郭晓兵译，华夏出版社2001年版，第361页。

② 孙正甲：《生态政治学》，黑龙江人民出版社2005年版，第32页。

下，政治的生态化发展是大势所趋，一个具有生态文明时代特征的政治体系，呼唤生态化的政治理念、政治结构和政治过程。将生态环境问题提升至政治问题的高度，是人类新的生态和政治需求，目的在于最终促进人类政治活动与生态环境的协调、健康和可持续发展。

## 二 生态政治形态的基本框架和构建要求

在西方生态学学者那里，有关生态政治的论述呈现出"百家争鸣"的局面，曾涌现出多种思潮和流派。各种理论之间既有共同论述，也存着对立的观点，但都突出强调公平和正义的原则，这为我们科学把握和认识生态政治的理论内核、构建要求提供了范式。

生态政治直面生态危机之中的人类责任，"将按人与自然协调共处的理论原则调整人类现存生产生活方式的政治观点变成了一种政治要求"[1]。其理论框架主要包括：其一，政治民主、政治公平和社会正义。生态政治把社会正义作为一种责任，认为生态的可持续性是平等自由的重要基础，强调通过促进社会政治体制、政治活动方式和政治权利意识的生态向度转型，来实现人与人、人与自然的平等与和谐，维护大自然各组成部分的价值独立性和相互平等性。其二，生态民主、自然公平和环境正义。生态政治坚持从维护全人类的共同利益出发，以"生态优先"为原则，以促进生态环境系统的整体良性运行为目标，强调要将大自然纳入人类社会的共同体，并限制乃至消除资本对人类劳动和生态环境的剥削，使每个公民公平地享有生态权利、平等地担当环境责任，让文明发展的成果惠及全人类和子孙后代。

生态治理离不开政治的参与，生态问题的彻底解决需要在生态政治的框架指导下进行。当前，生态文明的政治目标，就是把政治学原则与生态学原则结合起来，建设"以人为本"的生态文明社会。归结起来说：

第一，从价值视角看，生态政治是受"必然"约束的政治形态。

---

[1] 郇庆治：《欧洲绿党研究》，山东人民出版社2001年版，第23页。

人的自由不在于期望能够脱离自然法则而独立存在，而是要积极地认识自然规律，并可以有计划地运用自然规律来为自身的存在目的服务；人对自然不应拥有"特权"，自然万物的生存权利是人与自然和谐关系的重要组成，要切实"保障人以外的世界在作为客体的同时也兼有政治主体的地位"[①]；人类要尊重自然规律，按自然法则行事，要将法治的原则和民主的制度贯穿于人类对大自然开发利用的全过程。

第二，从社会视角看，要坚持法治，完善生态环境立法，将环境保护目标列入经济社会发展的战略规划，建立分工明确、权责明晰的环境保护管理责任机制，在促进生态政治建设的进程中，做到责、权、利的统一；要体现平等，保证自然万物的生存权、发展权，反对剥削和压迫，杜绝对自然的掠夺，从而使大自然中的每个成员都能享受到公正的生态地位；要扩大参与，将生态权利纳入人的基本生存权利，保障生态文明社会建设中公众的政治参与积极性，"让民众和社群有权决定自己的生态命运和社会命运，也让民众有权探寻一种对环境和社会负责任的生活方式"[②]，从而凝聚发展生态政治的社会力量。

第三，从经济视角看，要坚持可持续原则，注重公平性，消除阶层和身份差异，保证普通公民在经济社会发展过程中的知晓、参与和决策权利，从而促进代内和代际公平，推动经济社会发展所创造的物质财富、精神财富在全人类得到较为公平的分配；要充分保障发展权，建立和完善生态补偿机制，加强"南南合作"和"南北对话"，努力构建国际政治经济新秩序，建立互惠互利、平等合作的国际关系，促进包容性发展，让全人类共享社会文明的发展成果。

当今时代，利益分配日益多元化，如何使利益分配和利益表达趋于合理？资源争夺日趋激烈，如何保证人与自然的共生共荣？显然，生态保护绝不只是一个纯技术问题。1972年的联合国人类环境会议，

---

① 孙正甲：《生态政治学》，黑龙江人民出版社2005年版，第166页。
② ［美］丹尼尔·A.科尔曼：《生态政治：建设一个绿色社会》，梅俊杰译，上海译文出版社2002年版，第33页。

将保护和改善生态环境界定为"各国人民的迫切希望和各国政府的责任"。在全新的生态论视域下，政治的目的实现了由强调"斗争"向追求"和谐"的转变。"绿党"组织异军突起、国际环境组织作用日益增强，生态政治被视为"可持续发展的政治"，这是人类社会政治活动发展的新趋向，必将在解决当前全球性环境问题和生态危机中发挥着越来越重要的作用，成为促进政治、经济、文化、社会和生态环境全面、健康和协调发展的重要举措。

### 三 生态政治形态的前景展望

生态危机日益严重的趋势，是促使生态政治孕育产生、蓬勃发展的根本动力。时至今日，生态灾难的阴云依然笼罩着整个地球。伴随着全球一体化进程的加快，生态环境问题所引发的"蝴蝶效益"已经蔓延到世界各国政治、经济、文化、社会等领域，并直接影响着国际关系。

首先，生态政治放眼整个人类社会的历史发展，强调变革传统的政治体系和权力体制。传统的政治体系所关注的主题是人类内部的经济、文化、社会发展的不平衡，及其产生的政治原因，而忽视了导致经济、文化、社会不平等的生态根源。生态政治则将环境保护、生态平衡的原则引入政治领域，揭示出自然资源的不均衡分布和不平等分配是人类社会矛盾的重要根源，从而帮助人们以更加开阔的视野来分析人与人、人与自然、人与社会之间的问题。20世纪70年代发端于欧美发达国家的绿色政治运动，主张政治领域实行自上而下和自下而上相结合的政治体制，主张改变人压迫人、人剥削人的社会形态。生态政治维护公正、推进民主、强调正义，认为"只有强调人权和社会公正，才能确保广大社会下层和穷国不致因缩小经济规模和降低经济增长速度而成为直接受害者"[①]。

其次，生态政治通过反思人与自然的关系，强调生态环境的整体性联系，对国际关系产生了深远影响。生态政治认为："在诸如和平

---

① 孙正甲：《生态政治学》，黑龙江人民出版社2005年版，第32页。

与安全及环境保护的领域,它们必须准备有选择地将决策权转移给地区或全球层次上的联合体。"① 这一立足全人类共同利益的政治诉求,期希人类能够摒弃狭隘的思维方式,并"成长为一个和平与合作的人类大家庭"②。生态政治强调相互依赖,主张加强在生态环境保护领域的合作,支援发展中国家的经济建设,促进其政治稳定,从而缩小南北经济差距,生态政治呼唤人类发展的可持续性、共同性和公正性。在以和平与发展为主题的时代,生态政治衍生而来的绿色政治、全球责任、多元化、可持续发展,大大增强了世界和平发展的基础和可能性,与全球化的时代要求相得益彰,引领着人类共同奔向休戚与共的未来。

最后,生态政治将生态意识引入政治理念与政治过程之中,把政治活动推向了更加广阔的社会乃至自然领域。生态政治在政治理念上,将自然存在也纳入道德关怀的范围,强调以人与自然和谐为中心的生态伦理观,使生态中心论成为全人类的共同价值追求;在政治结构上,将政治主客体之间的关系由传统的自上而下的纵向互动,变革为平等的横向互动,期希以平等、民主来实现对权利、自由的保障;在政治过程中,强调开放与协调,要求实现权力运行的公开透明、公共政策抉择的可持续、政治民主和公民政治参与的扩大、政治社会化的不断扩展。

## 第三节 生态文化形态

### 一 生态文明社会的思想基础

工业社会的文化在本质上是反自然的。现代文化以工业文明为内容,以西方文化为典范,它强调个人权利,追求自我利益的最大化,

---

① [美]欧文·拉兹洛:《第三个 1000 年:挑战与前景》,王宏昌、王裕棣译,社会科学文献出版社 2001 年版,第 147 页。

② 同上书,第 79 页。

视单纯的经济增长为最高目标。自工业革命以来,人类社会文化始终遵循"人统治和主宰自然"的哲学理念,不对大自然讲道德、谈义务、担责任,仅将大自然看作是索取资源的储存库和排放废弃物的垃圾场,使得地球的生态环境日益恶化。一言以蔽之,在一定意义上,生态危机只不过是人类文化和社会精神危机的表征。

生态文化是生态文明社会的思想基础。"建设新文化——生态文化,这是人类最重要的抉择。"① 如果说工业文明的文化是人统治大自然的文化,那么,"生态文化就是人与自然和谐相处、协同发展的文化,是伴随着经济社会发展的历史进程形成的新的文化形态"②。建设生态文明,促进人类社会的全面转型,文化形态的生态转向是思想基础和理论前奏。当前,人类社会正在经历从工业文明到生态文明的重大变革,生态文化作为崭新的社会文化,也必将成为人类新的社会生存样式。

文化的生态转向,是人类对工业社会文化的痛彻反思。经济主义、功利主义和科学主义是工业社会文化最显著的标识,它们的猖獗严重蒙蔽了人类的视野,让人类难以认清自身对大自然、生物圈应负的责任。经济主义引导人类以追求物质财富无限增长的方式来实现人生价值;功利主义视大自然为人类的工具,认为人类想做什么就能够做什么;科学主义则幻想人类凭借科技的力量正一步步逼近对大自然全部奥妙的掌控,因而人类在地球上可以随心所欲。工业文明的社会文化在物质上从属于"资本的逻辑",精神上追求"消极的理性",使得个体始终以"自我中心"的方式参与社会活动,并以征服自然来张扬其主体性,个体以外的存在都被理解为实现个人价值的手段和工具。这一系列理念的最终结果是,人与人、自然、社会关系之间的严重对立,人类虽创造了前所未有的社会财富,却严重透支了自然价值,人类社会文化也日趋"反自然"。

---

① 余谋昌:《生态文明论》,中央编译出版社2010年版,第10页。
② 刘毅:《贾庆林信贺生态文化协会成立》,《人民日报》(海外版)2008年10月9日第1版。

生态文化建立在生态学的基础之上，主张人类应对大自然有恰当的尊重和责任承担。利奥波德提出的生态学"是非标准"可以成为生态文化的重要准则："凡有利于生态系统之完整、稳定和美丽的事情都是对的，反之是错的。"生态文化并不否定个体利益，但要求人类活动必须遵守自然法则，要在生态系统可以承载的范围内追求最优化的生存状态。生态文化还是一种互惠型的思维方式，完全摒弃了工业文明文化功利型的极端思维，强调有序竞争和合理消费，以实现发展方式的生态化转型和生产模式的可持续性。这一生态向度的文化取向，将其对象从人与人、人与社会关系的领域，拓展到人与自然关系的领域，实现了"自然的人化"和"人的自然化"的统一，从而构成了文化形态生态化转型的现实动力。

生态文化是人类在21世纪破解生态危机的文化选择。文化形态的生态化转型的目的在于通过文化的力量影响人类社会实践的具体行为，推动人类社会去自觉构建生态文明的生活、生产和生存方式。在生态环境不断恶化的背景下，这无疑是人类的自我反省、自我救赎和自我超越。

## 二 生态文化形态的价值取向

生态文化的价值取向对人与自然、人与社会、人与自身关系都有具体的要求和目标。它要求做到主体价值和整体价值的统一、个体价值和社会价值的统一，它的目标是促使人的互利性思维模式生成，达到人与自然价值的互利共生与和谐共存。

生态文化首先要求主体性价值和自然整体价值的和谐统一。人与自然关系的协调发展是生态文化的主要内容。在人与自然的关系上，古代文化单纯强调自然整体性的价值，将遵从自然、维持自然和谐状态放在重要位置，而将人置于依附从属地位，注重制定礼义法度约束、规范人们利用和改造自然的活动；现代文化则以人为中心，否定自然的内在价值，将自然仅看作供人利用和改造的资源或工具。生态文化继承发展前两阶段文化价值取向的积极合理因素，"它认为不仅人具有价值，生命和自然界也具有价值，包括它的外在价值和内在价值"①，将人与自然置于统一的复合生态系统中进行观照，注重人的主体性价值和自然的整体性价值的协同实现。

生态文化在肯定自然生态系统整体有自身的自然目的性和价值性的同时，并不主张否定人的主体性价值。生态文化所确立的主体，不是脱离自然、凌驾于自然之上的主体，而是存在于自然生态系统之中，作为生态系统的调控者。它要求发挥人的能动性、创造性，协调人与自然的关系，促进人与自然的协同发展，达到人的主体性价值和自然整体性价值的协同实现。

生态文化还要求个体性价值和群体价值的统一。生态文化反对近现代文化将人与人之间的关系看作主客分离、主体统治客体的关系，认为人与人之间的关系是主体间平等共在的关系，因而要求人与人之间的相互尊重，并将它视为实现人与人之间协调发展的前提。从个人与社会群体的协调来说，首先应将个人的生存目的、价值追求与社会整体的理想、价值追求统一起来。从特定层面来讲，人的价值追求与群体的价值追求之间存在对立冲突，社会整体的发展对个人利益、追求有制约作用；但从更深层面讲，社会是个人安身立命之所，社会整体的稳定与发展是个人生存发展的保障，同时，没有个人能动性、创造性的发挥，也就不存在社会的不断进步。因此，社会整体性价值取向与个体主体性价值取向从根本上说能够达成一致。

生态文化的价值取向的目标是要超越工业文化的价值取向，促进新的符合人与自然和谐发展的价值观的形成和发展，促进人的思维方式的转型。它是在当今人类面对生态危机而寻求可持续发展之路的时候形成与兴起的。这种价值观主张在人类的价值实现过程中要惠及和保护生态环境的价值，在处理人与自然的关系时，避免以自然为中心或以人为中心的行为。它认为人首先是自然的一部分，人与自然是部分与整体的关系，人不能够脱离自然而独自存在。与传统的极端功利型思维方式不同，生态文化的价值取向实质上是一种互利型的思维方

---

① 余谋昌：《生态哲学》，陕西人民出版社2000年版，第637页。

式。这种互利型思维方式承认自然的内在价值与自然的价值主体地位，承认自然价值的存在不仅是为了人的利益，同时也为了其他生命体和非生命体的存在，即自然界所有存在形式都有它继续存在下去的权利。可以说，生态文化价值观的核心是要保持人与自然的互利共生与和谐共存。换句话说，就是既要看到人类的价值，又要看到自然的价值；既要关注人类，又要关注自然；既要维护人类的利益，又要维护生态的平衡，最终确保社会系统和生态系统的协调发展。

### 三 生态文化形态的创新和发展

"人类在自然价值的基础上创造文化价值，自然界支持人类文化的发展。"[①] 文化形态的生态化转型，是对工业文明社会文化的理性反思，也是对人类在与自然交往过程中积淀下来的生态因子的挖掘。因而，发展和弘扬生态文化，要坚持继承性原则，对于那些人类在长期社会实践中形成的生态文化遗产，要取其精髓、去其糟粕，不断推陈出新、革故鼎新，要在继承的基础上促进发展、在发展的过程中推动继承；要体现科学性原则，要以生态学为基础，综合运用自然科学、技术科学和社会科学的原理，充分揭示和宣扬生态环境保护的紧迫性、重要性和必然性，促进生态理念与社会实践相结合、科学精神与人文精神相统一；要发扬群众性原则，在生态文化的创新建设过程中，要让内容贴近实际、形式贴近生活、载体紧跟时代，使其始终充满蓬勃朝气与创造活力，从而提高人民群众参与生态文明建设的积极性、主动性和创造性。

生态文化是生态文明时代人类社会的文化样式，是使人类生产、生活方式摆脱"异化"的价值主导。因此，有学者根据建构基础，将生态文化划分为两大类："自然生态文化和社会生态文化。"[②] 简而言之，理解生态文化，就是要从社会实践的视角来认识"生存于自然

---

[①] 余谋昌：《生态文化：21世纪人类新文化》，《新视野》2003年第4期。
[②] 蔡登谷：《中国生态文化体系研究初步设想》，《中国绿色时报》2008年10月20日第4版。

中的文化",强调"人类以文化的方式生存,所有先进文化都是生存于自然中的文化。生存于自然中的文化不能反自然。文化与自然的辩证统一,就是人类生存的本质"[①]。显然,生态文化形态不仅在理念上蕴藏着更高的德行要求,在结构组成上也有着更高层次和更为丰富的内涵:

在精神形态层次,生态文化强调以"尊重自然"为原则,建设"人与自然和谐"的社会文化。在世界观上,要摒弃人驾驭和主宰自然世界的思想,树立"以生态为中心"的理念,强调人类对大自然、对社会、对子孙后代的责任意识;在价值观上,要将个体价值的实现,融入维护大自然整体价值的行为中,强调要通过促进人与自然关系的和谐,来实现人与人、人与社会关系的和解;在道德观上,要树立共生共荣、和谐相处的原则,让每个人都把关爱他人、关注社会和关心其他物种视作己任,使生态文明的理念在全社会得到广泛认同与自觉践行。

在制度形态层次,生态文化建设要创新社会生产关系和社会运行体制,使生态学原理成为指导制度建设的公共常识,让生态价值观成为引领社会变革的公共信念。要按照平等自由的理念,综合运用政治、经济、法律等手段,改变传统社会文化中漠视自然价值的错误观念,建立人类与大自然和谐共处的共同体;要坚持公平正义的原则,建立自发的社会利益调节机制和生态环境保护机制,使制度建设挣脱物质主义、经济主义的束缚,从而让社会文化摆脱"资本逻辑"的制约,走向自觉、自由。

在物质形态层次,生态文化要求人类通过开发新型能源、发展生态技术,充分和合理地利用自然生态资源,摒弃工业文明掠夺自然和破坏生态的生产、生活方式;要积极发展非线性经济、低碳经济和循环经济,让节约资源、保护环境成为全社会的普遍共识,以在社会生产中实现经济价值、文化价值和自然价值的统一,促进人与自然的"双赢"发展;要广泛倡导绿色生活和生态消费的理念,使拥有生态

---

[①] 潘岳:《环境文化与民族复兴》,《光明日报》2003年10月29日。

道德和较高人生境界的人类，不会再以创造尽可能丰富的物质财富为人生价值追求。

"人类以文化的方式生存"①，文化发展的特点在于与时俱进。生态文化遵循全面、协调、可持续的价值规范，以"公平的利用自然价值、平等的担当生态责任"为基本原则，以"人与人、人与社会、人与自然的和解"为终极目标，是人类新的存在和发展方式，也是人类走向生态文明时代的绿色向导。

## 第四节 生态主体形态

### 一 生态文明社会的主体变革

生态化的主体形态，是对人类自身实践活动方式的规范，是在更高的文明形态下人类的自我解放。恩格斯阐述道："最初的、从动物界分离出来的人，在一切本质方面是和动物一样不自由的；但是文化上的每一个进步，都是迈向自由的一步。"② 生态文明社会的主体形态体现为生态文明建设中生态经济、生态政治、生态文化各项活动的载体。它的确立意味着人类对自我在认识、实践以及发展层面的一次重大变革。

从认识层面来看，生态主体形态意味着人类作为"类主体"拥有正确的生态意识或观念，能为自身的行为提供价值导向。因为人与自然之间的关系不仅表现出内容的多样性和构成成分的复杂性，而且还表现为价值主体的多层次性（包括个体、集团、民族、国家等）。例如，在生态价值中，消费、娱乐等价值的主体可以是个人或大众，政治、经济价值的主体也可以是集体或国家，但作为整个生态系统价值的主体却不是某一群体或国家，而是整个地球和人类。面对自然界，

---

① 余谋昌：《环境哲学：生态文明的理论基础》，中国环境科学出版社2010年版，第305页。

② 《马克思恩格斯选集》第3卷，人民出版社1995年版，第456页。

人类必须以"类主体"的身份去看待生态的整体价值，摒弃在生态问题上的"自以为是"和"自我中心"，形成共同的、统一的生态意识和行动；应当从尊重自然的角度衡量自然的整体价值，重新审视人在自然界中所处的地位、与自然界的相互关系，坚持自然是其自身存在的目的，避免使其沦为实现个体价值的手段。我们有理由相信，"到绝大多数人都有生态学知识且都信持生态价值观时，生态文明建设便水到渠成"①。

从实践层面来看，生态主体形态意味着人类在生态价值观念指引下进行着生态文明建设，尤其是对生产方式进行生态化改造。长期以来，由于受传统发展模式和生产观念的影响，自然资源和环境要素被排除在经济核算体系框架之外，只计算生态系统为人类提供的直接产品的市场价值。而生态价值观认为，生态自然不仅具有资源开发的经济价值，而且作为整体，其对人类生存和发展还具有多方面的价值意义。对自然资源的过度开发和对生态环境的污染，必定会降低生态系统的整体功能价值，危及整个生态系统的平衡和稳定，最终也会危害人类的生存和发展。为此，1989 年，联合国经济社会事务部统计署提出了"综合环境与经济核算体系"的思路，从而使绿色 GDP 和循环经济在全球范围内悄然兴起。在中国，走生产发展、生活富裕、生态良好的文明发展道路，已成为全社会的普遍共识和推动科学发展的创新实践。因此，生态文明建设必然要求人们树立生态的价值观，改变原有的生产方式和经济增长方式。

从发展层面来看，生态化的主体形态意味着人类能有效促进自身的自由全面发展。生态文明建设是人类文明发展史上一次伟大的变革，它要求人类从生态化的标准出发，重新审视并合理地改造人与自然之间的关系。人类在认识自然的进程中，取得了持续的进步，同时也不断进行着创新性活动。随着人类对自然认识的不断深入，我们掌握的规律越多，获得的自由就越多，就越能顺应自然、利用自然并保

---

① 卢风：《生态价值观与制度中立——兼论生态文明的制度建设》，《上海师范大学学报》2009 年第 3 期。

护自然。大自然是人类活动的空间,而真正生态化了的自然界才是人类自由的空间。同时,也只有在生态文明建设取得巨大成就的时候,人类才不至于为生存、生活的空间而烦忧,才有全面发展自身在经济、管理、文学艺术等方面的精力。

## 二 生态主体形态的基本内涵

作为一种正在生成和发展的文明范式,生态文明并不会自发地产生,它的形成需要每个人的积极追求和自觉参与。社会文明的主体是人,生态文明社会的主体是生态人。在当今,公民作为社会主体的地位得到了前所未有的提升,而且他们对于自然环境的保护意识也有了前所未有的提升,因此,有学者提出,生态公民是建设生态文明的主体基础。[1]

生态文明强调人与自然的协调发展,它认为人是对象性的人,自然是对象性的自然,而对象性的活动是沟通人和自然的中介。一方面,人要对自然有所作为,在认识和把握自然规律的基础上改造、利用自然;另一方面,人对自然也应有所不为,知道如何去顺应自然,从而实现人与自然的和谐共处。所以,人对自然"有所作为"和"有所不为",是对"顺从自然"的修正和对"控制自然"的扬弃,两者统一于人的对象性的生态实践。

马克思、恩格斯都认为,人是自然界长期发展的产物,人不仅是自然界的一部分,而且人的发展还受到自然界的制约。人的产生、生存和发展,是在自己所处的自然中并且和这个自然一起发展起来的。人类与自然关系发展的过程,伴随着人的自然化和自然的人化。人是由自然界的进化而产生的结果,或者说自然界是人类的最原始塑造者。自然的先在性、自组织性决定了自然的异在性特点。当然,自然的异在性并不等于自然的自在性。[2] 当人类的历史开始后,作为"能动的自然存在物",人有目的、有意识地通过对象性的活动,"通过

---

[1] 参见杨通进《生态公民:生态文明的主体基础》,《光明日报》2008年11月28日。
[2] 参见孙道进《马克思主义环境哲学研究》,人民出版社2008年版,第42页。

工业——尽管以异化的形式——形成自然界"①。这时，人类活动对自然界影响日益增大，自然呈现出明显的社会性和属人性。通过实践，自然表现出自在性和属人性的"双重属性"，自在的自然与属人的自然密切地联系起来。自然成为人类活动的中介，人类成为自然变化的环节，所以只有将"自然—人—社会"看作一个整体，才能正确认识和解决人与自然的相互关系。

在此基础上来看待作为生态文明的主体的人，我们发现，自然界只是提供了人类生存发展的可能性，但要使这种可能性变为现实的存在，就需要人类通过实践去改造自然。因此，承认自然界具有价值（包括自然资源具有经济价值）显然是合理的，但是，为了说明自然存在物乃至整个生态系统的伦理正当性、存在的意义和权利而任意赋予自然存在物具有不依赖于人的"内在价值"则是不可取的。② 建立在实践基础上的生态主体，应该是对非人类中心主义"荒野自然观"的修正，和对人类中心主义"机械自然观"的扬弃。

因此，在对生态文明生态主体形态的认识上，必须把握以下几点：生态主体具有精神性和属人性，也就是说生态主体是现实的有着生态意识的社会人；生态主体的"主客体"性，其内容应以人为主体、自然为客体而展开认识；生态主体的实践性，它表明未进入人类认识和实践领域的"先在自然"和人并不存在价值关系；生态主体的动态性和历史性，它意味着人类对自然的认识总是随着实践的发展不断进步的。正如马克思所强调的，我们要"认识到自身和自然界的一体性"。所以，只有立足于实践，对生态主体的认识，才能在本体论上结束陷入人类中心主义和非人类中心主义的无谓纷争，才能实现有效的整合与超越。由于社会实践是动态的、发展的，那么对于生态主体的认识既取决于人与自然之间认识关系的创新，又取决于人与自

---

① ［德］卡尔·马克思：《1844年经济学哲学手稿》，人民出版社2000年版，第89页。

② 参见赵成《论生态文明建设的价值诉求——生态价值观》，《中共石家庄市委党校学报》2008年第4期。

然之间实践关系的发展。

### 三 生态危机下的生态主体形态的建设

工业文明以资本为驱动力的生产方式内在地拥有着对自然资源的占有并在全球快速扩张的能力。资本的利润动机决定了其生产过程总是伴随着生态环境的破坏,因此,法国学者安德烈·高兹在《Ecology as Politics》(《作为政治学的生态学》)一书中认为:生态危机的本质就是生产危机。有学者指出:"传统的生产方式才是造成当代生态危机的根本原因,只有通过制度和价值观的双重革命,才能真正克服生态问题。"[1] 在传统的生产方式中,保护生态意味着生产成本的提高,资本的逐利性并不考虑生态破坏对未来的影响,而是常常将生态代价转嫁给后代或他人。人类历史表明,对于生态的破坏力和资本的生产力几乎是同步发展的。

生态危机,从某种意义上说是人类自身的危机,是对生态主体形态的否定。正如维特根斯坦所说的那样,"时代的病要用改变人类的思维方式和生存方式来治愈"[2],因此,生态危机下的生态文明建设应推动社会发展的主体的生态化转型。为走出生态危机、走向生态文明,有着工业文明思维、知识乃至价值观念的旧主体形态必须主动改变发展方式的指导思想,改变"大量生产—大量消费—大量废弃"的生产方式,彻底摒弃享乐主义、经济主义和消费主义。只有这样,才能在不断提高人类物质文化生活水平的同时,也为自身创造更好的生态生存环境,实现"人—社会—自然"三者的和谐统一。

生态化制度的完善也是生态主体形态建设的重要内容。发展方式的生态化转型为生态文明建设提供了技术上的可能,但仅有技术的进步而没有良善制度的规约也是有巨大缺陷的。自工业文明至今已发生三次科技革命,然而每一次科技的进步和大规模运用,都随之带来更

---

[1] 王雨辰:《生态批判与绿色乌托邦》,人民出版社2009年版,第92页。

[2] 转引自[德]恩斯特·卡西尔《语言与神话》,于晓等译,生活·读书·新知三联书店1988年版,第24页。

加严重的生态问题。这是因为在工业文明背景下,科技的运用不是为了实现其使用价值,而是为了通过实现交换价值来获取利润,这必然使科技走向非理性的使用。"将可持续发展仅局限于我们是否能在现有生产框架内开发出更高效的技术是毫无意义的,这就好像把我们整个生产体制连同非理性、浪费和剥削进行了'升级'而已。……能解决问题的不是技术,而是社会经济制度本身。"[1] 因此,生态文明建设必然要求制度的变革。

在推进发展方式观念转型和社会制度变革的同时,生态主体形态还强调对"异化消费"的批判。工业文明不仅产生了狭隘的利己主义自然观,同时为了追求利润的需要,还宣扬消费主义的生存方式和价值观,导致"异化消费"的产生,从而使人们不能正确处理劳动、消费、生活之间的关系,以致进一步恶化早已严重的生态危机。人的满足,最终在于生产活动而不在于消费活动。在人们的消费活动中,应当抛弃以往仅仅把自然资源及社会产品看作是自身生活"工具"的狭隘认识,把整个生态系统的和谐发展当作人类各种活动所追求的价值目标,自觉维护生态系统的平衡与协调发展。

---

[1] [美] 约翰·贝拉米·福斯特:《生态危机与资本主义》,耿建新译,译文出版社2006年版,第95页。

# 第三章

# 环境法治与环境伦理的辩证关系

法律和道德是人类社会规范世界的两个重要维度。作为社会政治上层建筑极为重要的组成部分，两者之间的联系极为密切，它们有相互影响、相互协调和相互配合的功效。在生态文明社会，道德—法律的生态互动越来越被人们认同：环境伦理催生了环境立法；环境伦理改变和正在继续改变着环境立法的目的；环境伦理道德促使法哲学思想发生新的变化。道德—法律的生态互动实质上是生态文明建设中德治与法治的关系问题，对它的研究具有重要的理论价值，它将为生态文明建设提供理论支撑，而伦理价值观的生态化转型又是其中一个关键性的论题。

## 第一节 法律与道德的辩证关系

### 一 道德与法律的辩证关系

在本章中，我们将探讨环境伦理与环境法治的基本关系，特别想说明的是环境伦理何以是或何以能够成为环境法治的价值理念和伦理支撑。在具体探讨这个问题时，先要弄清一般意义上的道德与法律的关系，因为环境伦理道德与环境法治的关系是一般意义上的道德与法律关系在人与环境关系问题上的具体体现。理顺一般意义上的道德与法律的关系，有利于理解环境伦理与环境法治的具体关系。

法律与道德之间的关系，是法哲学的基本问题。对于是否能处理好两者的关系的重要性，学者耶林曾形象地比喻道："法律与道德的关系问题是法学中的好望角，那些法律航海者只要能够征服其中的危险，就再无遭受灭顶之灾的风险了。"①

　　法律和道德是人类社会规范世界的两个重要维度。② 无论在西方还是在我国的学界，通常认为道德（规范）与法律（规范）是两个不同的规范体系，曾一度非常强调法律与道德之间的界限。如对后世产生较大影响的17—18世纪德国法学家托马西斯认为：道德与法律的区别在于前者调整人们的内心活动，旨在求得个人的内心和平，而后者则调整人们的外在活动，即人与人的关系，旨在谋求外部世界的和平。我国学术界通常也认为：道德与法律的区别之一是关注的对象不同，一般来说，道德关注人的价值精神层面，寻求的是人的存在意义、生命价值与内心意志自由，而法律关注人的行为层面，寻求的是人的行为自由；道德规范指向的是自律，法律规范指向的是他律。道德与法律的区别之二是是否具有强制性，一般来说，法律具有强制性，而道德没有强制性。

　　基于对法律与道德关系的不同理解，西方还形成了自然法学派和实证法学派的对立。自然法学派主张道德是法律存在的依据和评价标准，法律与道德具有不可分割的必然联系。自然法学家富勒认为，法律一旦失去其固有的道德性，就会"导致一个根本不宜称为法律制度的东西"。③ 实证主义法学派则与其相反，认为法律与道德之间没有必然的内在联系，强调法律与道德之间的分离，主张只有清除仅从符合或违反道德标准和要求这一事实出发来承认或否认某一规则是法律规则的立场，才能维护法律的性质、尊严、效力以及法律秩序的稳定。正如实证主义法学的代表人物奥斯丁所说那样：法律的存在是一回事，它的优点则是另一回事。

　　当然，作为"自律"的道德与作为"他律"的法律有不可混淆的差别，具体表现为：生成方式上的建构性与非建构性；行为标准上

---

① 转引自［美］罗斯科·庞德《法律与道德》，陈林林译，中国政法大学出版社2003年版，第121—122页。

② 参见［德］C. 弗兰克《社会的精神基础》，王永中译，生活·读书·新知三联书店2003年版，第98页。

③ 参见沈宗灵《现代西方法理学》，北京大学出版社1992年版，第74页。

的确定性与模糊性；存在形态上的一元性与多元性；调整和评价方式的外在侧重与内在关注；运作机制上的程序性与非程序性；强制方式上的外在强制与内在约束；解决方式上的可诉性与不可诉性。① 但道德与法律的这种区别只是体现在规范和秩序层面上，这些区别不能掩盖法律与道德两者之间不可分割的联系。如在价值层面上，道德不仅构成了对法律进行评价的基础，更是法律规范的价值来源。"历史的事实证明，正如不能分开水的源与流一样，我们也无法割断道德与法律的内在联系。"总之，"无论在形而上层面上，还是在经验层面上，法律都无法排斥价值和道德的存在，分析法学所作的对价值的清除工作最终归于无效便是例证，法律存在本身就是人类创造出来服务于人的生存发展的，最终有利于人的全面自由发展是它的终极道德依据"②。因此，正如哈贝马斯所说："法的实质合法性既不得与道德效力混为一谈，亦不应该将法律与道德决然割裂。法律最好被理解为对弱势之后传统道德的一种有效补充与配合。"③ 实际上，"将法律与道德彻底分开的做法（像分析法学家所追求的那样），以及将法律与道德完全等同的做法（像自然法学家所追求的那样），都是错误的"④。而正确的看法应该是：法律与道德是既密切联系又在一定程度上相互分离的一对范畴。⑤

## 二 对法律与道德关系认识的变化

在中国，现在关于法律与道德关系这一重要的话题的研究正在悄然地发生变化，所谓"法律是法律，道德是道德"的过于强调两者

---

① 参见孙莉《法治与德治正当性分析》，《中国社会科学》2002 年第 6 期。
② 曹刚：《法律的道德批判》，江西人民出版社 2001 年版，第 15—16 页。
③ ［德］于尔根·哈贝马斯：《法的合理性——〈事实与规则〉要义》，许章润译，载郑永流主编《法哲学与法社会学论丛》第 3 卷，中国政法大学出版社 2001 年版，第 4—5 页。
④ ［美］罗斯科·庞德：《法律与道德》，陈林林译，中国政法大学出版社 2003 年版，第 106 页。
⑤ 参见陈海嵩《环境伦理与环境法——也论环境法的伦理基础》，载吕忠梅主编《环境资源法论丛》第 6 卷，法律出版社 2006 年版，第 12 页。

的区别与界限的观念正面临越来越强烈的质疑。有论者认为，道德与法律同根同源，都具有应然的属性，二者的区分不在于强制性本身，而在于在演化过程中，由法律是最基本的道德规范要求逐渐演化为：一个是主观的法，一个是客观的法，一个是弱强制力，一个是强强制力。具体说来，在原始社会的未分化的行为规范体系里，宗教、道德与法律浑然一体，其中包含多方面的规范内容和要求，这些要求都是作为社会共同体成员的个人应当遵守的，并且都有一定的强制力作保障。不过，不同的规范内容对社会共同体的意义并非完全一样，彼此间可能有差别。这样，社会共同体对这些规范要求的态度也会有相应差别，因而原初道德规范的强制力又有两种状态：强强制力与弱强制力。后来，随着国家的出现，法从道德中分化出来，强强制力就为国家所垄断，成为一种国家强权力量，强强制力所维护的规范就演化为不同于一般道德规范的法律规范。而其他道德规范则作为通常意义上的规范规则出现，并以相对于国家强权的强强制力而言的弱强制力来维护。[①]

认为法律调整人们的外部行为，而道德调整人们的思想动机的观点，也正遭到质疑。有论者指出，正因为强调"法律是法律，道德是道德"，所以必然得出"两者的调整范围不同"这一错误结论。应该认识到的是：不论法律还是道德，其调整的范围既包括行为也包括行为的内在活动。比如，刑法的犯罪构成的四要素理论中就包括了犯罪的主观方面，即行为的"故意"或"过失"以及动机、目的等，缺少了主观方面这一要件，即人的主观状态，犯罪就不能成立，比如正当防卫就不能认为是犯罪。民事诉讼中同样存在"过错责任"的制度，而"无过错责任"只是一种例外。在调整方式上，二者的区别在于，法律着重要求的是人们外部行为的合法性，而不能离开行为过问动机，单纯的思想不是法律调整的范围。而道德所要求的不仅仅是人们的外部行为，它还要求人们行为动机的高尚、善良。法律与道德的适用范围表现为两个相交的圆，其交集部分会"你中有我，我中

---

[①] 参见高兆明《伦理学理论与方法》，人民出版社2005年版，第86—96页。

有你"。

### 三 法律与道德出现融合的趋势

法律与道德作为社会政治上层建筑的极为重要的有机成分,两者之间的联系极为密切,它们有相互影响、相互协调和相互配合的功效。第一,两者具有相互促进作用。一方面,道德对法律具有促进作用:道德是法律正常运转的社会和心理基础,立法、执法、守法都离不开道德;另一方面,法律对道德具有促进作用:法律用立法手段推进一定的道德的普及以及通过刑罚惩治非道德行为,以弘扬社会所倡导的道德。这一规律告诉我们,抛开"法律是法律,道德是道德"的思维定式,发挥两者的整合功能,而非单兵作战,可以提高社会资源的组合功能与整体性优势。社会生活的许多领域,需要法律与道德来进行共同调整,道德建设的加强有助于法律调整的顺利进行,并使之事半功倍;反之,道德建设削弱,法律调整的任务便会极大地加重,甚至出现"失重"状态。

不仅如此,随着社会的发展,法律与道德已经出现了融合的趋势。一方面,由于人类文明的发展,随着人的自觉意识和道德意识的提升,道德的理性色彩和法律的情感色彩均会有所增强,法律与道德将具有更多的共同点,法律道德化与道德法律化的新情况将会日趋明显。另一方面,人类发展的历史表明,法律与道德两者也是可以相互转换的,例如基本道德原则可转化为法律,长期存在的法律也可能成为社会道德的一部分。[1]

## 第二节 环境伦理推动环境法治的历史进程

道德在逻辑上优先于法律[2],这是因为,法不能没有其可实证性的躯体即实在法,更不能没有作为其灵魂的法的理念。法的理念赋予

---

[1] 参见石文龙《法律与道德关系新论》,《西南政法大学学报》2003年第4期。
[2] 参见高兆明《伦理学理论与方法》,人民出版社2005年版,第96—97页。

法本身以价值属性,并使全部实在法具有灵性。实在法是一种工具性存在。然而,法首先不是一种技术性、实在性、工具性的存在,它是一种价值性存在。如是,才能把握法规之本质。法规本身的合理性根据只能从道德中寻找。

西方在现代环境伦理思潮的影响下,通过对传统伦理观的深刻反思和对东方自然伦理观的借鉴,在总结人类发展的经验和教训的基础上,结合生态系统的基本规律和科学技术的新进展,以及对环境问题的经济、制度分析,其环境法理学研究正悄然发生着质的变化和飞跃。20世纪70年代以来西方环境立法和环境政策的成功无不与环境思想及其价值的理论研究成果有关。从中,我们不能不体会到"道德在逻辑上优先于法律"的道理。

汪劲博士在其著作《环境法律的理念与价值追求——环境立法目的论》中,对西方环境立法及其目的的演变进行了描述和阐释,认为环境法的演变和形成在总体上经历了从单一以自然资源保护为目的发展到以保护人类生活环境为目的,又发展到以共同保护人类世代间利益和生态利益为目的的历史发展阶段。他指出,在全球环境危机和自然(生态)科学研究的双重影响下,当代人类的伦理观正从"人类利益中心主义"朝着"生态利益中心主义"方向转变。作为对环境思想与价值观念的表现和反映,现代环境立法应当率先于各部门法由传统的人伦哲学理念向新的环境哲学理念的方向转变。从该书所阐述的环境立法及其目的的演变过程看,我们至少可以得出这样几点结论:环境伦理催生了环境立法;环境伦理改变了并仍在继续改变着环境立法的目的;环境伦理道德促使法哲学思想发生新的变化。以下结合该书的有关内容来阐明这几个结论。

## 一 环境伦理催生环境立法

中国古代的环境思想是从生物资源保护思想的基础上发展起来的,其产生至少可以上溯到公元前11世纪的西周时期;经过一千多年的发展,至秦汉时期,已逐步完善起来。如秦代的《田律》作出了许多关于生物资源保护的规定,这些规定的内容都体现了"以时禁发"的原则，显然受到了先秦萌芽状态的生态学思想和各种保护生物资源的理论的深刻影响。从秦汉以后直至明清时期，这些思想在实践中进一步得到了一定的运用和发展。可以说，在自然哲学相对发达的古代中国，"持续利用"自然资源是早期环境立法的基本理念，这与中国古代思想家的自然哲学观对统治者执行的政策、法律的影响有关。甚至有学者认为，当代可持续发展思想的根源应当源于古代中国的自然资源保护管理思想。

与中国相比较，中世纪以前的欧洲对自然资源的立法要薄弱得多。如对有关生态关系的认识，古代希腊人的见解远不如古代中国的自然哲学思想所揭示得那样透彻。另外，西方国家环境立法的时间也要晚得多，现在可以找到的最早的环境法律是英国国王爱德华一世在1306年颁布的禁止在伦敦使用露天燃煤炉具的条例。

现代环境法产生于发达的工业国家。环境立法的实践告诉我们，常常是先有环境问题发生并导致社会关系发生改变的事实，再有环境保护思想或立法需求，最后才会有环境立法的出现。

不同的环境法学著作对环境法的历史沿革和发展阶段作了不同的论述和划分。由于学者们对环境法的概念和目的等有着不同的理解，或者看待人类社会发展历史阶段的角度不同，因此划分出来的发展阶段也不一样。例如，美国学者 C. 康贝尔－摩翰等人在《可持续环境法》一书中，将美国环境法的历史追溯到美国建国之初（18 世纪中叶以后）有关自然保护的立法。其他美国环境法著作关于环境立法史的描述也大都如此。而在欧洲环境法学研究方面，A. 基斯等在《欧洲环境法手册》一书中对欧洲环境立法的历史研究则主要是从工业革命时期（18 世纪中叶以后）欧洲国家的污染控制立法开始的。在日本，环境法的历史一般追溯到从明治维新时期以后开始的公害立法（19 世纪中叶以后）。

中国环境法学者对于世界环境法发展历史的阶段划分也存在着一些差异。金瑞林教授认为，现代环境法产生于工业发达国家，大体经历了产生阶段（18 世纪 60 年代至 20 世纪初针对环境污染的控制立法）、发展阶段（20 世纪初至 60 年代大量环境保护立法）和完备阶段（70年代至现在对自然资源保护和污染防治结合起来的综合性环境立法）三大阶段。① 韩德培教授等认为，环境保护法的发展大体经历了从奴隶社会到资产阶级产业革命前的自然保护立法阶段、从第一次产业革命以后到第二次世界大战结束前的污染控制立法阶段和从第二次世界大战结束以来的环境保护综合立法阶段。汪劲博士把对环境立法目的的研究融合到环境思想的发展阶段之中，认为在不同环境立法时期里，环境思想对环境立法都起到了很大的促进作用，并将环境立法目的按不同时期分为三个时期，即人类社会早期有关环境规定的立法时期、18世纪中叶至20世纪60年代的生活环境保护（以污染控制为中心）与被害者救济并重的环境立法时期、20世纪70年代以后至今的全方位环境保护的环境立法时期。②

在人类社会近代保护自然的历史上，作为工业革命发祥地的欧洲，在自然资源保护方面只对有经济价值的自然资源作了规定，所以法国学者基斯认为，所有这些早期的资源管理措施都是有限的。由于没有在法律中直接确立"保护"的目的，致使大多数野生动物以及特殊的迁移动物可以被任何人采集、追捕或宰杀。而在美国，却提出了许多具有哲学伦理特色的自然保护思想，以至人们认为，许多现代自然保护思想其实发源于美国。例如，美国于19世纪在森林保护方面创造了"保持"（conservation）这一用语，提出这一概念的是G.平切特，他于1989年就任美国林业部主席，由于他对"保持"立法的不懈努力，成为美国政府历史上的伟大人物之一。G.平切特的主要贡献在于提出了"科学林业管理"的主张，这一概念现已成为美国林业管理的一项管理原则，其基本含义是森林的年度砍伐量不超过森林的年度生长（成材）量。平切特提出的"保持"概念是美国首次在环境的立法和政策上所采纳的思想，因此它也被认为是美国现代环境主义的起源。美国还有另一类环境保护主义者——自然保存主义者，他们的领袖是J.缪尔。缪尔主张把原始森林当作人类精神的

---

① 参见金瑞林主编《环境法学》，北京大学出版社1990年版，第42—47页。
② 参见汪劲《环境法律的理念与价值追求》，法律出版社2000年版，第31页。

"圣殿"加以保存。他认为，自然界的一切生物原本是和谐共处的。可悲的是，人类的文明扭曲了人类对人与其他生物的关系的认识。人类判断其他生物的价值标准，是看其对人类有无用处。人类忽视了其他生物的自我价值。因此，缪尔呼吁人们重视其他生物在宇宙中的地位。在他看来，保存自然，是帮助人类摆脱文明的扭曲和恢复人类本性的需要。从中可以看出，缪尔的自然保存主义是非功利的，他认为人类像需要面包一样需要自然美。他的这种观点与功利主义的自然保持主义者平切特等在制定自然资源保护政策上发生分歧，但正是由于这两种不同自然保护思想的相互斗争，才使得美国环境主义思想得以不断健全发展，并成为建立可持续环境法的序曲。

从19世纪末开始，以生物学研究为首，地学、物理学、医学等自然科学均将工业革命以来的环境问题纳入本学科的研究对象，"生态学"、"生态系统"、"环境科学"等概念相继创立，并开始导致人类传统伦理观发生转变。20世纪70年代，随着生态学的发展以及人类与环境关系认识的深入，西方国家关于环境与人类活动的相互关系问题的讨论也日益活跃，环境伦理学的思想在这一进程中得到了极大的发展。特别是对人类利益中心主义的反省和生态利益中心主义的出现，从思想观念上对70年代以后的环境立法产生了重大的影响。可以说，环境法在20世纪中叶以后得以迅速发展的一个重要原因，就在于人类对地球生态系统特别是人与自然关系的伦理价值观发生了转变，而这种转变了的伦理价值观逐渐成为人类环境立法的重要理念基础。

## 二 环境伦理改变环境立法的目的

道德提供法律规范体系的价值合理性根据。任何一种法律体系之中都渗透着一种道德精神，是一整套道德规范体系的法的表达。那些与具有合理性的道德规范背道而驰的法规是没有存在根据的，因而最终是要被废弃的。

汪劲博士认为，环境法的目的是立法者依靠制定环境法而欲实现的一种基本价值，它的立法指导思想和价值需求是实现衡平世代间的人类利益、保持经济社会的可持续发展以及保护人类与自然物所固有的权利及其利益。它是人类社会以法的形式确定人类与环境及其与生态系统相互关系的基本思想和价值观念的出发点。

环境法的演变和形成在总体上经历了从单一以自然资源保护为目的发展到以保护人类生活环境为目的，又发展到以共同保护人类世代间利益和生态利益为目的的历史发展阶段。环境法的产生和发展虽然在一定程度上依赖于传统法的进步和推动，但是过去环境立法所运用的是在"人类利益中心主义"支配下的传统法理论和方法，因此导致环境立法的实际目的只是为了保护以人类利益为核心的社会关系和社会秩序。由于在"人类利益中心主义"伦理价值观的权利或利益本位下，是将人类作为地球万物之首和地球统治者来看待，所以只有人类是法律权利的唯一主体，而自然万物和人类生存的环境只是作为被统治者和人类权益的客体。在这种价值判断基础上制定的环境法与现代环境伦理思想和环境保护理念是不相符合的。在比较研究了当代环境伦理思想与价值需求的基础上，汪劲博士提出，在全球环境危机和自然（生态）科学研究的促进下，当代人类的伦理观正从"人类利益中心主义"朝着"生态利益中心主义"方向转变。作为对环境思想与价值观念的表现和反映，现代环境立法应当率先于各部门法由传统的人伦哲学理念向新的环境哲学理念的方向转变。

在科学的哲学观尚未发生新的重大变更以及在新旧价值观发生碰撞的情况下，法学的主要取向仍然趋向于维护建立在传统伦理道德基础上的"正义"，即实行对人与人之间的社会关系的调整。由于部门法的调整对象是在人与人之间形成的社会关系，因此在各种传统法律类型的权利义务关系中所表现的"正义"的价值取向和实现都是以人为中心。所以，当环境问题逐渐扩大时，无论是公法还是私法，法律所作出的首要反应仍然是保护人的基本权利。只不过在当代，随着环境伦理思想对人类世界观的影响，才使得以保护环境为目的的法律应运而生。

就传统法律而言，为了对因环境问题导致的社会关系的改变和社会秩序的重建作出反应，法律的改变几乎都表现为将解决此类问题作为法原则的例外来处理。这种变通的方法虽不能圆满地处理或解决因环境问题带来的社会矛盾,但它却是法律变更的前奏曲,它所反映的是传统法律方法对处理环境问题的无可奈何以及人类正在寻求以新的伦理道德观来重新建立一套面向地球生态系统各组成成员的法律机制。

法律的实质功能之一在于保护和救济权利。传统的法益是建立在一定的财产和人身权利基础之上的,它的法理学基础是环境对人类在经济上的价值。而环境权利则不同,它的法理学基础主要是生态利益和人类共同利益。所以,环境权问题的研究如果没有突破,那么对环境的民法或刑法保护则只是一句空话,因为依现行的法学理论是无法为保护环境法益和制裁环境犯罪作出任何有效的解释的。

总之,环境法产生和发展的法律缺陷根源在于:贯穿于法律的思想理论基础属的伦理观,它将人类和自然的关系看成是统治者与被统治者的关系,而没有认识到人类在地球上与自然物本属于生命的不同表现形式的平等的主体。到 20 世纪中叶,随着生态学以及环境伦理学研究的发展,人类伦理观也相应发生了重大的改变。这种改变也直接从思想观念上影响到环境立法。

对人类与环境关系的伦理价值观,应从思想上引导人类对过去的行为和善恶观进行反思,倡导以生态利益中心主义取代人类利益中心主义,注重人类对自然和环境的责任和世代间的公平,强调动物的权利。环境伦理学家 R. F. 纳什在《大自然的权利》一书中曾指出,伦理学的发展经历了如下三个时期,即在伦理诞生以前的时代是以自己为中心;在过去的伦理时代扩大到家族、部族、地域;而在现在的伦理时代又扩大到国家、人种、人类兼顾动物。在将来的伦理学中,则还要扩大到动物、植物、生物、岩石、生态系统、地球、宇宙等。所有这些变化都将直接影响人类行为规范的改变,并且为公共政策所反映。以环境伦理思想为基础,现在已经出现了新的环境法律思想,它正在影响着当代的环境立法。

我们从环境立法的历史过程中可以实实在在地看到这种影响。在 17 世纪的欧洲,英国和德国开始发起以美化景观为目的的自然保护运动，以抵抗不断发达的工业化和都市化对富有者阶层的生活环境造成的破坏，这种运动又逐步扩及土地美化、乡土保护和国家的风致景观保护，它推动了欧洲的自然保护立法。美国19世纪掀起了自然保护运动，并且在自然保护运动中分化出自然保持主义和自然保存主义两大派别。这时的西方各国的环境立法的目的是保持对自然资源的永续利用这样的传统经济学理念。在城市，环境问题主要表现在工业革命的副产品——空气和水污染以及城市垃圾增加方面，为此环境保护也只是针对自然景观、自然公园以及城市环境卫生的保持。直到20世纪中叶，大规模环境污染损害成为各发达国家的社会问题以后，环境立法思想才从保护自然资源的永续利用和保持美观和卫生方面转到消除环境污染和救济污染损害上来，以致发达国家的环境污染控制立法在70年代呈"爆发"态势。然而，这时环境立法的真实目的是保护人类的健康。到了80年代，受环境科学特别是生态学、环境经济学与环境伦理思想的影响，各国开始对人类对待地球的方式感到不安。空气和水污染严重、热带雨林逐渐消失、稀有动物濒临灭绝、大气臭氧层破坏加剧以及温室效应等全球环境问题的出现，使得人类更强烈地意识到采取全球行动的必要。同时，在发达国家，环境立法的目的开始对准"可持续发展"。

对环境立法目的的历史考察可以得知，以往环境保护的实质意义，在以人类利益为中心的传统法的伦理观念看来是为了人类的健康。从目前环境立法的现状看，保护环境是为了人类的健康的目的这一点，是各国环境立法最直接的要求，它也是环境立法最基本的出发点。在现代环境立法确立目标时，仍然应当将其作为环境立法的一般目的。但是，依现代环境伦理的价值观看，环境的主体已不仅仅是人类，而是扩大到自然和生态系统范围内，单单为了人类健康而保护生活环境并不是现代环境立法的终极目的，因为用以生态利益为中心的现代环境伦理来衡量，环境保护还必须保护自然的固有价值和维护生态系统的平衡。

汪劲博士指出，当代人类的伦理价值观只是处在一种转变时期，在"生态利益中心主义"尚不能完全取代"人类利益中心主义"时，环境立法的目的应当是在不排除保护人类自身权利与利益的前提下，确立"衡平世代利益，实现经济社会的可持续发展"和"保护人类的'环境权'与生态世界的'自然的权利'"这两大目标。环境立法要逐步树立"生态利益优先"的思想，在现实世界中，人类自身利益以及国家利益都应当不断符合全球环境和生态利益的要求。[①]

## 三　环境伦理促使法哲学思想变化

与上述有关环境立法目的的变化相联系，环境伦理的价值观已经为环境立法奠定了一个充实的理论基础，需要现代的环境立法在不断完善的基础上对这种新型的人—环境关系予以进一步的确认。因此环境法的目的除了为保护人类的健康而保护环境外，还应当包括为了世代间的利益、实现可持续发展以及保护人类对环境的享受权和自然的权利这两大目的。

实际上，现代法哲学思想在当代伦理思想发展的基础上正在发生新的变化。以20世纪中叶以来美国法哲学思想的发展变化为中心，法哲学家们结合当代社会对新的、全球或全社会性的问题而产生的新观念，对法的目的即正义、权利等观念作出了新的解释，使环境立法在目的论上一方面适应于法哲学的进步，另一方面又可以用新的环境伦理观对环境法目的的解释作出新的尝试。这些进步启发和孕育了环境权论、自然的权利论的产生和发展。

在环境伦理思想的指导下，确立和保护人类的"环境权"的法哲学理念正在形成和发展。所谓环境权，主要是指人类享有的在健康、舒适的环境中生存的权利。这项权利虽然现在已经被少数国家的宪法确立成为一项人的基本的权利，但是由于环境权的性质、内容和范围的不确定性及其与传统权利（如宪法上的生存权、谋求幸福的权利等人的基本权利）存在交叉和冲突，因而在法学界还存在着极大的争议。

目前，法学界比较推崇的环境权理论主要是美国学者萨克斯教授

---

[①] 参见汪劲《环境法律的理念与价值追求》，法律出版社2000年版。

提出的"环境权的公共信托理论",因为这个理论只是结合环境理念对传统法的理论作了变更,并且其重点未涉及与传统人类的实体权利的交叉,而是由"环境权"导出政府保护环境的权力来源,这样就充实了政府环境行政的理论,因此比较具有说服力。

受环境权的公共信托理论的影响,日本于20世纪70年代展开了对环境权问题的讨论。在日本律师联合会于1970年召开的拥护人权大会上,大阪律师协会的藤仁一、池尾隆良两位律师在题为《公害对策基本法的争议点》的报告中提出了"环境权"的主张,并阐述"任何人都可以依照宪法第25条(生存权)规定的基本权利享受良好的环境和排除环境污染",主张清洁的空气和水、没有噪声、安静的环境是每一位在该地区居住的国民之共有财产,而企业根本就没有权利单方面污染这种环境。之后,日本大阪地区的律师在大阪律师会中成立了环境权研究会,探讨环境权理论的发展与深化问题。按照环境权研究会的认识,环境权首先是人权的一种。即在形式上,环境权的权能可以积极要求国家或地方确保良好的环境这一点就是生存权的基本权利。而在对企业应保护社会弱者即公害被害者的权能上又具有社会权的基本权利性质。

随着国家目的的变迁,环境权理论和实践的发展至今已经经历了从早期基本民法不法行为和相邻关系等私法的救济,发展到基于公害控制的公法保护直到现在作为行政的目标予以确立的阶段。在实践上,环境权也作为一个国际政治的理念在1972年的斯德哥尔摩人类环境会议和1992年的里约热内卢环境与发展会议上得到了确认和重申。作为实定法上的权利,环境权将在今后的环境立法中作为法律保护的首要目标予以确认。

再如认同自然内在价值的"自然的权利"论,它首先是在环境伦理学中讨论的问题,后来又在法哲学以及环境法学科中展开了讨论。在法学学科中主张自然权利论的学者首推美国学者C.斯通。他在20世纪70年代前后提出以自然物为原告主张权利的"原告适格"诉讼。纳什在对环境伦理学的各种思潮作了历史考察之后,指出权利概念是沿着英国贵族—美国殖民者—奴隶—女性—美国土著民族—工人—黑人这一顺序不断扩大的,"自然的权利"这一概念就处在英美的少数派权利扩大的历史延长线上。承认"自然的权利",并在人权的延长线上给其以位置,这就意味着"权利"概念向人以外的存在物的扩张。

日本学者山村恒年等在研究自然的伦理权利与法律权利的关系的基础上,于1996年编写了《自然的权利》一书,探讨了关于自然的权利等一系列问题。主张自然享有权利的学者认为,自然的权利的概念具有多样性。首先,从权利与实定法的关系看,有宪法以前的权利(即自然权)、生成过程上的权利、环境伦理上的权利这三种;其次,从制定法和实定法的权利看,分别有宪法、行政法、民法、诉讼法、刑法、条约和国际宣言、条例等的权利;再次,从权利的性格上还可分为自益权的权利(即通常的权利,以权利主体的利益为指向)、共益权的权利(少数股东权等权利,以及居民提出诉讼的权利)。关于自然权力的主张,山村等认为,胎儿也具有权利能力,但是胎儿自身却不能对权利予以主张。因此,必须通过亲属来行使这项权利,也即权利主体与权利行使主体可以不同。因此,确认自然的权利,要考虑权利的行使应当分为靠人类的自然享受权来行使或是由自然自身来行使。在前者,要确认与自然的权利相关的自然享受权;在后者,则并不一定要有自然享受权。可以认为,即使在前者,不确认自然的权利也是充分的,但是这种认识却会带来各种诉讼上的问题。为解决这个问题,可以按照市民运动制定市民诉讼法、通过市民代为诉讼来确保自然的权利。

与之不同的是,作为将现在的人类中心主义政治及行政转换为生态圈中心主义的理念和目标,目前已经出现了设立具体的政策和法律规定以保障自然的权利、以展开确立自然的权利的运动。例如美国在1973年制定了《濒危物种法》,其中规定任何人都可以针对物种的侵害而提起诉讼。法院基于此种诉讼作出了胜诉的判决,其中包括以物种作为共同原告的判决。1974—1979年,美国还开展了以河流、沼泽、海岸、树木等为原告的诉讼。到20世纪90年代,美国自然权利理论的法律实践在有着大陆法传统的日本得到了发展。例如,1995

年3月23日以日本鹿儿岛县奄美岛内生存的4种珍稀鸟类为原告，由几位日本公民以其代理人的身份在鹿儿岛地方法院提起了自然的权利诉讼，请求法院判决禁止政府批准的高尔夫球场建设。这些案例在客观上对环境保护起到了正面的作用。①

在关于自然的权利的讨论中，人们提出应该历史地看待权利，权利的内涵是随着人类的进步在不断地扩大的，从古代少数人的特权到现代所有人的"人权"就能够充分地说明这一点。从这个意义上讲，权利是一种固有的东西，而不是人类的创造物。因此，人类不应当只肯定人类的权利，而否认自然的权利。自然法学派认为"天赋人权"，其实它也是指一种人类所固有的东西。由此，我们可以设问：为什么"天"只赋予"人权"而不赋予自然物以权利呢？可以认为，自然如果独立于人类以外或就地球生命体而言，它们当然也应当享有它们自己的权利。同时，强调自然的权利，就是要人类进一步认识自然的内在价值、自然对生态共同体的价值，只有这样，人类才能可持续地发展。因此，从主体上讲，有人提出由人类代替自然物行使其权利的主张，就像法定代表人或监护人那样；从理念上，人类要树立尊重自然的思想；从法律对策上，要确立和认同自然的内在价值，顺应自然的规律。②

## 第三节　环境伦理与环境法治的相互作用

### 一　环境伦理为环境法治提供价值灵魂

人类在面临全球性环境危机时，总是在不断探索解决这些危机的途径。一般认为，一是要依靠科学技术的发展；二是要加强环境立法以及确保这些法规的实施；三是要培育环境保护的伦理精神。在这三

---

① 参见张锋《自然的权利——环境伦理的一个法学视角》，2005年6月13日，武汉大学环境法研究所网站（http://www.riel.whu.edu.cn/）。

② 参见汪劲《环境法律的理念与价值追求》，法律出版社2000年版，第31页。

者当中,环境伦理精神的培育是最关键的,应当处于优先地位。这种优先性除表现为环境伦理提供环境法律规范体系的价值合理性根据外,还表现在以下几个方面:

(一)环境伦理的理念成为环境立法的指导思想,环境伦理的重要规范不断转化为环境法律规范

关于环境伦理的理念成为环境立法的指导思想,在上面的论述中有着充分的体现,这里着重探讨环境伦理规范何以能够以及怎样转化为环境法律规范的问题。从法理学的视角,这便是一个道德法律化的过程。所谓道德的法律化,"指的是立法者将一定的道德理念和道德规范或道德规则借助于立法程序以法律的、国家意志的形式表现出来并使之规范化、制度化"[①]。

如前所述,法律与道德在价值层面上是紧密联系的,这正是道德法律化的逻辑起点,也为道德法律化提供了可能。从法律发展的历史来看,实在法的产生通常要经历两个阶段,一个是道德化的过程,即对原初的利益关系进行基于道德的调整,并形成一种应然的权利和义务;另一个则是合法化的过程,则是在前者的基础上所作的再次调整,从而将应然权利、义务转换为法定的权利和义务。[②] 这一过程,也是道德法律化展开的进路。

进入法律化的行为准则应具有道德正当性。根据康德的观点,一项行为准则是否具有道德上的正当性,应遵循"可普遍化原理",即"依照一个能够像一项普遍法则那样有效的法则去行动",而"凡是不符合这个条件的准则,就是违背道德"[③]。"可普遍化原理"为道德规范的证成提供了逻辑和形式上的标准:一项行为准则只有当每个人服从它在逻辑上是可能的和每个人不服从它在逻辑上是不可能的时候,它才符合"可普遍化原理"的要求。

支持道德规范客观普遍性的依据,在传统社会中是由某一个外在

---

① 范进学:《论道德法律化与法律道德化》,《法学评论》1998年第2期。
② 参见曹刚《法律的道德批判》,江西人民出版社2001年版,第15—16页。
③ [德]康德:《法的形而上学原理》,沈叔平译,商务印书馆1991年版,第29页。

的、强制性的价值体系和道德权威来提供的。而在现代社会中，价值观念的多元化已成为一个基本的社会事实，道德规范的客观普遍性只能建立在社会成员共识的基础之上。这种"道德共识"在性质上，是一种"规范共识"而不是"价值共识"，在程度上，它是底线的，是一个社会最基本的道德规范要求。现代社会中，一种普遍化的道德必然是一种"底线伦理"。

因此，道德法律化的整个过程，就是将"合理期待性"赋予相关道德规范的过程：首先，将道德要求普遍化从而达到道德上的正当性，这是道德法律化必要性的论证；其次，通过对相关制约因素的考量，以可合理期待性为标准，在已证成的道德规范中进行选择，进而在法律中以法定权利的形式予以体现，这是道德法律化可行性的论证。这个过程也正是环境伦理进入环境法从抽象可能性变为现实可能性的过程，同时也回答了环境伦理进入环境法"如何可能"的问题。[①]

这就是说，环境伦理欲进入环境法，首先就需要证明其自身在道德上的正当性。但在环境伦理的两大主要流派中，无论是人类中心主义环境伦理还是非人类中心主义环境伦理，都由于其自身的缺陷和局限而无法做到这一点：在理论上，人类中心主义和非人类中心主义都具有内在的局限，无论哪一种主张，都无法让人完全信服；在实践中，人类中心主义和非人类中心主义两派观点更是争论不休，都无法取得社会大多数成员的认可而成为社会共识。当然也都不能成为环境法的伦理基础，而陷入伦理困境中的环境法急需重构其伦理基础。可持续发展伦理作为一种超越人类中心主义与非人类中心主义的全新的环境伦理观，其欲进入环境法成为环境法的伦理基础，同样应遵循道德法律化必要性论证和可行性论证的进路来予以考察。

可持续发展理念无论是在国家与国家之间，还是在一国内部，都已成为一种共识，也就是说已在世界范围内获得了广泛的认可。可持

---

① 参见陈海嵩《环境伦理与环境法——也论环境法的伦理基础》，载吕忠梅主编《环境资源法论丛》第6卷，法律出版社2006年版，第15—16页。

续发展理念一经提出，就得到了全世界的高度重视，特别是在 1992 年联合国环境与发展大会上，一百七十多个国家的国家元首和政府首脑签署了以可持续发展思想为核心的《里约环境与发展宣言》、《21 世纪议程》等指导各国制定和实施可持续发展战略的纲领性文件，充分表明了可持续发展在国际层面上已达成全球性的共识，并获得了最高级别的政治承诺。在国家层面上，各国更是对可持续发展和《21 世纪议程》作出积极回应。据联合国估计，到目前，全世界已有一百多个国家设立了专门的可持续发展委员会，一千六百多个地方政府制定了当地的《21 世纪议程》。[①] 这充分说明，可持续发展的价值取向和伦理蕴含已获得了人们的广泛认同，可持续发展伦理是一种已普遍化的社会道德并以社会共识的形式表现出来。

可持续发展伦理已经成为立法的指导思想，并使现行法律发生划时代的转变。这在国际法和国内法层面都得到了体现。表现在国际法层面上，很多国际环境条约已明示地或默示地承认可持续发展原则。如 1972 年的《人类环境宣言》和 1992 年的《生物多样性公约》、《联合国气候变化框架公约》、《里约环境与发展宣言》，都或宣示"各国有责任保护它自己的生物多样性并以可持久的方式使用它自己的生物资源"，或规定"各缔约方有权并且应当促进可持续的发展"，"为了这一代和将来的世世代代的利益，地球上的自然资源……必须通过周密计划或适当管理加以保护"，等等。[②] 表现在国内法层面上，不少国家纷纷将可持续发展作为制定国家环境法律的指导思想，已开始了可持续发展法律的立法实践。如欧盟于 1992 年 12 月制定了《欧洲共同体有关环境与可持续发展的政策和行动的规划》，又称《走向可持续性的行动规划》。此外，欧盟于 1997 年 6 月制定的新的欧盟基础条约，即《阿姆斯特丹条约》，已将可持续发展作为欧盟的中心目标，进一步加强了对可持续发展的关心。中国在《固体废物污染环境

---

[①] 参见黄晶、周海林《全球可持续发展战略的回顾与展望》，《世界环境》2000 年第 4 期。

[②] 参见王曦编著《国际环境法》，法律出版社 1998 年版，第 102—103 页。

防治法》、《大气污染防治法》、《海洋环境保护法》等多部环境法律中，也已将"促进经济与社会的可持续发展"作为立法目的。

可见，可持续发展伦理进入环境法不仅必要，而且可行。因此可以说，可持续发展伦理观即为环境法的伦理基础。从这个意义上说，实现人类之间以及人类与自然之间的和谐，不仅是可持续发展伦理观追求的目标，也是环境法价值的来源与支撑。[①]

在这一过程中，当今世界各国新的环境立法一般都将反映社会普遍遵守的环境道德的价值取向纳入法律中，环境伦理中的一些比较重要的内容，如代间公平、代际公平、环境正义和公共利益等，成为环境立法的指导思想，并将一些环境伦理的原则具体化。如瑞典《1991年自然保护法》第1条规定："必须正确对待自然。"此外，中国宪法中规定国家禁止任何组织和个人用任何手段侵占或破坏自然资源，也体现了环境伦理的要求。

（二）环境伦理为环境法律提供民众遵守法律义务的伦理前提

只有存在服从法律这一道德义务，才能谈得上法律义务的可普遍化。当人们普遍不服从法律并不将守法当作道德上的善与荣誉，不将不守法当作一种道德上的耻辱时，法律义务往往是一纸空文。今天，环境科学日益发达、环境立法也日趋完善，但现实生活中仍存在大量有法不依的问题，这些现象的出现和解决实质上不是科学的问题，也不是法的问题，而是道德的问题，即是环境道德的问题。在一个不讲环境道德的社会里，环境知识和环境法规是得不到应有的重视和尊重的。这就需要人们树立正确的价值观和对权利义务的态度。价值观是个体社会化过程中形成的对客观事物的意义判断和评价，态度是通过学习而形成的影响个体的行为选择的内部状态。它们对行为起着定向、调节和控制作用。环境伦理是一种保护环境的伦理，它为人们提供一种如何对待环境的价值观和态度。环境伦理承认自然的价值和权利，并进一步明确了人对自然的责任和义务。如环境伦理创始人之一

---

① 参见陈海嵩《环境伦理与环境法——也论环境法的伦理基础》，载吕忠梅主编《环境资源法论丛》第6卷，法律出版社2006年版，第25页。

的利奥波德认为:"土地伦理是要把人类在共同体中以征服者的面目出现的角色,变成这个共同体中的平等的一员和公民。它暗示着对每一个成员的尊重,也包括对这个共同体本身的尊重。"①罗尔斯顿也认为,"人们应当保护——生命、创造性、生物共同体——不管它们出现在什么地方","在环境伦理学中……对我们最有帮助且具有导向作用的基本词汇是价值,我们将在价值中推导出义务"②。环境伦理学通过把自我与自然融为一体,因而关心自我就是关心整个自然,进而论证保护自然是每个人义不容辞的责任。只有确立了这样的义务观和责任观,并使其成为人们保护环境的内在动力和精神,人们才能进一步承担起环境保护的法律义务,自觉地遵法、守法。

(三) 环境伦理为实施环境法律规范提供必要的道德前提

环境法律规范是需要政府、企业及专门的部门、机构和专门人士来实施的。若这些政府、企业、专门部门、专门机构、专门人士缺少道义上的诚笃精神,则环境法律规范是难以得到实施的。在现实生活中,不乏这样的现象:有些企业为了追求利润,视公共利益与环境法规于不顾,利用各种手段超标准排污排废;有些地方政府为了短期的经济发展,甚至着眼于"政绩"的考量,实施地方保护主义,"容忍"本地企业违背环境保护法规,甚至干扰环境执法;有的环境执法机构,也因上述原因,对违法行为视而不见,睁一只眼闭一只眼,采取不作为行为。在最根本的意义上,环境法规是最基本的环境德规的客观化与强制化,那么,法的腐败意味着社会最基本的道德规范得不到有效保证,从而伤及社会最基本的交往秩序,伤及一个社会健康存在所必需的公民风范与道义精神。因此,这些专门机构与专门人士既应当具有善之道义精神,也要树立环境伦理所倡导的公正观。环境伦理对公正的关注,突破了传统伦理对公正的关注只限于人与人和人与

---

① [美] 奥尔多·利奥波德:《沙乡年鉴》,侯文蕙译,吉林人民出版社1997年版,第194页。

② [美] 霍尔姆斯·罗尔斯顿:《环境伦理学》,杨通进译,中国社会科学出版社2000年版,第2页。

社会两个层面，把视域建立在"人—自然—社会"这个动态三维坐标上，运用公正理论的原理去协调处理各种利益主体在环境生态问题上的利益关系，使之保持均衡性、对应性。具体来说，这种公正观表现为人与人关系层面的人际公正、国与国关系层面的国际公正和人与物关系层面的种际公正。只有确立了这样的公正观，才能做到公平地享用资源、共同地保护生态环境、合理地承担责任，提高积极实施环境法规的自觉性。

## 二 环境法治为环境伦理提供强有力支持

如前所述，环境立法将一定的环境道德规范直接上升为环境法律规范，规定环境法律主体必须遵守一定的环境道德规范，这表明环境伦理的地位、任务、内容等越来越为环境法律所肯定、确认和保护，并赋予其法律和制度的形式，使环境道德不断规范化、制度化和法定化。环境伦理规范的法定化，即是通过环境法律特有的判断环境行为有效或合法与否的评价作用，来影响人们的价值观念和是非标准，从而发挥和强化环境伦理指引人们环境行为的效果。如日本《自然环境保护基本方针》（1973年）提出："为了使自然资源得到有效的保护……应当积极地在学校和社会上进行环境教育，以使公民对人与自然的关系有更深刻的认识，对自然有更深的热爱和养成良好的道德风尚。"这样的环境法律规范就是环境道德法律化的结果，也是环境法律对环境道德的明确肯定。①

环境法治除了将环境伦理规范化、制度化外，还可对环境伦理的遵守起到强有力的促进作用。为了加强环境道德的环境法律保护力度，各国除了在宪法、环境基本法和其他环境保护法律法规中直接确认和吸收某些道德规范为法律规范外，还普遍重视刑法在禁止乃至惩罚不道德的环境行为方面的作用。这就使得刑法成为维护环境道德的最严厉因而也是最有力手段，因为它通过国家强制力对环境犯罪行为进行制裁，对环境犯罪分子进行教育改造，同时也就使环境道德不稳

---

① 参见蔡守秋《论环境道德与环境法的关系》，《重庆环境科学》1999年第2期。

定者受到警示与震慑,促使其悬崖勒马,借以促进环境道德规范行为的养成、环境道德意识的觉醒,最终达到环境道德理想的实现。

另外,环境司法保障体制日益健全,也对树立新的环境道德起重要作用。环境正义是环境道德的核心,实现环境正义是环境法的根本出发点和归宿。而日趋完善与科学合理的司法保障体制解决环境纠纷、实施权利救济、监督,并在一定程度上维护国家环境行政机关依法行使行政职权、维护环境法律的尊严与统一,所以它在实现或维护环境正义、树立新的环境道德等方面具有不可替代的作用。事实上,各国相继对公民环境权予以确认与保障,并在此基础上不断完善环境诉讼制度,正使得环境道德的司法保障体制日益完善。

### 三 环境法律与环境道德出现融合的趋势

概而言之,环境伦理与环境法治之间的关系极为密切,两者相互联系,相互补充,在内容上相互包含、在社会作用上相互凭借。一方面,环境伦理的价值理念成为环境法治的价值精神,环境伦理的规范不断地转化为环境法治的规范。另一方面,可以通过环境法治的力量推行环境伦理规范,在实施环境法规的同时,会起到环境伦理道德教化的作用。

这一过程也体现出了环境法律与环境伦理出现趋同和融合的趋势。环境道德与环境法律的双向趋同和融合,是指世界各国的环境道德和环境法律,随着社会发展的需要,逐渐相互吸收、相互渗透,从而趋于接近甚至趋于一致的现象。其表现为:环境伦理、生态道德逐渐进入环境法的认识论和价值观,环境法律规范有了环境道德规范的支持,环境法学的认识论有了环境伦理学的基础。具体说来,就是环境道德不断法律化,环境法律不断道德化。[①]

这就体现了道德与法律关系的另一方面,即法律道德化。环境法的道德化是指环境法将环境道德的要求不断体现在环境法治的整个过

---

① 参见焦传岭《谈谈环境道德与环境法的双向趋同——环境道德的法律化与环境法的道德化》,《武汉大学学报》(哲学社会科学版)2007年第5期。

程中，使一定层次、一定范围的环境道德责任体现为环境法律主体的义务和责任，并使环境法成为一种最有力的环境道德教育手段。环境法的道德化通过培育和强化人们的环境道德意识、形成符合环境道德和环境法制的思维方式和行为方式来发挥功能，在环境法运行过程的各个阶段均能得到较为充分的体现。如在环境执法阶段，环境执法主体的环境道德能力及其具体适用环境法律规范的行为将直接影响环境正义、环境公平和环境秩序等环境道德的实现及效果，因此各国普遍重视执法人员环境道德素质和环境道德能力方面的要求。如澳大利亚就要求环境执法者不仅要具备忠于职守、唯法是从、刚直不阿、廉洁公正等基本执法素质，还应通过学习、交流、培训等途径提高自身的环境意识，而且要在日常工作中负担起倡导、维护环境道德的职责。又如在环境守法阶段，环境法律义务已内化为主体的环境道德义务。环境道德可以深入人们的内心世界，作用于人们的内心信念。在内心信念的影响下，主体会对环境法律规范的精神实质基本上认同。通过认同，主体就会由衷地遵守环境法律。但此时，主体所遵守的环境法律，已经不再是立法者制定的环境法律本身了，而是深受环境道德影响已内化为个人意志的环境法律。只有在这种情况下，主体才会真正把守法当作自己的义务。在环保发达的国家，如美国、日本、新加坡，随着公众环境道德意识和环境法制观念不断提高，已基本形成了全社会自觉遵守环境法的良好社会风气。[①]

---

[①] 参见焦传岭《谈谈环境道德与环境法的双向趋同——环境道德的法律化与环境法的道德化》，《武汉大学学报》（哲学社会科学版）2007年第5期。

# 第四章

# 环境法治的生态化转向

生态文明作为现代文明的新形态，同样需要法治的保障。加强环境法律建设，是世界各国自20世纪70年代以来法律发展的一种趋势。法律生态化是法律对于生态文明理论与实践的一种亲和性反应，其最主要的关键的内容是环境法治的生态化转向。它意味着环境法治本身也要不断完善，要让环境法治越来越符合生态原则，不断推动环境法治向维护生态系统、更有效地实现人与自然的和谐这一生态文明建设的目标发展。这一转向，在当代主要表现为环境法调整对象的突破、环境法立法目的的生态化转向以及环境法保护目标的生态化转向。

## 第一节 生态文明对环境法治的新要求

### 一 环境法治对于生态文明的意义

生态文明关于人与自然关系的观点，克服了人类中心主义的片面性，同时又肯定了人类的能动作用，对人类在自然中的地位和作用给予了合理的规定：不仅人是主体，自然也是主体；不仅人有价值，自然也有价值；不仅人有主动性，自然也有主动性。生态文明理念是新的历史时期在生态与经济发展方面的升华，它应当成为环境立法的价值目标与终极目的。

随着生态文明意识的加强、对生态规律认识的不断深入以及解决环境问题思路的多样化，有识之士要求对环境法律制度进行全面和深刻的变革，并以此来完善配套法律法规，逐步建立环境法律体系，实现经济、社会与环境的可持续发展。"没有哪个词像'法'（law）这个词那样经常地与'自然'连在一起使用。"① 密尔的这一名言既揭示了法律与自然之间的关系,也道出了法律对于生态文明建设的意义。

现代社会是法治社会,现代文明与法治密切联系。生态文明作为现代文明的新形态,同样需要法治为保障。1992年,联合国环境与发展大会通过的《21世纪议程》明确要求:"为了有效地将环境和发展纳入每个国家的政策和实践中,必须发展和执行综合的、可实施的、有效的并且是建立在周全的社会、生态、经济和科学原理基础上的法律和法规。"② 中国共产党十七大报告也强调:"加强能源资源节约和生态环境保护,增强可持续发展能力","要完善有利于节约能源资源和保护生态环境的法律和政策,加快形成可持续发展体制机制"③。中国共产党的十八大报告提出:"保护生态环境必须依靠制度。要把资源消耗、环境损害、生态效益纳入经济社会发展评价体系,建立体现生态文明要求的目标体系、考核办法、奖惩机制。建立国土空间开发保护制度,完善最严格的耕地保护制度、水资源管理制度、环境保护制度。"④

加强环境法治对于生态文明建设至关重要。法律对人的行为具有规范作用。对生态文明来说,完善的法律体系可以约束追求主体福利或效用最大化的个人行为,从而有效防止人们追求最大利益而滥用自然资源的行为。而且法律对于自然资源具有配置功能。人的需求和欲望具有多样性、无限性。然而任何一个社会的资源都不可能满足人们

---

① 转引自吴国盛主编《自然哲学》第2卷,中国社会科学出版社1996年版,第534—535页。
② 联合国环境与发展大会:《21世纪议程》,国家环境保护局译,中国环境科学出版社1993年版,第61页。
③ 胡锦涛:《高举中国特色社会主义伟大旗帜 为夺取全面建设小康社会新胜利而奋斗——在中国共产党第十七次全国代表大会上的报告》,《人民日报》2007年10月15日第1版。
④ 胡锦涛:《坚定不移沿着中国特色社会主义道路前进 为全面建成小康社会而奋斗——在中国共产党第十八次全国代表大会上的报告》,《人民日报》2012年11月8日第1版。

的所有需求特别是膨胀的欲望。如果不对掠取自然资源、破坏自然环境的行为进行规制,就会导致自然资源使用上的恶性竞争,就会破坏人与自然的和谐关系。对自然资源的合理使用离不开法律的支持,法律通过为社会提供一个竞争与合作的框架,使自然资源得到最优利用,避免因竞争的无序而造成的资源浪费。法律又是现代管理的最佳方式。人与人之间、人与自然之间、当代人与后代人之间都是协调统一的系统,某一方面的破坏必然导致整个关系的失衡。这一特征要求对人与人关系、人与自然关系、当代人与后代人关系予以统一协调的管理,建立协调统一的法律体系是实现这一管理的有效手段。

加强环境法律建设,是世界各国自20世纪70年代以来法律发展的一种趋势,也是中国改革开放以来法律发展的一个重要特征。在中国环境法律建设中,已基本上形成了以宪法为核心,以环境保护法为基本法,以环境与资源保护的有关法律、法规为主要内容的比较完备的环境与资源法律体系。但是,中国法律也存在"经济优先"倾向,影响了法律对人与自然和谐关系的构建,导致生态法律不健全,因而难以实现环境保护与经济发展、生态文明与物质文明的相互协调,进而引发严重的生态问题,如水土流失、森林锐减、能源枯竭、环境污染等。解决这些问题、建设生态文明,需要加强生态伦理建设,同样也需要加强环境法律建设。[①]

## 二 生态文明对环境法治的新要求

生态文明作为一种全新的文明形态,是对传统工业文明的超越,意味着要建立并形成一整套有别于传统工业文明的政治、经济、文化体制,因此对环境法治也就提出了新的更高的要求。

生态文明以追求人与自然的和谐为目标,因此,环境立法必须强调人与自然并重,即人类利益与自然利益的协调一致,法律制度的设计既要体现人的权利,也要体现自然的权利;要坚持经济利益与环境

---

① 参见何士青《生态文明的法理构建》,《湖北大学学报》(哲学社会科学版) 2008年第3期。

利益相协调、功利尺度与真理尺度相统一的原则，实现人与自然的共生共荣。首先，经济利益与环境利益二者具有同源同质、共生互动的特征，但是二者在一定的条件下也可能发生矛盾。要实现人与自然的共生共荣，就要在法律中正确处理经济利益与环境利益之间的关系，从而使二者相互协调、相互促进。其次，还要坚持功利尺度和真理尺度相统一的原则。法律在处理人与自然的关系时应该坚持功利尺度，对人改造自然的正当目的予以肯定。但是功利尺度必须与真理尺度统一起来。由于自然在自身规律的作用下产生、存在和发展，因此，构建人与自然和谐发展的法律体系和法律调整机制还必须坚持真理尺度，尊重自然的规律。马克思说得好："立法者应该把自己看作一个自然科学家。他不是在制造法律，不是在发明法律，而仅仅是在表述法律。"[1] 只有按照"合规律性"的尺度去制定法律，才能为生态文明建设提供有效保障。[2]

生态文明追求的是可持续发展，要求通过法律形式协调环境保护与经济发展的相互关系。生态文明必须摒弃传统的发展方式，科学地处理好环境与发展的关系，实现发展与环境保护的辩证统一，保护环境的最终目的是使发展更持续、持久，更加健康、快速，从而赋予当代人和后代人平等的发展机会，调整人与自然的关系和人与人的关系，以确保将人类对环境资源的开发利用限制在其承载力以内。环境法治要确保人的发展权利、环境权利和环境义务的统一，当代人和后代人发展机会的平等。生态文明强调必须在环境的承载力以内发展经济，要求通过法律形式确保合理开发自然环境和自然资源，保护和改善生活环境和生态环境，防治环境污染、生态破坏和其他生态灾难，以建设一个能永续提供自然资源、生态系统良性循环、适合于人的生存发展、丰富洁净而又优美多姿的自然环境，使得当代和今后世世代代免遭环境资源问题所引发的种种危害，实现经济效益、社会效益和

---

[1] 《马克思恩格斯全集》第 1 卷，人民出版社 1956 年版，第 183 页。
[2] 参见何士青《生态文明的法理构建》，《湖北大学学报》（哲学社会科学版）2008 年第 3 期。

环境效益的统一，保障经济、社会的持续发展和繁荣。生态文明主张当代人享有追求健康而又富有生产成果的生活权利，应当以与自然相和谐的方式来实现，而不能以耗竭资源、破坏生态和污染环境的方式来实现，从而要求通过法律形式保证当代人在创造与追求今世发展与消费的时候，应承认并努力做到使自己的机会与后代人的机会平等，不能因当代人一味地、片面地、自私地追求今世的发展而毫不留情地剥夺后代人本应合理享有的同等的发展和消费的机会。[①]

生态文明要依靠制度，需要健全生态法律体系。明确生态文明的宪法地位，将生态保护作为宪法原则加以确认，在宪法中对政府和公民在生态文明建设中的责任和义务加以规定，使维持生态系统完整与平衡的行为获得直接的、明确的宪法依据，从而使生态文明建设获得根本法保障，也为其他部门法对合理开发和利用自然资源的行为作出肯定性规定、对危害生态平衡和造成环境恶化的行为作出否定性规定提供根本依据。在此基础上抓紧制定统一的自然资源保护法、土壤污染防治法，健全节水、资源综合利用、建筑节能、节约石油以及包装物回收利用等方面的法律和法规。还要注重与国际接轨，在生态立法时参考和借鉴国际法和其他国家立法的有关原则和内容，在必要的情况下缔结和参与有关国际协议和条约。这样有利于与世界各国采取一致行动，共同保护地球。

总之，随着生态文明建设的深入，必然对建立在传统发展模式之上的现行法律造成巨大冲击，要求现行法律作出全方位的调整、改造和创新，要求法律朝着生态化的方向实行变革。

## 第二节 生态文明与法律的生态化

### 一 生态化与法律生态化

生态化的概念已为全社会所广泛接受，但生态化的定义却是众说

---

[①] 参见陈泉生《论科学发展观与法律的生态化》，《法学杂志》2005年第5期。

纷纭，尚未统一。比较有代表性的有："将生态学原则和原理渗透到人类的全部活动范围内，用人与自然协调发展的理念去思考和认识经济、社会、文化等问题，根据社会和自然的具体情况，最优地处理人与自然的关系。"[1] 也有人认为，生态化是借用生态学的基本观点、基本概念和基本方法，移植和延伸到其他领域，研究和解决有关问题。[2] 生态化这一概念的使用已经超出了环境保护领域，向自然科学、人文科学的各个领域延伸。

法律生态化是法律对于生态文明理论与实践的一种亲和性反应。法律是社会经济生活条件的产物和反映，它随着社会经济生活的发展而演变。随着生态文明社会的建立，生态文明的理念日益深入人心，其不但引发了一系列文化价值观念的变革，生产、消费、教育和管理等社会生活的各个方面也都要发生根本性的变化，而这一切变革最终都要通过法律制度来反映。这就使得与"传统发展模式"相适应的现行法律制度不得不作全方位的变革，朝着生态化方向发展，从而推动和保障生态文明的建设。

## 二　关于法律生态化的论争

关于法律的生态化，虽然已被法学界逐渐接纳，但尚未形成统一的概念或解释。法律生态化的观点是由国外引入，在我国最早引入法律生态化观点的是北京大学著名环境法学家金瑞林教授，他在1990年出版的《环境法学》中就已指出，世界各国在20世纪70年代这一时期，"法律'生态化'的观点在国家立法中受到重视并向其他部门法渗透。在民法、刑法、经济法、诉讼法等部门法中也制定了符合环境保护要求的新的法律规范"[3]。我国著名环境法学家马骧聪教授也介绍了苏联的生态法学家提出的"法律生态化"的概念和主张，

---

[1] 文传浩、文小勇：《生态政治与政治生态化》，2003年8月5日，北大法律信息网（http://jrw.nxbug.com/）。

[2] 参见蔡亚娜、缪绅裕、李冬梅《关于"生态化"》，2007年10月25日，中国环境生态网（eedu.org.cn./Article/ecology/200404/765.html）。

[3] 金瑞林主编：《环境法学》，北京大学出版社1990年版，第46页。

即认为对自然环境的保护不仅需要制定专门的自然保护法律法规,而且还需要一切其他有关法律也从各自的角度对生态保护作出相应规定,使生态学原理和生态保护要求渗透到各有关法律中,用整个法律来保护自然环境。①

在我国,法律生态化的观点由国外引入后,先是引起环境法学者的高度重视,后逐渐为各部门法学者所承认,目前正呈现出蒸蒸日上的发展态势。如环境法学家王树义教授曾撰文提出立法生态化的主张:"所谓立法的生态化,即是指各种不同的法律部门在立法的过程中,均应考虑国家在保护环境、防治污染、合理利用和保护自然资源方面的生态要求,都要制定相应的法律规范对生态社会关系进行调整。"② 著名环境法学家蔡守秋教授则进一步对法律生态化提出了独到的见解,认为其是对传统法律目的、法律价值、法律调整方法、法律关系、法律主体、法律客体、法律原则和法律责任的绿化或生态化。它以环境正义、环境公平、环境民主、环境效益、环境安全和生态秩序为自己的价值取向,以明确主体人和客体自然之间的法定关系、赋予人和非人物种的特定法律地位为特色途径。③

除了上述环境法学者提出的法律生态化观点外,近年来其他部门法的学者也纷纷提出各自部门法生态化的主张。陈泉生教授对目前我国法律生态化的研究状况进行分析后认为,各部门法学者关于法律生态化的论述,大多是从各自部门法的角度对其下定义,即均将法律生态化理解为一种立法的理念、精神或指导思想,都强调应在各部门法中确立尊重生态自然的立法精神或指导思想。但她认为,这一定义似嫌过窄,其只是强调了法律生态化作为立法的一种理念、精神或指导思想而已,却忽视了其作为顺应21世纪生态文明社会法律的一种发展趋势,即这种尊重生态自然的立法精神或指导思想的确立,必将推

---

① 参见马骧聪《俄罗斯联邦的生态法学研究》,《外国法译评》1997年第2期。
② 王树义:《关于中国环境立法进一步发展的若干思考》,中国环境资源法学研讨会交流论文,湖北武汉,1999年11月,第7页。
③ 参见蔡守秋《深化环境资源法学研究,促进人与自然的和谐发展》,《法学家》2004年第1期。

动法律朝着生态化的方向不断推移的发展趋势。与其说法律生态化只是一种立法的理念、精神或指导思想，莫如说法律生态化是一种法律发展的趋势似乎更为全面。其既将法律生态化作为一种立法精神或指导思想予以囊括，又指出了这一立法精神或指导思想确立后必将推动法律朝着生态化方向不断推移的发展趋势，从而较为全面地概括了法律生态化的内容并较为科学地体现了法律生态化的特征。①

这里我们要探讨的不是一般法律的生态化，而是环境法治的生态化转向。环境法治的生态化转向，就是环境法治本身也要不断完善，要让环境法治越来越符合生态原则，不断推动环境法治向着维护生态系统、更有效地实现人与自然的和谐这一生态文明建设的目标发展。无疑，环境法治的生态化转向，是一个历史过程，也是一种不断推移的趋势。

## 第三节 环境法治的生态化转向

### 一 环境法调整对象的突破

厘清法的调整对象，对于确定一个法律部门的调整范围、权利产生的基础以及权利体系的构建具有重要意义。

传统法学理论对于法律调整对象，一般认为是人的行为或特定的社会关系。认为法律的调整对象是人的行为，其理论依据是马克思的一段论述："对于法律来说，除了我的行为以外，我是根本不存在的，我根本不是法律的调整对象。我的行为就是我同法律打交道的唯一领域，因为行为就是我为之要求生存权利，要求现实权利的唯一东西，而且因此我才受到现行法的支配。"② 正是根据马克思的这一论述，认为法律的调整对象是人的行为，而法律是为人而设计的规范，是针对人的行为设定的体现立法者意志或要求的规则，这已经成为我国法

---

① 参见陈泉生《论科学发展观与法律的生态化》，《法学杂志》2005年第5期。
② 《马克思恩格斯全集》第1卷，人民出版社1956年版，第16—17页。

理学界在法律调整对象问题上的一个基本共识。"法律的调整对象是行为,而所谓社会关系不过是人与人之间的行为互动或交互行为,没有人们之间的交互行为,就没有社会关系。法律是通过影响人们的行为而实现对社会关系的调整。"① "法律是调整一定社会关系中、即人与人的关系中的意志行为,调整这种意志行为,实际上也就是调整了这种社会关系。"② "法律作用的最直接对象是人的意志行为,法律是通过影响意志行为来实现对社会关系调整的。"③ 也有些学者虽然并不反对人的行为就是法律的调整对象,但认为人的行为只是法律调整的直接对象,而社会关系才是法律调整的最普遍的对象,是法律对其产生影响的最终目的。因此,他们主张将法律的调整对象表述为社会关系,而不是人的行为。

对此番争论,王树义教授等人却认为,无论采取哪一种表述,都是正确的。因为,社会关系实质上是人的行为的结果。人的行为一经开始就立即表现为社会关系。没有人的行为,就不会有所谓的社会关系。行为和社会关系之间是现象和实质的关系。与此相适应,法律是通过影响人们的行为而实现对社会关系的调整,法律对社会关系的调节,对社会秩序的维护,对社会利益关系的保障,进而对生产力的促进作用,都是通过对人的行为的影响而实现的,即通过设定和贯彻一定的行为模式来实现其一系列的规范作用和特定的社会作用。正是从这个意义上来说,人的行为或作为人的行为之结果的社会关系,是法律的调整对象。④

作为一个独立的法律部门,环境法特定的调整对象又应该是什么?对此,迄今在环境法学界并未形成完全一致的认识。不过,大多数学者依据法律是调整人的行为或社会关系这一法理学基本观点认为,环境法作为法律体系的一个组成部分,虽然其产生的直接社会动

---

① 张文显:《法哲学范畴研究》(修订版),中国政法大学出版社2001年版,第60—61页。
② 孙国华、朱景文主编:《法理学》,中国人民大学出版社1999年版,第229页。
③ 公丕祥主编:《法理学》,复旦大学出版社2002年版,第184页。
④ 参见王树义、桑东莉《客观地认识环境法的调整对象》,《法学评论》2003年第4期。

因似乎有别于其他的传统法律部门，不论其起源过程如何复杂或特殊，都是基于对人的行为的规范化调整这一初始原因，都是为了实现对人的行为的社会调整。因此，环境法的调整对象，依然应当是人的行为，或者说是作为人之行为结果的社会关系。只不过这种社会关系被特定在人与自然界相互作用的领域里因人的行为或活动而形成的人与人之间的关系，这种社会关系可称作"环境社会关系"。[①]

认为环境法调整人与人在开发、利用、保护和改善环境的过程中所产生的社会关系，即环境社会关系，是环境法学界的主流意见，尽管不同的学者在对环境社会关系的具体内容上有不同的表述。如吕忠梅教授认为，环境法所调整的是人们在开发利用、保护改善环境过程中所产生的各种社会关系。这类社会关系以人类—环境关系为其产生基础，主要包括两个方面的内容：一是与合理开发利用自然资源和保护生态环境有关的社会关系，可简称为生态环境保护关系。二是在防治环境污染和其他公害、改善环境质量过程中发生的社会关系，可简称为污染防治关系。[②] 常纪文教授认为，环境法调整人与人关于环境的权利（力）义务关系。人与人关于环境的权利（力）义务关系包括以下两个方面的内容：一是国家与其公民及其他主体形成的环境管理行政权力和义务关系，其中国家对其公民及其他主体行使环境管理公权，该环境公权的行使是以维护公共环境安全、保护环境公益为直接目的。二是平等主体之间在环境法规定的范围内或在合法合同约定的范围内享受环境私权，履行环境私法义务。这两个方面的权利（力）义务关系实际上就是环境法法学者通常讲的环境社会关系，故可以认为环境法调整人与人之间形成的社会关系。[③] 而曹明德教授则认为，环境法调整的是生态社会关系。[④] 尽管学者们对于环境法调整对象有着基本共识，并成为主流观点，但进入 21 世纪初，以蔡守秋

---

[①] 参见王树义、桑东莉《客观地认识环境法的调整对象》，《法学评论》2003 年第 4 期。

[②] 参见吕忠梅《环境法学》，法律出版社 2004 年版，第 34—36 页。

[③] 参见常纪文《环境法原论》，人民出版社 2003 年版，第 11—12 页。

[④] 参见曹明德《生态法原理》，人民出版社 2002 年版，第 182 页。

教授为代表的少数学者却在环境法调整对象问题上发出了不同的声音,认为环境法不仅调整人与人的关系,同时也调整人与自然的关系,两者共同构成环境社会关系。

蔡守秋教授起初也是认同传统的环境社会关系,认为因环境而产生的社会关系很多,环境法主要调整四种具有相同宗旨、性质相似、相互关联的社会关系,即开发、利用、保护、改善环境所发生的社会关系。[①] 后来,蔡守秋教授又在其代表性著作《调整论——对主流法理学的反思与补充》中对环境法的调整对象作了新的表述,认为环境法既调整人与人之间的关系,又调整人与自然的关系,由于环境资源法所调整的人与自然关系是经过法律规定和法律实施,即人的社会活动所形成的法律,所以可以将环境资源法所调整的人与自然关系视为一种社会关系或纳入社会关系范畴。[②] 而环境资源法所调整的人与自然的关系具体是指,由环境资源法所确认、规定并在环境资源法实施中形成的人与自然的关系以及其所确认、规定并通过其实施加以影响、作用和控制的人与自然的关系。环境资源法中规定的人与自然的关系的种类和内容十分丰富多样,包括但不限于人与自然的时间关系、地域关系、因果关系、物质能量信息交流关系、利益关系、主(体)客(体)关系等。目前主要调整人与自然的生态关系、物质交流关系和因果关系,包括开发、利用、保护、保存、改善和整治环境资源等关系。[③]

对于"环境法也调整人与自然的关系"观点,在我国传统法学者中认同的不多,持否定态度的不少,其理由主要是:法律调整的对象是法律关系,法律关系是一种法律规定了的权利(力)和义务关系,这种关系就是人与人之间的社会关系;自然非人的"物",没有意思表示,即缺乏"意志性"和外在的法律行为,不可能对人履行什么

---

① 参见蔡守秋《环境资源法学教程》,武汉大学出版社 2000 年版,第 44 页。
② 参见蔡守秋《调整论——对主流法理学的反思与补充》,高等教育出版社 2003 年版,第 67 页。
③ 同上书,第 48—49 页。

## 第四章 环境法治的生态化转向

对应的义务,也不可能主张什么权利,更不能承担什么法律责任,所以人和环境之间不存在任何对应的权利(力)义务关系。而法律是调整权利和义务关系的社会调节器,因而环境法不调整人与自然的关系。还有学者认为,把人与自然的关系也说成是法律关系,一个重要的原因恐怕就是忽略了法律关系的相关性、对称性、可逆性和双向性,没有注意到人对物、人与自然的关系实质上不具有严格意义上的相互性。① 传统的法学界还认为,人们通常讲的人与自然的关系实际上是一种自然科学上的生态关系;在法学上,自然或自然因素要么是人的所有权能的对象,要么是人类能够共同使用或享用的特殊"物"。因此人与环境的生态关系反映在法律上实质上还是人与人关于环境的关系,即通过调整人与人之间关于环境的社会关系来理顺人与环境的生态关系。②

而且,从操作层面看,"自然"作为法所调整的关系主体,如何能够充当权利的享有者和义务的承担者? 第一,"自然"的权利和义务应由谁来规定? 人类有为自然设定权利、义务的资格吗? 第二,如何证明由人为"自然"设定的权利和义务就是自然真正的权利、义务呢? 第三,"自然"如何行使其权利和义务? 人类真的能像代理未成年人那样代理自然行使权利、义务吗? 第四,"自然"违反法定义务时,如何强制其承担法律责任? 第五,当人与"自然"发生矛盾时,由谁来作为公正、中立的"第三者"进行裁决?③

但也有学者站出来为环境法也调整人与自然的关系的观点进行辩护,如常纪文教授。他对于环境法调整人与人关于环境的社会关系的观点是赞同的,但是对于大多数传统法学者否认环境法调整人与环境关系观点的论证,他却强调不敢苟同:因为传统法学者的上述理解是我国法学研究多年来形成的思维定式的结果,具有很大的局限性,他为此提出了七个方面的理由。其中包括:在与传统学术观点不相抵触

---

① 参见张文显《法学基本范畴研究》(修订版),中国政法大学出版社 2001 年版,第 97 页。
② 参见韩德培主编《环境保护法教程》,法律出版社 1998 年版,第 26—27 页。
③ 参见钱永苗《环境法调整对象的应然与实然》,《中国法学》2003 年第 3 期。

的前提下从不同的侧面或新的起点对"调整"进行新的学术阐述或创新是符合"百花齐放"的原则的，任何学者不能以自己的思维定式来否认甚至诋毁他人的学术创新行为。① 另外，在长期的环境法学研究实践中，"调整"已经形成了"功能"、"作用"、"协调"等含义，从这层意义上讲，完全可以认为环境法可以调整人与环境的关系，即环境法协调人与环境的关系（这种关系是一种法律规定的生态行为关系）或环境法具有协调人与环境关系的功能和作用。② 他指出，对于一些已经纳入人类的环境因素但人类不可能与之发生占有、使用、收益或处分关系的外层空间环境及其要素，再谈人与人关于环境的关系则无实际的意义。

环境法学界的这场争论，会使人联想到环境伦理学界的争论——两者的争论何其相似！在环境伦理学将道德关怀扩大到自然和生态系统的过程中，也"遭遇"到类似的争论。如同在本书中将这一过程表述为环境伦理学的生态化进程一样，环境法所经历的这一过程，同样体现了环境法的生态化趋势。

很有意思的是，"环境伦理的生态化促推环境法的生态化"观点在这场争论中又一次得到体现。常纪文教授正是依据生态中心主义伦理学的观念来为环境法也调整人与自然（环境）的观点辩护。他指出，环境自身的内在价值及其相对于其他物种（包括人类）而表现出来的外在价值没有得到法律应有的或科学的确认，这实际上是人类中心主义在作怪，而法只调整人与人之间社会关系的观点就是人类中心主义的典型表现。为了控制环境恶化的趋势，还人类和自然各要素一个健康的存在，突出环境的重要性，主张人与环境的生态与伦理关系法律化，即环境法调整人对环境的非社会关系行为是必要的。存在于当代地球上唯一有理性思维的高级动物——人类，为了自身的利益，

---

① 主张"环境法可以调整人与环境的关系"观点的学者往往被一些传统的法学者戏称为法盲。
② 参见蔡守秋《国土法的理论与实践》，中国环境科学出版社1991年版，第5—11页。

也为了维护自己的理性尊严,应该摆脱狭隘的自私自利思维的束缚,尊重自然法则,充分尊重其他物种生存和发展的权利。基于此,人类在制定开发、利用环境的外在价值、保证自身利益的法律的同时,也要把环境与人的内在价值的平等性尽量地体现在法律上。

关于法律关系必须具有"双向性"的观念也需要突破。环境作为自然物,毕竟不能像人那样作出意思表示,不可能成为传统环境法律关系的主体,因此,我们可以认为这种法律上的行为关系是单向的,即环境通过其"本能"的生态功能提供给人生态与物质方面的利益,而人类则履行尊重和保护环境内在价值的行为义务。由于道德义务的主体属于社会中的主体,所以这种单向行为规范肯定属于社会规范,这种社会规范一旦被环境法认可或确认,就上升为环境法律规范。把包容这类社会规范和人与人关于环境的法律规范加以整合就形成了环境法。也就是说,环境法既规范人与人之间关于环境的关系,还规范社会中的人对环境的单向行为。人对环境的单向行为规范既包括考虑人的利益和情感的规范,还包括兼顾或纯粹确认和保护动植物内在价值和利益的社会规范。如1973年,美国伊利诺伊州颁布了《人道地照顾动物的法律》[①],该法律反对残酷地对待动物的行为,要求"任何人和所有者不得打、残酷对待、折磨、超载、过度劳作或用其他方式虐待动物"。

而且,正如常纪文教授所指出的那样,从现实的环境立法上看,我国和外国已经存在一些纯粹考虑或兼顾与人与人之间社会关系无关的纯粹考虑动植物利益和"情感"的法律、法规或法令。在外国,比如在欧洲的一些地方,钓鱼者钓上鱼后必须用钝器把鱼砸死,其原因是:鱼最终是要被人或动物吃掉的,而用器皿把钓上来的鱼养着对鱼来说是一种临死前的折磨,对鱼来说是不"人道"的,因而要让鱼有尊严地得到死亡的解脱。再如2000年初夏,美国纽约的一名快餐店的老板怕自行车被人偷走,就用一根铁链把自行车锁在一棵大树

---

[①] 参见常纪文《再论环境法的调整对象——评"法只调整社会关系"的传统法观点》,《云南大学学报》(法学版)2002年第4期。

上。有一位爱护树木的人士给纽约市公园管理局写了一封揭发该老板虐待大树的检举信。后来该老板因为虐待大树的罪名受到了拥抱大树并且向大树道歉的处罚。[①] 在英国，虐待饲养的家畜、家禽是犯罪行为。如英国1999年颁布的《关于买卖狗的法律》第5条规定，虐待狗者可以剥夺其饲养狗的许可证。在一些崇尚牛的国家，农民不合理地使用耕牛可能会招致处罚。这方面的主要立法还有《澳大利亚州动物福利法》、《美国动物福利法》、《美国动物和动物产品法》、《欧洲议会关于保护用于实验和其他科学目的的脊椎动物的决议》等。我国台湾地区《动物保护法》第1条规定："为尊重动物生命和保护动物，特制定本法。"该法第6条规定："任何人不得恶意或无故骚扰、虐待或伤害动物。"违者按该法第30条之规定处1万元以上5万元以下的罚款。在我国大陆地区，已经有把人与环境及其要素并列并强调环境及其要素内在价值的国际条约条款对中央政府产生了约束力。如1994年GATT第20条规定：最惠国待遇与国民待遇原则的一般例外包括"保护人类及动植物的生命和健康所必需者"。该条款把人的生命与健康和动物的生命与健康加以并列，显然是强调作为环境要素的动植物的内在价值，承认动植物的生存和发展的尊严，确认和保护人与人之间社会关系之外的人对环境的单向行为关系。这也证明了传统法学者所认为的"法只调整社会关系"的观点在环境伦理充分发达的时代已经过时。[②]

将人与自然的关系纳入环境法的调整对象，是对自然的法律地位的重新定位，是环境法生态化的重要体现。我们愿与常纪文教授一起呼吁：环境法只调整人与人的关系和人与人关于环境的关系是难以全部解释所有的环境法学和环境伦理学问题的。既然环境法仅调整社会关系的观点存在漏洞，在现实生活中又已经出现环境法调整人与环境关系的情况，我们为何不在不断发展的法理学上作一下突破，给环境

---

[①] 参见张士敏《拥抱大树》，《读者》2001年第9期。
[②] 参见常纪文《再论环境法的调整对象——评"法只调整社会关系"的传统法观点》，《云南大学学报》（法学版）2002年第4期。

法及环境法学的发展留下发展的空间呢？

## 二 环境法立法目的的生态化转向

任何一部法律的制定，都有其所追求的目的。法的目的是法所要达到的境地或所要得到的结果，也是立法者对法所要追求的价值的集中和明确的表达。环境法的目的，即环境法的立法目的，是立法者在考虑制定环境法律之前所要明确确立的、基本的立法意图，是确立环境法基本原则的思想和理论的结晶，① 是国家在制定或认可环境法时希望达到的目的或实现的结果，它决定着整个环境法的指导思想、环境法的调整对象、环境法的适用效能，同时也反映了环境法的发展程度和人类对自然的态度。②

传统法律的基本理念是人类中心主义。人类中心主义的核心内容表现在两方面：第一，在人与自然的价值关系中，人类是主体，自然是客体，价值评判的尺度和权利都掌握在人类的手中；第二，一切活动都以人类的利益为出发点和归宿。在传统的立法目的中，人类中心主义总是作为一种价值尺度而被采用，它所强调的是人类利益优先，而将人类以外的其他物质只作为人类利益的客体来看待。因此，把人类的利益作为价值原点，这样的立法理念就必然缺乏环境利益保护的思想，以至于传统法任何手段和方法都只能以保护人类利益为首要目的，而环境只能作为因为人类利益的需要所反射形成的间接对象受到保护。这个问题的法理学根源就在于传统法的价值观是建立在人类中心主义伦理道德观的基础之上。传统部门法不合环境保护目的性的根源在于传统的伦理观对自然和环境之固有价值认识的缺陷。

人类中心主义标志着人类对自己能力和利益的认识，是人类自觉利用自然、改变自然以满足自身生存和发展的需要，正是在这种思想的指导下，人类不断发挥自己的创造力，与天斗与地搏，创造了工业

---

① 参见汪劲《中国环境法原理》，北京大学出版社 2000 年版，第 37 期。
② 高利红《环境资源法的伦理基础》，载韩德培主编《环境资源法论丛》第 1 卷，法律出版社 2001 年版，第 350 页。

文明的辉煌，改变了人从属自然的地位，但是也使自然界满目疮痍。可以说，环境危机的出现，人类中心主义有不可推卸的责任。鉴于此，人类开始质疑人类中心主义，并试图走出人类中心主义。

16世纪，哥白尼提出了"日心说"，这是从科学的角度对人类中心主义的首个冲击；随后，达尔文的生物进化论研究表明：人是由类人猿发展进化而来；细胞学说研究表明，地球上所有的生命，包括人在内都是由细胞构成的，并且这种细胞与构成其他生命的细胞均来自同一个原始细胞；分子生物学研究证实人与其他的生物具有统一性，即人与其他所有的有机体的遗传物质都是DNA……种种科学研究表明，人是从自然界中产生，是自然界的一部分，人依赖自然而生存，受自然规律的制约。在人类生态学的研究中，"社会—经济—自然"是一个复合体，人与自然的关系是相互作用、相互联系的，不存在以谁为中心，谁主宰谁，人与自然的和谐乃是客观规律，任何与此背道而驰的行为，必然遭到自然规律的惩罚。

1962年，美国生物学家蕾切尔·卡逊出版了《寂静的春天》一书，引起社会巨大反响。书中描述的是由于大量化学杀虫剂的使用，威胁到许多生物乃至人类的生存，向人类敲响警钟：环境问题如果不解决，人类将"生活在幸福的坟墓中"。1972年，美国学者丹尼斯·米都斯发表了《增长的极限》，提出均衡发展的概念，强调人类的发展应被控制在自然承载力范围之内，同时缩小发展中国家与发达国家之间的差距。1976年，美国哲学家汤姆·雷根发表了《动物权利与义务》，书中首次阐述了动物也同人类一样拥有权利的观点。1986年，美国思想家保罗·泰勒发表了《尊重自然》，将天赋价值实体由人与高等动物扩展到低等动物和植物的范围。所有一切都表明：人类在思想上已经开始迈出走出人类中心主义的步伐，出现了动物解放论、动物权利论、生态中心主义、深生态学等新伦理理念。这些理念为环境法的制定与完善奠定了坚实的理论基础。

但是，由于生态中心主义具有理想的色彩，要成为为人普遍接受的价值观并非易事，因此，在环境伦理观领域，经过改造了的现代人类中心主义与生态中心主义在纷争中并存，分别成为各国环境立法的伦理指导思想，这就使得各国的环境立法目的存在着不同的理论和立法实践，即存在所谓的环境立法目的一元论与环境立法目的二元论（或多元论）的不同。

环境立法目的一元论认为，人类是万物之主，环境法仅仅应该以保障人体健康（或经济发展）为唯一目的，其着眼点只是防治、消除环境污染和公害，没有考虑生态保护和资源保护两大领域。比如匈牙利《人类环境保护法》规定："本法的宗旨在于保护人的健康，不断改善当代人及子孙后代的生活条件……"保加利亚《自然保护法》（1967年）将该法的立法目的规定为：保护人民健康；保护、恢复和合理利用自然界并使自然财富得以增长。① 日本环境法的立法目的几经变迁，在其1967年制定的《公害对策基本法》第1条第1款中规定："本法是为了明确企业、国家和地方公共团体对防治公害的职责，确定基本的防治措施，以全面推行防治公害的对策，达到保护国民健康和维护其生活环境的目的。"同时，该条第2款又规定："关于前款所规定的保护国民健康和维护生活环境，是与经济健全发展相协调的。"② 也就是说，该法规定的"保护国民的健康和维护生活环境的目的"是与"经济健全发展相协调的"，这时日本的环境立法在本位上还是持"经济优先"的思想，或者说对环境利益的考虑只是从传统的经济利益的角度出发的。1970年日本国会在修改《公害对策基本法》时，把第2款删掉，将"保护国民健康和维护其生活环境"作为该法的唯一目的，删除"与经济健全发展相协调"的规定，体现了一种生态化的立法目的转向。1993年颁布的《环境基本法》对此予以认可，在第1条规定："本法的目的，是通过制定环境保护的基本理念，明确国家、地方公共团体、企（事）业者及国民的责任和义务，规定构成环境保护政策的根本事项，综合而有计划地推进环境保护政策，在确保现在和未来的国民享有健康的文化生活的同时，为造福人类作出贡献。"并在第4条进一步规定："必须以健全经济

---

① 参见程正康《环境法概要》，光明日报出版社1986年版，第46页。
② 汪劲：《日本环境法概要》，武汉大学出版社1994年版，第14—15页。

发展的同时实现可持续发展的社会构筑为宗旨,并且以充实的科学知识防止环境保全上的妨害于未然为宗旨,实现将因社会经济活动以及其他活动造成对环境的负荷减少到最低限度,其他有关环境保全的行动由每个人在公平的分配负担下自主且积极地实行,既维持健全丰惠的环境,又减少对环境的负荷。"①

环境立法目的二元论则认为,环境法的目的应该是双重的,其一是保障人体健康;其二是促进经济和社会的可持续发展。也有的表现为多元论,即以人的健康及经济、社会和环境保护的协调、持续发展为目的,因为它的可持续发展目的,也可以说实际上考虑了未来世代的利益。一些国家的"目的二元论"也包含了人类作为环境的一分子,综合考虑环境各要素之间相互关系及维护地球生态系统的思想,这正是生态中心主义的体现。如美国1969年颁布了《国家环境政策法》,该法开宗明义地规定:"本法的目的在于:宣示国家政策,促进人类与环境之间的充分和谐;努力提倡防止或者减少对环境与自然生命物的伤害,增进人类的健康与福利;充分了解生态系统以及自然资源对国家的重要性;设立环境质量委员会。"同时该法还宣布了美国的环境政策是:"联邦政府将与各州、地方政府以及相关公共和私人团体合作采取一切切实可行的手段和措施,包括财政和技术的援助,发展和增进一般福利,创造和保持人类与自然得以共处与和谐生存的各种条件,满足当代国民及其子孙后代对于社会、经济以及其他方面的要求。"可以看出,其立法目的的规定涵盖了世代间的衡平、保护人类健康和环境、保护生态系统的多样性、正确调整人与自然关系等几个方面,其内容至今仍保持先进性,为后来世界各国的环境基本法的制定树立了一个基本的立法模式。美国1973年的《濒危物种法案》、1992年的《森林原则宣言》,也都体现了生态中心主义的理念。美国之所以能在20世纪60年代在环境立法目的上达到如此先进

---

① 刘爱军:《生态文明视野下的环境立法研究》,博士学位论文,中国海洋大学,2006年。

的程度，与美国是现代环境伦理的发祥地有重要关系。①

韩国 1977 年制定的《环境保全法》中，其立法目的是"为防治空气污染、水质污染、土壤污染、噪声、振动及恶臭等危害健康，以妥当保全环境，增进国民之维护，特制定本法"。可见，当时其基本的立法目的只是防治、消除环境污染和公害，以保护人类的健康。随着经济的发展和社会的进步，特别是学习西方成功的环境保护经验，韩国的环境立法目的也体现了当代环境理念的基本要求。1990 年韩国的《环境政策基本法》第 2 条对立法目的作了如下规定："鉴于环境质量及其保持，保护舒适的环境并且维持人类与环境之间的协调和平衡，是国民享有健康、文明的生活以及国土保持与国家持续发展所必不可少的要素，国家、地方、企业和国民应当努力维护和促进环境的良好状态。在从事利用环境的行为时，应当对环境保持予以优先的考虑。在当代国民能够广泛享受环境恩惠的同时，使后代能得以继承。"②

1993 年德国联邦环境局发布的《环境法典》草案第 1 条第 1 款对立法目的作了这样的规定："为了环境的持久安全，法律的保护目的是：一、生物圈的生存能力和效率；二、其他自然资源的可利用能力。环境保护的措施是为了人类的健康和健全。"③

到 20 世纪 80 年代末，各国纷纷跟随国际环境保护理念，修改、制定本国环境法及其立法目的。从世界范围来看，各国环境立法的范围和目的都在发生改变。如在法国，1994 年制定了《环境法典》；瑞典也于 1992 年修改制定了新的《环境保护法》。在亚洲一些发展中国家，融合了新的环境思想和价值观的环境立法也在迅速发展，如印度于 1986 年制定了《环境保护法》等。

而在国际环境立法上，生态中心主义这种生态价值观在环境立法

---

① 参见谢冬慧、王建国《中外环境立法目的之比较》，《河南省政法管理干部学院学报》2008 年第 1 期。
② 汪劲：《环境法律的理念与价值追求》，法律出版社 2000 年版，第 284 页。
③ 同上书，第 285 页。

的目的上有更充分的体现。从19世纪后半叶开始,国际环境立法的主要目的是确保人类对天然资源的开发、利用权和确保资源的最大效用。20世纪40年代末,国际环境立法的目的开始朝着为了将来世代利益的方向演变。《欧洲保护野生生物和自然界的伯尔尼公约》、《生物多样性公约》、《世界自然宪章》等,都是这种新的价值理念在国际环境法上的体现。如1982年,基于人类与自然关系相互依存的思想,联合国通过了《世界自然宪章》,在序言里作了这样的规定:"为了现代和将来世代的利益,人类应当重新确认利用保全生物物种和生态系统的方法,获取维持、增进自然资源的利用能力的知识。"正如亚历山大·基斯在论及国际环境法的目的时指出的那样:保护整个生物圈的目的直接影响到法律的发展,因为它超出了对经济有益的环境要素的保护,主张环境应在整体上受到保护,包括一切生命形式,而不考虑它们对人类的用处,主张承认人类对于保护整个生物圈的责任。[①] 到20世纪80年代末90年代初,生态价值观对立法的渗透和影响在国际环境立法目的的表述之中更加明确,如联合国1992年《里约环境与发展宣言》规定:"怀着在各国、在社会各个关键性阶层和在人们之间开辟新的合作层面,从而建立一种新的、公平的全球伙伴关系的目标,致力于达成既尊重所有各方的利益,又保护全球环境与发展体系的国际协定,认识到我们的家乡——地球的整体性与相互依存性……"原则一还规定:"人类处于普受关注的可持续发展问题的中心。他们应享有以与自然和谐的方式过健康而富有生产成果的生活的权利。"[②]

环境法立法目的的演变反映了思想的演变,即以人类为中心的"经济优先"、"人类优先"思想向以生态为中心的"生物优先"和"地球优先"思想的演变。这也说明,环境法的立法目的集中反映了法律上的价值取向和对环境的态度和认识,因此环境法立法目的的嬗

---

[①] 参见刘爱军《生态文明视野下的环境立法研究》,博士学位论文,中国海洋大学,2006年。

[②] 汪劲:《环境法律的理念与价值追求》,法律出版社2000年版,第288页。

变最能体现出生态化转向的趋势。

但中国的环境立法目的的主旨却与这种发展趋势相距甚远。1979年中国制定第一部环境基本法《环境保护法（试行）》规定的立法目的是："中华人民共和国环境保护法的任务，是保证在社会主义现代化建设中，合理地利用自然环境，防治环境污染和生态破坏，为人民造就清洁适宜的生活和劳动环境，保护人体健康，促进经济发展。"这一规定，中国环境法学界的学理解释一般将它归纳为环境法的任务和目的规定，即环境保护法的目的规定主要包含了两个方面的内容：一是它的任务，就是保证在社会主义现代化建设中，合理地利用自然环境，防治环境污染和生态破坏，为人民造就清洁适宜的生活和劳动环境；二是它的目的，就是保护人体健康，促进经济发展。到1989年，修改颁布了新的《环境保护法》，该法第一条对环境立法目的的修正规定是："为保护和改善生活环境和生态环境，防治污染和其他公害，保障人体健康，促进社会主义现代化建设的发展，制定本法。"就是说，中国环境保护法的目的是双重的，一是保障人体健康；二是促进社会主义现代化建设的发展。学界认为，该法所规定的环境立法目的与《环境法保护（试行）》的立法目的规定并无实质改变。将1989年中国的《环境保护法》有关目的的规定与同期世界主要国家环境立法对目的的规定作一比较，可以发现中国环境立法的目的规定在本质上还停留在20世纪70年代的水平，若再进一步对目的理念所反映的立法者对环境保护价值的认识作分析，我们可以发现1989年《环境保护法》在指导思想上仍为传统伦理观所左右，人本主义的——与现代环境伦理观和地球生物圈中心主义相对立的——传统法律伦理观仍然在立法者的头脑中占据着统治地位，也即环境立法在立法者的理念里仅仅只是作为促进传统的经济发展模式的一种方法，确切地说它是一种迫不得已的方法而已，或者说它仅仅是一种浅层的环境主义。[①]

2014年4月修订的《中华人民共和国环境保护法》，相较于之前

---

[①] 参见汪劲《环境法律的理念与价值追求》，法律出版社2000年版，第292页。

的版本,有了很大的进步。它以"保护和改善环境,防治污染和其他公害,保障公众健康,推进生态文明建设,促进经济社会可持续发展"作为立法的目的。显然,生态文明已经上升为环境保护法立法的出发点和落脚点,科学发展观指导下的经济社会的"可持续发展"取代了原来以经济建设为中心的"现代化建设"。新法在总则中明确了保护环境的基本国策以及保护优先、预防为主、综合治理、公众参与、损害担责的基本原则,强化了环境保护的宣传、教育和监督,还设立了专门的环境日。可以说,新环境法的出台意味着中国的环境立法取得了前所未有的突破。

无疑,中国环境法应按照生态文明的要求重构环境立法目的。要坚持生态文明所要求的人与自然和谐的价值观,并以这种价值观指导人类的行动。因此,我们必须用新的立法理念——生态文明的理念来构建我国环境立法体系,实现"既满足当代人需求,又不对后代人的需求造成威胁"的可持续发展,重视自然的权利,崇尚生态利益与人类利益的一致,才能最终实现人与自然的和谐相处。

## 三 环境法保护目标的生态化转向

从环境立法的历史来看,它经历了这样一个过程:资源立法—污染控制立法—全方位环境保护立法,这种立法重心的转变是以人类环境伦理的转变为前提的。随着人类对环境问题认识的深化,在可持续发展目标的指导下,环境法将率先在世界范围内实现全球化、趋同化。环境问题以其独特性,经历了从局部到区域、从国内到国际、从国际到全世界范围的发展,那种以地区或国家为单位各自为政采取措施的办法,显然已经不能解决全球环境问题。人类必须在共同认识的基础上,以地球为单位,为了人类共同的利益联合采取行动。这已成为国际社会的共识。

环境法保护目标的生态化转向,主要表现在以下两个方面:
第一,从保护环境(要素)向保护生态系统转向。
资源、环境与生态系统是维系和制约人类生存与发展的三个重要因素,相互独立又有内在联系。确立环境、资源与生态融合的整体环境观，系统地防治污染、保护自然资源和生态环境，是近些年来人们关注和研究的热点。①

环境与生态系统是两个既有区别又相互联系的概念。环境是相对于某一事物来说的，是指围绕着某一事物（通常称其为主体）并对该事物会产生某些影响的所有外界事物（通常称其为客体），即环境是指相对并相关于某项中心事物的周围事物。②它既包括空气、水、动物、植物等物质因素，也包括观念、制度、行为准则等非物质因素；它既包括自然因素也包括社会因素；既包括生命体形式也包括非生命体形式。按其要素的形成，可把环境分成自然环境和社会环境两类。而我们这里所提到的环境，指的是自然环境。自然环境是指对人类的生存和发展产生直接或间接影响的各种天然形成的物质和能量的总体，如大气、水、土壤、日光辐射、生物等。这些环境要素构成了相互联系、相互制约的自然环境体系。

自然资源是组成环境的要素之一。广义的自然资源是指在一定时空条件下，能够产生经济价值、提高人类当前和未来福利水平的自然环境因素的总称。狭义的自然资源是指自然界中可以直接被人类在生产和生活中利用的自然物。自然资源可分为可再生资源、不可再生资源及恒定资源三类。可再生资源是指那些被人类开发利用后，能够依靠生态系统自身在运行中的再生能力得到恢复或再生的资源，如水资源等。不可再生资源是指那些在人类开发利用后，储量会逐渐减少以至枯竭而不能再生的资源，如矿产资源等。恒定资源是指那些被利用后，在可以预计的时间内不会导致其储量减少和枯竭的资源，如太阳能、潮汐能等。从自然资源与自然环境的基本概念可知，自然资源与自然环境既有联系又有区别。大气、水、土地等既是重要的自然资源，同时又是组成自然环境的基本要素，构成大气环境、水环境、土

---

① Bateman I. J., Willis K. G., *Valuing Environmental Preferences: Theory and Practice of the Contingent Valuation Method in the US, EU, and Developing Countries*, Oxford: Oxford University Press, 1995.

② 参见百度百科"环境"词条（http://baike.baidu.com/view/13655.htm）。

壤环境等，所以两者是有联系的，但自然环境是指影响人类生存和发展的各种自然因素的总和；而自然资源则是从人类可利用角度定义的，所以，它们又是有区别的。①

生态系统的概念是由英国生态学家坦斯利（A. G. Tansley, 1871—1955 年）在 1935 年提出的，他认为，"生态系统的基本概念是物理学上使用的'系统'整体。这个系统不仅包括有机复合体，而且包括形成环境的整个物理因子复合体"②。随着生态学的发展，人类对生态系统的认识不断深入。今天，人们对生态系统这一概念的理解是：生态系统是在一定的空间和时间范围内，在各种生物之间以及生物群落与其无机环境之间，通过能量流动和物质循环而相互作用的一个统一整体。生态系统是生命系统与环境系统在特定空间的组合。按照人为干预的程度，可把生态系统划分为自然、半自然及人工生态系统三类。在生态系统内，生物与环境、生物与生物之间长期相互作用，最终会形成一种相对和谐、稳定的状态，这就是生态平衡。事实上，任何生态系统都处在不断的运动和变化之中，系统内部存在着普遍的进化、适应、制约、反馈进程，所以平衡是相对的。当人为因素使生态系统的结构与功能失调时，平衡就会被打破，称为生态系统的破坏，简称生态破坏。

由环境及生态系统的概念可知，人类生态系统的外延极广，包含了人类及环境的全部，因此，人类影响环境及资源的一切活动都会影响到人类的生态系统。以生物为中心的自然生态系统，也都直接或间接地受到人类活动的影响，即使那些人类尚未涉足的自然生态系统也难以幸免，如全球气候变暖等环境影响。③

这说明，在人为因素的作用下，环境要素可能发生质或量的改

---

① 参见张坤民《可持续发展论》，中国环境科学出版社 1997 年版。

② W. S. Cooper, *Sir Arthur Tansley and the Science of Ecology*, Ecology, 38, 1957, 658—659.

③ 赵剑强、董小林、刘英聆：《公路建设与环境保护》，载"第二届亚太可持续发展交通与环境技术大会论文集"组委会编《第二届亚太可持续发展交通与环境技术大会论文集》，人民交通出版社 2000 年版。

变，造成环境污染或资源破坏，最终影响到相关生态系统的平衡。对于那些已经很脆弱的生态系统，微小的环境质量或自然资源数量的改变都可能造成生态系统不可逆转的失衡甚至严重的生态破坏。环境要素发生变化引起自然生态系统变化的程度，受系统中各环境要素的质量和数量的相对变化率制约，变化率越大，对生态系统的平衡冲击越大，生态系统的失调越严重。①

以上我们简要地说明了环境与生态系统的关系，两个概念既有区别又有联系。传统关于保护环境资源和自然生态的法律，称为环境保护法。近年来，我国有学者提出：对于"环境与资源保护法学"这门学科来说，"生态法学"才是一个更为科学和确切的名称，两者不仅在称谓上存在差异，在内容上也有本质的不同。同时，有关生态法学的论文和专著不断出现。

其中，主张"生态法学"这一名称的曹明德教授在其著作《生态法原理》和论文《生态法的理论基础》中认为："生态法"这一术语更加准确地表达了法律现象之本质，用"环境法"或者"自然保护法"来称谓与环境有关的法律部门是不准确的。其主张源于以下四个主要理由：一是环境的含义非常广泛，是一个易生歧义的概念；二是以法律的客体作为法律部门的划分依据欠妥；三是用"生态法"这一术语全面取代"环境法"、"环境保护法"、"环境资源法"，反映了它们之间实质上的差异；四是用"生态法"有利于把环境法、自然资源法和国土法等统一到一个部门法中，结束它们各自为政的局面。在上述四个理由中，前两个理由来自俄罗斯生态法学界的相关讨论，是形式方面的理由；后两个理由针对我国环境法学的研究状况，涉及学科的基本理论和相关的研究背景，是实质上的理由。②

学者刘文燕、刘滨从现代生态问题及现代生态学的发展引起现代社会的一系列重大变化的深层原因探讨了生态法学建设的必要性。

---

① 参见刘立国、王洁、赵剑强《环境资源与生态系统的关系》，《地球科学与环境学报》2005 年第 3 期。

② 参见杜万平《解读生态法学》，《暨南学报》（哲学社会科学版）2007 年第 3 期。

"生态学及相关学科的研究成果日益表明,环境污染和生态破坏的严重后果足以引起法律工作者的高度重视和对以往行为模式的深刻反思,对法律调整对象和功能的重新认识,对生态与诸多法律关系的再思考。从发展生态学的角度出发,一个以生态学及其分支学科与法学相结合而形成的新的法学边缘学科——生态法学必将产生。生态法学的产生和发展也必将为生态自然法则转化为人类的自觉行动提供广阔的前景,为生态规律转化为法律调整和控制提供科学保证。"

之所以要建立生态法学,主旨在于要坚持人与自然协同进化思想。所谓人与自然协同进化思想,是指在生态法学的理论研究和实践过程中,坚持将人类看作是生物圈整体系统中的一个组成部分,人类的行为应以不破坏生物圈的平衡状态为限度,人类应与其他物种和其生存环境互惠共生、协调发展。对于人类破坏生态平衡、促使物种灭绝速度加快和使环境质量降低的行为,应受到法律的调控与制裁。人与自然协同进化思想就是要求人类重新认识自己与生存环境之间的协调关系,将自己的行为自觉地控制在生境允许的弹性限度内。"人与自然协同进化是生态法学总的指导思想,是贯穿生态法学始终的内在精神,也是整个生态法学观念、理论与实践的精髓。"[1]

关于这一部门法律的名称问题,另外一些学者认为,生态法学和环境与资源保护法学并没有本质和内容上的差异,只是名称上的不同。作为一个学科名称,"环境法学"为国际、国内沿用已久。因此,没有必要用生态法学来取代环境法学。[2]

这场争论当然不仅仅是名称之争,它涉及对法律调整对象和功能的重新认识,对生态与诸多法律关系的再思考,对以往行为模式的深刻反思,等等。笔者在此不作太多的介绍,但认为环境法治从保护环境(要素)向保护生态系统转向,是一个趋势。如前所述,在各国和世界立法实践中,这一趋势越来越明显。这表明,环境法律确实需要超出仅仅对经济有益的环境(要素)的保护,应主张地球生态系

---

[1] 刘文燕、刘滨:《生态法学产生的原因及指导思想》,《求是学刊》1998年第2期。
[2] 参见杜万平《解读生态法学》,《暨南学报》(哲学社会科学版)2007年第3期。

统在整体上受到保护，包括一切生命形式，人类应承担起保护整个生物圈的责任和义务。

第二，从局域生态环境保护向全球生态系统保护转向。

现代环境法产生于工业发达国家。任何国家的环保立法，都首先是从保护本国国民利益开始的。现代环境伦理的发祥地美国也是如此，其在1969年的《国家环境政策法》中提出的环境立法目的规定涵盖了世代间的衡平、保护人类健康和环境、保护生态系统的多样性、正确调整人与自然关系等几个方面，其内容至今看来仍保持先进性。现在有学者认为美国《国家环境政策法》明显的缺陷就是在立法目标上只考虑了美国国民的利益，忽视了从全球生态系统的角度树立环境保护国际合作的理念，违背了现代环境伦理的要求。[①] 这种批评有一定可取之处。但也要看到，由于在那个时期，环境问题还只是表现为局部的公害事件，还没有产生现在这样严重的全球环境问题。随着环境的进一步恶化，环境问题才演变为全球生态危机。人类遭受了自然环境的一连串打击和报复之后，终于开始认真思考人与自然的关系，正如美国物理学家弗·卡普拉在《转折点：科学·社会·兴起中的新文化》一书中所指出的那样："当前的危机不只是个人的危机，不只是政府的危机，也不只是社会组织的危机，而是全球性的变迁。无论是作为个人，作为社会，作为一种文化，还是作为全球的生态系统，我们都正在达到一个转折点。"[②] 世界有关环境问题的讨论，也从狭窄的治理污染和保护野生生物方面提高到生态系统保护的层次。环保立法也就逐渐从保护本国国民利益，发展到开展环境保护的国际合作，以求维护人类共同环境利益，保障整个地球的生态系统的良性循环和平衡。

学界认为，"生态运动"是从美国女科学家蕾切尔·卡逊在1962年发表《寂静的春天》开始向全世界蔓延的。《寂静的春天》的出版，标志着生态学时代的到来，引发了全球环境保护运动。1970年4

---

[①] 参见汪劲《环境法律的理念与价值追求》，法律出版社2000年版，第287页。
[②] 余谋昌：《生态文明的理论阐述》，东北林业大学出版社1996年版。

月 22 日，美国一些知名人士和环境保护者发起一场旨在唤起民众环境意识的普遍觉醒，推动环境保护的 30 万人规模的大游行，后来，人们将这一天定为"地球日"。而 20 世纪 70 年代环境问题的深化，还集中地表现在罗马俱乐部关于"人类困境"的研究，1972 年他们发表的第一份研究报告《增长的极限》，立即引起了全世界的轰动。这本书先后以 34 种文字出版，在全世界发行 500 万册，1973 年获联邦德国和平奖。书中指出，世界人口不仅呈指数增长，而且是呈"超"指数增长，即增长率也在增长；与此同时，人均消费资源也呈上升的趋势；但地球空间是有限的，资源是有限的；因此，这种增长必然要有极限。他们提出了"零增长"的对策。这本书是以科学的方式对待环境问题的最重要的著作，它是用模型方法看待全球环境资源问题的第一个重要尝试。罗马俱乐部在环境问题上首次严肃地在全球框架下向世界提出了环境破坏已经给人类的生存和发展造成了威胁这一事实，并有力地推进了环境问题的研究。此后，罗马俱乐部又陆续发表了《人类处在转折点上》、《重建国际秩序》、《通向未来的道路》、《深渊在前》、《未来一百页》等重要著作。这些著作对唤起人们的环境意识、推动环保运动的发展起了巨大的推动作用。

从《寂静的春天》发表以来，西方学者对全球问题及其影响、解决途径越来越关注，保护大自然、保护地球的呼声越来越强烈。尽管他们的观点存在分歧，甚至尖锐对立，许多见解和结论带有片面性，然而对唤醒全人类的环境保护意识、推动全球环境保护运动产生的巨大影响对于寻求全球问题的解决途径也有很大的启示作用和参考价值。

1972 年，联合国发表了《人类环境宣言》，郑重声明人类只有一个地球，人类在开发利用自然的同时，也承担着维护自然的义务。《人类环境宣言》正确地分析了当代的环境问题，全面阐述了人口、资源、环境和发展的关系，提出了全球环境保护的战略。该宣言明确指出："保护和改善人类环境是关系到全世界各国人民的幸福和经济发展的重要问题，也是世界各国人民的迫切希望和各国政府的责任。""现在已达到历史上这样一个时刻：我们在决定世界各地的行动的时候，必须更加审慎地考虑它们对环境产生的后果……为这一代和将来的世世代代保护和改善人类环境，已经成为人类一个紧迫的目标。"由此拉开了全球环境保护的序幕，环境保护工作也越来越得到世界各国的普遍重视。

1973年1月，联合国专门成立了"联合国环境规划署"，总部设在肯尼亚的内罗毕。世界各国也纷纷成立环境保护机构，同时各种民间的环境保护组织也犹如雨后春笋般地涌现出来。1983年联合国成立"世界环境与发展委员会"。1987年，世界环境与发展委员会在布伦特兰主席的领导下，出版了《我们共同的未来》，该报告以丰富的资料，论述了当今世界环境与发展方面存在的问题，提出了处理这些问题的比较全面而具体的建议，首次将"可持续发展"定义为："可持续发展是既能满足当代人的需要，又不对后代人满足其需要的能力构成危害的发展。"并强调可持续发展是长期的、全局的、支持全球人类持续进步的道路。1992年6月，联合国在巴西的里约热内卢召开了"环境与发展大会"这一有史以来规模最大的国际会议，有183个国家和地区参加，102位国家元首或政府首脑到会。这次会议提出了"人类要生存，地球要拯救，环境与发展必须协调"的口号，通过了《里约环境与发展宣言》、《21世纪议程》等重要文件，这些文件始终贯穿着一个核心，这就是可持续发展。2002年，在南非约翰内斯堡召开的联合国可持续发展大会，通过了《可持续发展执行计划》和《约翰内斯堡政治宣言》，确定发展仍是人类共同的主题，进一步提出了经济、社会、环境是可持续发展不可或缺的三大支柱，以及水、能源、健康、农业和生物多样性是实现可持续发展的五大优先领域。由此可见，可持续发展战略已成为全人类的共同选择。它着眼于三个"实现"：第一，实现人类社会、经济与环境的协调发展；第二，实现世界各国即不分发达国家、发展中国家的共同发展；第三，实现人类世世代代的共同发展。此外，还从政治平等、消除贫困、环境保护、资源管理、生产和消费方式、国际贸易、群众参与等方面，对可持续发展进行了详尽的阐述。

从斯德哥尔摩会议到约翰内斯堡会议，人类环境保护运动中诞生了三大宣言——《人类环境宣言》、《关于环境与发展的里约热内卢宣言》和《约翰内斯堡可持续发展宣言》,它们被喻为绿色运动史上重要的里程碑。这些纲领性文件正发挥着并将继续发挥着历史性的作用,同时对整个人类的思想意识和生活方式产生了极大的影响,并借此形成一种绿色新文明的雏形,作为环境保护运动史上的重要成果,在一定意义上可以将这些宣言视为人类探索新文明的路标。这三个宣言一步步地明晰了环境与发展的关系,并在具体方针和行动计划中予以不断改进和深化,使其在实践过程中更具指导性和可行性,由此人类将在这三个宣言引领下走上一条可持续发展的康庄大道。

目前,随着一场与"工业革命"意义同样重大的"环境革命"的诞生,[①] 许多国家都将环境保护作为各自的基本国策予以确定,并都制定了实施可持续发展战略的《21世纪议程》,而且少数国家还把经济的发展和环境的建设统一起来,在增加经济投入的同时,普遍增加了环境的投入。与此同时,人们的消费观念也正在向有利于可持续消费方面转变,人们自觉地把消费与环境联系起来,统一起来。据联合国对15个发达国家的调查,多数国家愿意以放慢经济发展速度、降低消费水平来保证环境质量的提高。法国有许多人提出愿意付出额外的税收款项用于环境保护设施的改善。西欧国家有40%的人表示宁可降低个人生活水准,也要使人类的生存环境不被污染。[②]

此外,不少国家还把爱护环境、保护环境作为对后代应承担的道德责任,倡导对全人类的环境责任感。而人们环境道德观念的形成,标志着人类在处理人与自然之间的关系的问题上,已从法律和行政的层次上扩展到了道德的层次,进入了一个更为自觉的阶段。[③] 可见,随着21世纪生态时代的到来,在整个社会的发展过程中,人和自然的关系已经成为贯穿所有全球问题的轴心。

---

[①] 参见朱斌、张利华、宋江华《资源、环境与社会发展》,《科学对社会的影响》1994年第1期。

[②] 参见陈泉生《生态文明与环境法制建设》,《法学论坛》2007年第1期。

[③] 参见杨朝飞《环境保护与环境文化》,中国政法大学出版社1994年版,第294—296页。

从上述过程可以看出，20世纪80年代末，生态文明意识逐渐在世界不同民族和不同意识形态的国家产生。不管是发达国家，还是发展中国家，有远见的人们都从各自国情出发，探讨环境与发展的关系，并寻求既保护环境又能发展经济的路径。但遗憾的是，从总体上看，地球环境依然不断恶化，生态平衡不断遭受破坏。世界上已经有越来越多的人深深意识到地球环境的恶化已构成对人类生存和发展的严重威胁，意识到地球是人类共同的家园，保护环境、保护生态系统是人类义不容辞的义务与责任，在环境问题上没有国界之分，面对严峻的环境形势，人类必须携起手来，把维护全球生态系统平衡作为己任，才能实现可持续发展，实现人与自然、人与地球的共生共荣。

# 第五章

# 环境伦理价值观的生态化转向

如果以伦理价值主体为宗旨，西方环境伦理学的诸多学派可以归纳或概括为人类中心主义和非人类中心主义两大类，它们各有其合理的理论成分，也都存着理论缺陷。当代环境法治愈加倚重价值观的变革，开始从"工具价值"转向"内在价值"，从"内在价值"转向"价值同根"，现代人类中心主义和非人类中心主义开始从对立走向融合。可持续发展的环境伦理应是一种逐渐消融"人的中心"的、实现人与自然和谐发展的伦理。

## 第一节 环境伦理的基本理念

### 一 人与自然关系的范式革命

伦理学亦称道德哲学或道德科学，是一门以道德为研究对象的科学。一般认为，道德是调整人与人之间关系的一种特殊的行为规范的总和。其之所以"特殊"，是因为它与一般都需要由政治、行政的机关强制执行的法律规范、政治规范以及其他规范不同，道德规范对人与人之间关系的调整是由人们的约定俗成、社会舆论，特别是人们的内心信念来维系的。环境伦理学（environmental ethics），又称生态伦理学（ecoethics）或环境哲学、生态哲学，它产生于人们对世界环境破坏的一种哲学反思，是关于人与自然关系的道德学说。它根据生态学揭示的自然和人相互作用的规律性，应用道德手段从整体上协调人与自然的关系。

环境伦理学肇始于环境问题、生态危机的出现，是对工业文明主

# 第五章 环境伦理价值观的生态化转向

流价值观反思的结果。自工业革命以来，随着人们改造自然的能力的增强，对自然的影响也就不断加大，并带来了一系列环境问题：森林和耕地减少、土地退化和沙漠化、水土流失与大气污染、物种灭绝、臭氧层破坏、温室效应等。这些由于人类自己的行为造成的人类生存环境的恶化，威胁着当代全球所有国家、地区和人民的利益，也威胁到后代人和整个人类的未来的生存发展，涉及地球生命维持系统的持续发展。面对如此严重的生态环境危机，一些敏锐的思想家开始对人类的行为进行反思，对近代以来西方占主导地位的"人统治和主宰自然"的思想提出了疑问，认为需要重新认识和调整人与自然的关系，环境生态伦理学便应运而生。

环境伦理学正是通过对人与自然之间道德关系的研究和探索，把人类的道德关怀扩展到整个生态环境领域，从而为人类保护地球家园、解决生态危机提供了新的价值导向和科学的理论指导。经过半个世纪左右的发展，环境伦理学的内容已然丰富多彩，出现了百家争鸣的盛况。其中有四个主要流派影响最大，分别是强调动物解放和权利的动物福利论（animal liberation/rights theory）、以所有生命为尊重对象的生物中心主义（biocentrism）、将道德范围扩展至整个生态系统的生态中心主义（ecocentrism）以及对传统人类中心主义作出改良、强调人类整体利益和终极利益的弱人类中心主义（weak anthropocentrism），其中前三种观点被统称为非人类中心主义。虽然各个流派都建立了不同的价值观和行为准则，但它们都或多或少地汲取了传统学科，特别是环境学、生态学和伦理学的思想，并伴随着这些学科的发展不断前进。因此，环境伦理学的发展史也就是多门学科相互交叉、相互渗透的历史。[1]

环境伦理学诞生于 20 世纪初，由于它提出了我们时代最新颖和最富挑战性的问题，所以它一出现，便引起了学者们热情的关注和巨大的兴趣。如今，它已经发展成为社会科学中的一门热门学科。传统

---

[1] 参见刘限、王春年《环境伦理学——一门新兴交叉性学科》，《河北师范大学学报》（哲学社会科学版）2003 年第 6 期。

伦理学是以一定社会关系中人与人的道德现象为研究对象，其研究范围终究不超过人与人之间的关系。而环境伦理学则进一步将人与自然环境的关系纳入了伦理学的研究范围，要探讨的是人们如何对待生态环境，怎样才能调整好人类与环境的关系。这可以说是环境伦理学最大的突破，也是人类价值观的一次根本性变革，它标志着人类对自己与自然关系的认识的一个质的飞跃。这是一种伟大的进步，以至于国外学术界有学者把这种变革称为"我们这一代人正在经历的一场新的哥白尼式的革命"。日本环境伦理学家岩佐茂也认为："环境伦理学就是研究人与自然环境发生关系时的伦理。因此，从以往伦理学的界定来看，环境伦理学已超过了伦理学的框架，是一种新伦理学。"①

我国学者曾建平借用库恩的"范式"概念，认为生态伦理是解读人与自然关系的新范式。范式是库恩在他的《科学革命的结构》（1974年）一书中提出的概括科学共同体的共有概念框架，它包含科学共同体的信念、哲学观点、公认的科学成就、方法论准则、规定、习惯乃至于教科书或经典著作、实验仪器等。当科学共同体开始质询一些基本问题、挑战目前方法的合理性时，就意味着"范式变换"。曾建平认为，按照这一理解，我们可以把西方思想史上交织着自然本体论、自然认识论、自然价值论等内容的有机论解释框架、机械论解释框架和新有机论解释框架称为对人与自然关系的解读的三种"范式"，每种范式的变换就是上述三层内容的变化，即自然观的转向。从动态的、宏观的视域而不是从静态的、具体的方面出发，把西方生态伦理思想解读为人与自然关系的新范式，更有利于全面而深刻地透视其广阔背景、现实基础、哲学前提和基本内蕴，更有利于理智客观地透析其理论贡献和偏颇之处，更有利于清醒而合理地把握其发展方向和历史价值。②

---

① ［日］岩佐茂：《环境的思想》，韩立新等译，中央编译出版社1997年版，第80页。

② 曾建平：《生态伦理：解读人与自然关系的新范式》，《天津社会科学》2003年第3期。

19世纪下半叶至20世纪初,是西方环境伦理学的孕育阶段。1923年法国著名学者阿尔贝特·施韦泽发表《文明的哲学——文化与伦理学》,首次提出创立环境伦理学的主张。1949年,美国著名的环境保护主义者奥尔多·利奥波特的《沙乡年鉴》一书出版,它被公认为是一部系统的环境伦理学著作,标志着环境伦理学正式形成一门相对独立的学科。此后,环境伦理问题成为西方伦理学界研究的热点。经过半个多世纪的发展,西方环境伦理学学派纷呈,百家争鸣,而各种观点相互竞争,也使得环境伦理学有了较为全面、系统的发展。从不同的层面、不同的角度,可以分出很多不同的学派。但如果以伦理价值主体为宗旨,学术界比较一致的观点是,可以把西方环境伦理学的诸多学派归纳或概括为人类中心主义和非人类中心主义两大类。

## 二 人类中心主义的基本理念

人类中心主义的价值观,是指以人类的价值为尺度来解释和对待整个世界的一种观点,它是工业文明时代关于人与自然关系的主导观念。环境伦理学通常所理解的人类中心主义有传统与现代之分。传统人类中心主义是一种以人为宇宙中心的观点,它把人看成是大自然唯一具有内在价值的存在物,认为人必然是构成一切价值的尺度,而自然及其存在物不具有内在价值而只有工具价值。因而,生态实践的出发点和归宿只能是人的利益。从伦理的角度看,人对自然并不存在直接的道德义务。这样,人类中心主义就自然地把自然及其存在物从人的道德关怀领域中排除出去。这种观点是根植于工业文明内部的基本价值观念,它意味着人的中心地位的高扬,包含着把大自然仅仅视为对象性的存在、人类可以随意支配、主宰自然的思想,以及通过对自然的征服来满足人类日益增长的需求的主张。它主要表现为:集团利己主义、代际利己主义、人类主宰论、粗鄙的物质主义和庸俗的消费主义、科学万能论和盲目的乐观主义。因此,在当代,人类中心主义往往被看成一种有缺陷的伦理观念,被认为是现代生态危机的罪魁祸首,特别是激进的环境保护主义者猛烈抨击的对象。

正是基于传统人类中心主义的缺陷，一些思想家才试图用一种比较温和的人类中心主义来解释和说明，意欲能够在人类中心主义的价值观伦理框架中使环境问题得到完满的解决。这种思想被称为现代人类中心主义。它的代表人物主要有美国环境伦理学家诺顿（B. Norton）和植物学家墨迪（W. Murdy）等人。他们认为基于人类利益能为保护自然环境的行为提供有力的证据。现代人类中心主义并不一味地排斥非人类存在的内在价值，他们或承认非人类存在的内在价值，或通过消解内在价值来坚持人类中心主义。这样，现代人类中心主义大多能从一种开明的自我利益观出发，将以人为中心的伦理学向外延伸，不仅按照人的"利益平等"原则将道德关怀延伸到子孙后代，而且还依据为了人类利益的原则，将人类道德关怀延伸到非人类存在物。因此，它与传统意义上的人类中心主义已有所不同：虽然它的价值观依然是功利性的，但依据的不再是传统的狭义的价值即市场价值观念，而是一种广义的价值观念；它主张环境与生态保护行为的选择取决于环境的直接使用价值、间接使用价值、选择价值和存在价值。这种价值伦理观经过了弱人类中心主义者的修正以后，以一种现代的形式出现，赢得了功利主义环境保护者与资源经济学家的欢迎。[1]

人类中心主义的环境伦理观虽然有许多的表现形式，但其基本观点却是相同的，概括起来主要有以下几点：第一，"人类中心主义"是一种价值论，是人类为了寻找、确立自己在自然界中的优越地位、维护自身利益而在历史上形成和发展起来的一种理论假设。这是人类中心主义者立论的基本假设。第二，人类的整体利益和长远利益是人类保护自然环境的出发点和归宿点，是促进人类保护自然行为的依据，也是评价人与自然关系的根本尺度。这是人类中心主义者的基本信念。第三，在人与自然的关系上，人是主体，自然是客体；人处于主导地位，不仅对自然有开发和利用的权利，而且对自然有管理和维

---

[1] 参见徐嵩龄主编《环境伦理学进展——评论与阐释》，社会科学文献出版社 1999 年版，第 426 页。

护的责任和义务。这是人类中心主义者社会实践的基本原则。第四，人的主体地位，意味着人类拥有运用理性的力量和科学技术的手段改造自然和保护自然以实现自己的目的和理想的能力，意味着人类对自己的能力的无比自信和自豪。这是人类中心主义的基本信念。①

　　进入20世纪70年代以后，人类中心主义的环境价值观受到越来越多学者的批判和诘难，作为对人类中心主义的反思甚至反叛，各种非人类中心主义的价值观迅速崛起，并从历史和经验、理论和实践层面，指出人类中心主义自身所存在的困境和缺陷：

　　其一，人类的理性是有限的，知识是不完备的，根本不可能完全知道自然界的事物对人类的影响和作用，也许我们今天认为毫无用处的自然存在物，将来就是一种新的资源。如果我们由于目前无法确认它的价值而将其毁灭，这难道不是对后代的犯罪？从人的利益出发对待自然，把危害人类生存的物种毁灭，将来又会产生什么影响，这些我们现在无法预料，总之人的理性不可能顾全到人类的整体利益和长远利益。其二，人所具有的特殊属性不应视为人类高于其他动物且有权获得道德关怀的根据。人类中心论者认为正是因为人类具有其他动物不具有的特性，道德才与人有关而与其他存在物无关。但像胎儿、婴儿、智障人士等具有的特征动物都具有，为什么他们有权获得道德关怀，而具有这些能力的动物就没有资格获得道德关怀呢？肤色、种族、智商不应作为是否获得道德关怀的根据，同样，腿的数量、皮肤上的绒毛、骨骼结构等的差异，也不是决定一个存在物是否获得道德关怀的理由。其三，从历史角度看，道德关怀的对象范围正在不断扩展，从原始部落道德对象只限于本部落的成员到现代扩大到了包括所有种族的整个人类，而且目前正在向动植物扩展，为什么它就不会突破生物的范围，扩展到地球上所有存在物呢？非人类中心主义者认为这是一种必然的趋势，理性、道德自治力和自我意识并不是获得道德关怀的必要条件。既然我们能对婴儿、智障人士和诸如公司、社团、国家等组织指定或选定一个代理人捍卫他（它）们的正当权利，为

---

①　参见傅华《生态伦理学探究》，华夏出版社2002年版，第15—16页。

什么我们就不能把这种"代理人"扩展到非人类存在物身上来维护它们的道德权益呢？

当然，许多人类中心主义者，尤其是现代人类中心主义者，针对这些批评也进行了辩护和回应，阐释了现代人类中心主义所存在的价值合理性。

### 三 非人类中心主义的基本理念

非人类中心主义是包容广泛的当代环境主义思潮的总称，其基本特点是：拒绝人类中心主义，主张以自然为中心看待自然事物的价值，确定人与自然的道德关系；认为人与自然是平等的主体关系；自然是作为人的另一极而存在因而具有被道德关心的理由；自然价值和自然权利是自然成为道德顾客的内在依据。它包括多种形态，这里主要介绍动物解放/动物权利论、生物平等主义、生态整体主义的基本观点。

（一）动物解放/动物权利论

辛格（P. Singer）是澳大利亚哲学家、当代世界动物保护运动的核心人物，著有动物解放论的经典著作《动物解放》。以他为代表的动物解放论从功利主义伦理学出发，认为把动物排除在道德考虑之外与早先把黑人和妇女排除在外同出一辙。他称之为"种别主义"或"物种歧视主义"（speciesism），把它与种族主义（racism）和性别主义（sexism）相提并论。他指出，正如基于种族和性别的差异而否认黑人和妇女具有平等的道德地位在道德上是错误的一样，基于物种的差异而否认动物具有平等的道德地位同样是不正确的。因此，应当把"平等地关心所有当事人的利益"这一伦理原则扩展应用到动物身上去。在功利主义看来，凡能带来快乐的行为就是善的行为，凡带来痛苦的行为就是恶的行为。动物也能感受苦乐，因此，我们必须要把动物的苦乐也纳入我们的"道德计算"中来。痛苦就是痛苦，不管它是发生在人身上还是发生在动物身上；带来痛苦的行为永远是不道德的行为，不管痛苦的承受者是人还是动物。因此，我们有义务停止我们那些给动物带来痛苦的行为。

由于不同动物（包括人）的利益有时会发生冲突，因而动物解放论提出了协调不同动物的利益冲突的"种际正义原则"，即在解决动物物种之间的利益冲突时，必须要考虑两个因素：发生冲突的各种利益的重要程度（是基本利益还是非基本利益）和其利益发生冲突的各方的心理复杂程度。种际正义原则的基本要求是：一个动物的基本利益优先于另一个动物的非基本利益，心理较为复杂的动物的利益优先于心理较为简单的动物的类似利益。

以美国哲学家雷根（T. Regan）为代表的动物权利论从康德的道义论伦理学出发，认为我们之所以要保护动物，是由于动物和人一样，拥有不可侵犯的权利。权利的基础是"天赋价值"；而人之所以拥有天赋价值，是由于人是有生命、有意识的生命主体：拥有期望、偏好、感觉、记忆、认同感和实现自己意愿的能力，拥有一种伴随着愉快和痛苦的生活，以及独立于他人的功用性的个体幸福状态。然而，成为生命主体的这些特征，动物（至少是心理较为复杂的哺乳类动物）也具有。因而，动物也拥有值得我们予以尊重的天赋价值。这种价值赋予了它们一种道德权利，即获得尊重的权利。这种权利决定了我们不能把它们仅仅当作促进我们的福利的工具来对待，就像我们不能以这种方式来对待其他人那样。

动物解放/动物权利论无疑是对传统的道德观念和生活习惯的巨大挑战。雷根明确指出，动物权利运动是人权运动的一个部分。辛格亦认为，动物的解放是解放事业的继续；动物解放运动比起任何其他的解放运动，都更需要人类发挥利他的精神。

（二）生物平等主义

从关心人的福利到关心动物的福利，这是提升人的道德境界的有效途径，但是，许多环境伦理学家仍然认为，动物解放/动物权利论的道德视野还不够宽阔，对动物之外的生命还缺乏必要的道德关怀，因而他们决心继续扩展伦理关怀的范围，使之容纳所有的生命。施韦泽（A. Schweitzer）的敬畏生命的伦理理念和泰勒（P. Taylor）的尊重大自然的伦理思想从两个不同的角度阐释了生物平等主义的基本精神。

施韦泽是法国著名哲学家，他在《文明的哲学——文化与伦理学》一书中提出了敬畏生命的伦理学思想。敬畏生命的基本要求是：像敬畏自己的生命意志那样敬畏所有的生命意志，满怀同情地对待生存于自己之外的所有生命意志。善的本质是保持生命、促进生命，使可发展的生命实现其最高的价值；恶的本质是毁灭生命、伤害生命，阻碍生命的发展。一个人，只有当他把所有的生命都视为神圣的，把植物和动物视为他的同胞，并尽其所能去帮助所有需要帮助的生命的时候，他才是有道德的。当然，人的生命也值得敬畏。为了维持人的生命，我们有时确实得杀死其他生命。但是，我们只有在不可避免的情况下，才可伤害或牺牲某些生命，而且要带着责任感和良知意识作出这种选择。敬畏生命的伦理可以帮助我们意识到这种选择所包含着的伦理意蕴和道德责任，它可以使我们避免随意地、粗心大意地、麻木不仁地伤害和毁灭其他生命。

　　泰勒是美国哲学家，他在《尊重自然界：一种生态伦理的理论》一书中，继承和发扬了施韦泽的生态伦理学思想。他的尊重大自然的伦理学认为，人只是地球生物共同体的一个成员，他与其他生物是密不可分的；人类和其他物种一样，都是一个相互依赖的系统的有机构成要素；每一个有机体都是生命的目的中心；人并非天生就比其他生物优越。对人的优越性观念的抛弃，就是对物种平等观念的接受。因此，所有的物种都是平等的，都拥有同等的天赋价值；而一个有机体一旦被视为拥有天赋价值，那么，人们对它所采取的唯一合适的态度就只能是尊重。所谓尊重大自然，就是把所有的生命都视为拥有同等的天赋价值和相同的道德地位的实体，它们都有权获得同等的关心和照顾。

　　为了使"尊重大自然"这一终极性的伦理态度具有可操作性，泰勒还提出了四条环境伦理规范以及与这四条规范相应的环境伦理美德：不作恶的原则——关照的美德；不干涉的原则——敬重和公正的美德；忠诚原则——诚信的美德；补偿正义原则——公平和平等的美德。我们有尊重其他生命的义务，也有尊重人的义务；人的福利与其他生命的福利常常发生冲突。为此，泰勒提出了五条化解这种义务冲突的伦理原则：自卫原则、对称原则、最小错误原则、分配正义原则和补偿正义原则。

（三）生态整体主义

生物平等主义虽然关心个体，但却否认生物共同体的实在性，否认人对物种本身和生态系统负有直接的道德义务，这与现代生态学对生物之间的相互联系、相互依存以及由生物和无生物组成的生态系统的重视和强调是不协调的。受现代生态学的启发，生态整体主义认为，一种恰当的环境伦理学必须从道德上关心无生命的生态系统、自然过程以及其他自然存在物。环境伦理学必须是整体主义的，即它不仅要承认存在于自然客体之间的关系，而且要把物种和生态系统这类生态"整体"视为拥有直接的道德地位的道德顾客。据此，生态整体主义从不同角度（即大地伦理学、深层生态学和自然价值论、盖娅假说）阐发了保护生态系统的伦理理由。

美国生态主义者利奥波德（A. Leopold）是生态整体主义的开创者。他的《沙乡年鉴》一书被当代环境主义者誉为"圣书"，他提出的大地伦理学的宗旨是要扩展道德共同体的边界，使之包括土壤、水、植物和动物，或由它们组成的整体：大地，并把人的角色从大地共同体的征服者改变成大地共同体的普通成员与普通公民。这意味着，人不仅要尊重共同体中的其他伙伴，而且要尊重共同体本身。这是由于，人不仅生活在社会共同体中，也生活在大地共同体中；而人只要生活在一个共同体中，他就有义务尊重共同体中的其他成员和共同体本身。这种义务的基础就是：共同体成员之间因长期生活在一起而形成的情感和休戚与共的"命运意识"。

因此，道德情感是大地伦理学的一个重要基础。利奥波德明确指出：不能想象，在没有对大地的热爱、尊重、敬佩以及高度评价它的价值的情况下，能够有一种对大地的伦理关系。当然，大地伦理学又不仅仅是一个情感问题。大地伦理的进化不仅是一个感情发展过程，也是一个精神发展过程。当伦理的边界从个人推展到共同体时，它的精神内容也增加了。大地伦理学的这个新的精神内容就是："一件事情，当它有助于保护生命共同体的完整、稳定和美丽时，它就是正确的；反之，它就是错误的。"因此，大地伦理学把生物共同体的完整、稳定和美丽视为最高的善，把共同体本身视为确定其构成部分的相对价值的标准，视为裁定各个部分的相互冲突的要求的尺度。

由挪威哲学家内斯（A. Naess）开创的深层生态学包括两个基本的伦理规范：第一，每一种生命形式都拥有生存和发展的权利；若无充足理由，我们没有任何权利毁灭其他生命。第二，随着人们的成熟，他们将能够与其他生命同甘共苦。前一个规范即生物圈平等主义，后一个规范即自我实现论。

深层生态学的生物圈平等主义与生物平等主义的基本精神是大致相通的，它的独特贡献是自我实现论。深层生态学所理解的"自我"是与大自然融为一体的"大我"（Self，以大写字母开头），而不是狭隘的"自我"（self，以小写字母开头）或本我（ego）。自我实现的过程，也就是逐渐扩展自我认同的对象范围的过程。通过这个过程，我们将体会并认识到，我们只是更大的整体的一部分，我们作为人和人的本性，是由我们与他人以及自然界中其他存在物的关系所决定的。因此，自我实现的过程，也就是把自我理解并扩展为大我的过程，缩小自我与其他存在物的疏离感的过程，把其他存在物的利益看作自我的利益的过程。

以美国哲学家罗尔斯顿（H. Rolston）为代表的自然价值论把人们对大自然所负有的道德义务建立在大自然所具有的客观价值的基础之上。在自然价值论看来，价值就是自然物身上所具有的那些创造性属性，这些属性使得自然物不仅极力通过对环境的主动适应来求得自己的生存和发展，而且它们彼此之间相互依赖、相互竞争的协同进化也使得大自然本身的复杂性和创造性得到增加，使得生命朝着多样化和精致化的方向进化。价值是进化的生态系统内在地具有的属性；大自然不仅创造出了各种各样的价值，而且创造出了具有评价能力的人。

生态系统是价值存在的一个单元：一个具有包容力的重要的生存单元，没有它，有机体就不可能生存。共同体比个体更重要，因为它们相对来说存在的时间较为持久。共同体的美丽、完整和稳定包括了对个性的持续不断的选择。因此，生态系统所拥有的不仅仅是工具价值和内在价值，它更拥有系统价值。这种价值并不完全浓缩在个体身上，也不是部分价值的总和，它弥漫在整个生态系统中。由于生态系统本身也具有价值——一种超越了工具价值和内在价值的系统价值，因而，我们既对那些被创造出来作为生态系统中的内在价值之放置点的动物个体和植物个体负有义务，也对这个设计与保护、再造与改变着生物共同体中的所有成员的生态系统负有义务。①

英国大气学家拉伍洛克（J. E. Lovelock）提出一种生态学，以"盖娅"来命名，称之为"盖娅假说"。盖娅是古希腊神话中的大地女神，其他许多神都是她的后代。"盖娅假说"生态伦理学认为，地球大气圈以下的表面覆盖着一个生命系统，土壤、岩石圈表层以及整个生命界，被生产和转化的地球过程连续地替换，总起来构成一个自形成的网络；在这个网络中，生命系统和非生命系统复杂地交织着，并被不同尺度的巨大反馈回路所调节。"盖娅假说"复活了地球母亲的观念，并赋予其现代意义，因而是一种新的地球系统观。

西方非人类中心主义各个学派具体观点各不相同，甚至存在许多理论分歧，但在以下一些基本方面观点是一致的：第一，他们都主张应当把伦理学的视野从人扩大到一切生命和自然界，人应当关怀它周围的所有人和所有生物的生命，给予需要它的人以真正人道的帮助，给予所有生物以道德的关怀。第二，他们都认为生命和自然不仅有外在价值，而且具有内在价值。正因为如此，人类必须确认它们在一种自然状态中持续存在的权利，不仅把它们视为对人类有用的工具，而且应当把它们视为一种活的存在。第三，他们都强调人类在生态系统中的特殊作用。人类的生物本性和文化本性，决定了人类既是地球生态系统中的普通成员，又是地球生态系统的信息观察者和保持生态平衡的道德代理人，能肩负起地球上生命的重托和希望。这是地球生物圈赋予人类的责任和义务，也是人类不可推卸的历史使命。

非人类中心主义也遭受到各方面的诘难，特别是其企图通过放弃

---

① 参见杨通进《环境伦理学的基本理念》，《道德与文明》2000 年第 1 期。

人类的主体地位来求得人与自然的和谐，被认为是一种悖谬：主张自然生态的价值高于人类的价值，自然生态成为价值主体和伦理主体，要求人类为了自然生态平衡而放弃自己的主体地位，放弃认识和改造自然的实践活动，这样就走进了为保护自然而保护自然的误区。[1]

总起来说，现代人类中心主义与非人类中心主义的环境伦理观各有其合理的理论成分，但各自也都存在着理论缺陷。现在，也出现了企图整合并超越两派理论而形成新的环境伦理视角的观点。

## 第二节　环境伦理价值观的生态化转向

### 一　环境法治愈加倚重价值观的变革

环境伦理价值观涉及如何对待自然生态价值问题，即自然界是否具有价值主体性或内在价值问题。具体来说，主要包括以下论题：自然是否具有内在价值进而拥有权利？是否只有人才能成为道德关怀的对象？人是否对非人存在物负有直接的道德义务？不同的环境伦理学派持有不同的环境价值观。环境伦理价值观是制定环境意义上的道德行为准则和解决实践领域中环境伦理问题的理论基础，因而成为环境伦理研究中的核心问题。

文明转型的重要任务之一就是要消除工业文明中人类对自然的野蛮行为，将人类长久的生存与发展建立在人与自然和谐的基础之上。生态文明是文明的一种形态，是一种高级形态的文明，它不仅追求经济效益，而且更重要的是追求生态效益，它是一种追求双向进化的文明，即实现经济、社会与生物圈的协同进化、人类与自然的协同进化。因此，生态文明是一场关于文明的全面变革，其中包括我们讨论的环境法治与环境伦理价值观的变革。在后两者之间，环境伦理价值观的变革是更深刻的变革，它是环境法治变革的先导。也就是说，生态文明环境法治的变革必须愈加倚重于伦理价值观的变革。这是

---

[1] 参见傅华《生态伦理学探究》，华夏出版社2002年版，第32—37页。

因为：

第一，如前所述，道德在逻辑上优先于法律，① 法的存在既离不开实在法，更不能离开作为其灵魂的法的理念，环境法也同样如此。"环境伦理是环境法治的基础，是环境法治的价值内核。"② 任何理论的成立都来源于一定的价值观，由于环境法主要调整的是人与人、人与自然的关系，因此研究人与自然关系的伦理，即环境伦理，也就毫无疑问地成了环境法价值的来源与支撑。离开环境伦理谈论环境法是没有任何意义的，犹如空中楼阁。可以毫不夸张地说，环境伦理是环境法不可缺少的根基。

第二，环境法治必须愈加遵循自然生态规律。从生态学的"是"、"必然"到人类伦理学的"应该"都要靠哲学伦理学的提炼。也就是说，作为环境法灵魂的法的理念，不可能由环境法本身直接从生态学中取得，而必须借助哲学伦理学的概括和反思才能得到。

要想做到这些，首先必须要冲破传统哲学伦理学中道德与自然二分的观点以及事实与价值二分的观点。学术界一般认为最早提出事实与价值问题的哲学家是休谟，他在《人性论》中这样说道："我所遇到的不再是命题中通常的'是'与'不是'等联系词，而是没有一个命题不是由一个'应该'或一个'不应该'联系起来的。"③ 它表达了这样的思想，即由"是"不可能合乎逻辑地推论出"应该"或"应当"④。主、客二分的思想将人与自然对立起来，将人置于一个至高无上的位置，认为人是世界的最高存在者和统治者，认为人性与自然没有任何的内在联系，由此推出社会秩序（即能够体现法律和道德）与自然秩序是无关的，道德哲学或者伦理学与自然科学是无关的，人对意义的理解与人对自然秩序的理解也是无关的。事实与价值的二分，导致道德标准、道德意义、道德判断等都发生了变化，而这

---

① 参见高兆明《伦理学理论与方法》，人民出版社 2005 年版，第 96—97 页。
② 高利红：《环境资源法的伦理基础》，载韩德培主编《环境资源法论丛》第 1 卷，法律出版社 2001 年版，第 304 页。
③ ［英］大卫·休谟：《人性论》，关文运译，商务印书馆 1980 年版，第 509 页。
④ "是"指的是事实命题，"应该"指的是价值命题。

些变化映射在道德生活中就表现为内在利益与外在利益的背离、世俗与神圣的背离、个体与传统德行的背离。至于事实与价值的二分，实质上从属于主、客二分。

生态哲学与环境伦理要唤起人类的意识：生态规律乃是整个地球生物圈的规律，具有不以人的意志为转移的客观性，而人类社会仅仅是地球生物圈的一部分而已。人与地球生物圈之间的关系，与其说是伦理关系，不如说是"律法"关系。"律法"一词最早源于基督教。基督教认为，律法源于高于人类的上帝，而并非源自人与人之间的契约。违背律法者就算能够成功地逃脱人间的惩罚，也逃脱不了上帝的惩罚。如果我们能够认识到地球是自然的一部分，生态规律就是自然规律，那么就可以得出生态规律高于人类的自然这样的结论。因此，当现代人集体为追求自身的利益而违背生态规律时，固然不会受到任何人的惩罚，但若不思悔改，一意孤行，无视生态规律的存在，最终将逃脱不了自然的惩罚。按照这个思路去理解人与地球生物圈之间的关系，我们就会意识到，对于生态规律，人类不是应该服从什么，而是必须要服从。"应该"是个道德（或伦理）范畴，"必须"则是个律法范畴。

总之，道德与自然、事实与价值都是相互渗透，紧密相连的；生态哲学与生态科学是不可分割的；伦理学与自然科学是互相补充、互相借鉴的；人类的活动必须以遵循自然规律为前提，这样所追求的自身的善才有意义；人类对生活意义的理解也必须建立在对自然的理解之上。而环境法治要能适应生态文明建设的要求，就必须倚重这一价值观念的变革，就不能偏离自然秩序，就必须在生态价值观的指导下实现生态化转向。

## 二 从"工具价值"转向"内在价值"

生态文明环境法治必须愈加倚重环境伦理，环境伦理学派提出了各种各样的环境伦理，它们之间既相互联系又相互区别，到底用什么样伦理价值观来指导环境法治呢？这不仅要看这种伦理是否自洽，还要看它在现实中的实用性。

# 第五章 环境伦理价值观的生态化转向

20世纪以来，面对日益严重的环境形势，人类对工业文明的价值观进行了深刻反思，开始试图建立一种全新的伦理观与价值观，即将原来只存在与人之间的道德关怀扩展到所有动物、植物、生物、大地，乃至整个生态系统。在人类这样的努力与尝试中，自然价值问题就成为理论的关键和焦点，因为它需要超越传统的伦理价值观，它是价值观的重大转变。生态社会伦理价值观的构建，不但不能脱离这一趋势，还要担当其转向的承传与延续的重任。研究这一价值观转向的过程，对生态社会的价值取向具有重要的启发意义。

总体看来，非人类中心主义承认自然具有内在价值，非人存在物也应成为人们道德关怀的对象。比如，辛格和雷根的动物福利论，施韦泽、泰勒的生命中心主义，利奥波德、内斯、罗尔斯顿等人的生态中心主义，等等，都持如是观点。而现代人类中心主义基本不认同自然的内在价值，或者说不认为人对其他物种负有道德义务，对自然环境的保护主要是为了人类的整体利益和终极利益。其中包括诺顿的弱人类中心主义、墨迪的生物具有内在价值的人类中心主义以及可持续发展意义上的人类中心主义等。

自然界对人类来说是否只具有工具价值还是其自身也具有内在价值这一问题，因生态伦理学中不同学派关于"人是否对自然负有道德义务"的纷争而引发。人类中心主义继承的是传统哲学价值观，它认为价值就是主客体关系中呈现的一种形态，价值是客体对于主体的意义、能满足主体需要的效用，而在价值关系中，人才是主体，而且主体只能是人，价值便是对于人的价值，客观对象的属性本身是不存在价值的。自然界中的万物对于人而言只有工具价值；离开人，自然界就无所谓价值，因此自然物之间也不存在任何价值关系。而今这种价值观被自然中心主义所颠覆。自然中心主义认为：自然的价值由自然本身决定与人类以及人类的需要无关，它是对自然界自我目的性的一种表现。

西方和中国持自然中心主义观点的生态伦理学家都认为，自然物不仅具有外在价值，而且具有"内在价值"。他们把这个问题看成是生态伦理学的核心理论问题，甚至"深层生态学"立论的基本前提就是生态系统中的每一种存在物都具有"内在价值"。正如伯奇所说的，如果不能证明自然物的内在价值，生态伦理学就没有超出传统伦理学的全新的出发点；如果不能把环境保护建立在人类以外的所有生命都具有内在价值的基础上，它的基础就是非常不确定的；要获得"有效的自然伦理"，就必须承认"每一个造物的内在价值"。

罗尔斯顿的观点是比较典型的内在价值论。他认为，自然的价值可以分为两大类：一类是工具价值，另一类是内在价值。"工具价值指某些被用来当作实现某一目的的手段的事物，内在价值指那些能在自身中发现价值而无须借助其他参照物的事物。"所有生物都把自己的种类看成是好的。这意味着一切生物甚至植物主动地捍卫它们的生命，奋力传播自己的物种（动物在受到威胁时，会明显地主动逃避或战斗，有时尤其为繁殖而争斗。植物为争夺阳光和空间悄悄地竞争，它们合成复杂的化合物抑制相邻植物的根的侵入，或杀死、阻止吃它们的动物，它们把相当部分能量投到花、蜜、花粉和种子上）。每个生物都有一种内在的目的。每个生物就是自身的目的，因而每个生物都具有自身的善。这种由于其自身的善、所有生物自身就是目的的主张，就是我们说它们具有内在价值时所要表达的意思。地球上的生命的内在价值可以分为七个层次：有价值能力的人类；有价值能力的动物；有价值能力的生物；有价值能力的物种；有价值能力的生态系统；有价值能力的地球；有价值能力的自然。其中"系统是价值的转换器"。也就是说，在地球生物圈内，各种生物与环境之间的互利互惠关系实质上就是一种价值的转换，各物种一方面实现着自身的内在价值，另一方面又满足着其他物种的需要以及它所从属的更大系统的需要，表现出各种工具价值。自然系统这个生命之源将它们二者结合在一起，"内在价值只有植入工具价值中才能存在。没有任何生物体仅仅是一个工具，因为每一个生物体都有其完整的内在价值"，"当人们改变评价的视角来理解价值时，他们就会发现，内在价值恰似波动中的粒子，而工具价值亦如由粒子组成的波动"。经过系统的转换作用，内在价值与工具价值就来回在生命之间、物种之间、系统与环境之间运动，从而保持着系统的稳定和完善。① 但是，工具价值和内在价值不是均匀地分布在生态系统中的。其中，无生物拥有最少的内在价值，它们拥有极大的工具价值。就个体而言，植物和无感觉的动物拥有较高但仍然是不太重要的内在价值，它们对生物共同体有着重要的工具价值；就个体而言，有感觉的动物拥有更为重要的内在价值，它们对生物共同体只有较不重要的工具价值。就个体而言，人具有较大的内在价值，但对生物共同体只有最小的工具价值。总之，内在价值与工具价值的比例随着存在物的等级的升高而发生变化。草（尽管是自养生物）所具有的主要是工具价值，而人（尽管是异养生物）所具有的则主要是内在价值。②

在中国，主张自然中心主义的生态伦理学家也认为自然物具有"内在价值"。

余谋昌认为，所谓自然界的"内在价值"，是指自然界以自身为尺度，维持自身的生存和发展。在这里，自然界本身就是主体；它作为生命共同体是自我维持系统；它按照一定的自然程序（自然规律）自我维持和不断地再生产，从而实现自身的发展和演化。生存和发展是所有物种的目的，表现为自己生存和发展的利己性。这种目的性就是内在价值的依据。同时，它的生存为其他生物的生存服务，这是它的外在价值，表现为支持其他生物的利他性。它的内在价值和外在价值以生存的方式表现统一性，就是生存的规律。③

叶平认为，在生物圈中，自然价值通常分为四类，即工具价值、内在价值、固有价值以及生态系统价值。前两种价值都是依赖于人类评价的，如保护自然资源，这种说法就是把自然界当成人类工具使用，自然资源具有人类工具价值。再如，我们欣赏美丽的鲜花，鲜花的美为人提供鲜花的内在价值。内在价值是指从事物本身评价事物，

---

① 参见［美］霍尔姆斯·罗尔斯顿《哲学走向荒野》，刘耳、叶平译，吉林人民出版社2000年版，第231页。

② 参见［美］霍尔姆斯·罗尔斯顿《环境伦理学》，杨通进译，中国社会科学出版社2000年版，第304—306页。

③ 参见余谋昌《生态价值观》，中共中央党校出版社1998年版，第223—225页。

并不仅仅从它的功用评价它而得出的价值。固有价值是指不依赖人类评价而本身自在的价值。任何生物都有工具价值和固有价值,非生物只具有工具价值而没有固有价值、内在价值。生态系统的价值是生物种间的工具价值和非生物环境的工具价值交织成的有机整体价值。以往,我们只承认自然的工具价值,而且仅限于自然对人类的有用性,而忽视或没有认识到自然的内在价值、固有价值和生态系统价值。①

刘湘溶甚至说:"自然之物的价值不是由人类所赋予的,而是它们的存在所固有的。自然之物的存在本身即代表了它们的价值,自然之物的价值就在于它们存在本身。""自然之物的存在与自然之物的价值先天统一,不可分割,破坏了它们的存在也就破坏了它们的价值。自然之物的价值具有内在性,人类不能去规定它,只能去认识它、利用它。在人类认识它、利用它之前,它的价值对于人类并非无。"②

自然中心主义的价值观还认为,作为客体的自然物与作为主体的人所形成的价值关系只是价值关系中的一种形式,并不是唯一的价值关系,也不是生态系统中最主要的价值形式。人类既不是价值关系中的唯一主体,人的尺度也不应成为价值评价的最终依据。相反,从遵守自然规律的角度来说,人要服从于自然。同时,生态系统对人类来说也具有工具价值,因为无数事实证明,没有生态系统的支持,人类就没有生存最基本的物质,人类就不能存在和发展。因此,无论从自然尺度来看还是从人的尺度来看,无论是从生命的工具价值来看还是生命的内在价值来看,人类和其他一切生命的共同利益依赖于生物共同体的完整和稳定。因此人类必须确立和承认自然的内在价值。③

要承认自然的内在价值,首先要把人看作自然的一个物种,从自然的内在尺度出发去论证生态系统的完整和稳定对于人类的重要性。同时,人类需要建立环境保护的伦理基础,进而确定保护环境、保护

---

① 参见叶平《生态伦理学》,东北林业大学出版社1994年版,第145—146页。
② 同上。
③ 参见徐春《生态文明与价值观转向》,《自然辩证法研究》2004年第4期。

自然资源、保护生态系统的完整性与延续性，并基于此基础制定一些可操作性的原则与规范。承认自然的内在价值，能够使人类在实践中形成尊重自然、敬畏生命的品质。

"内在价值论"否定了根据人的欲望和需要来确定自然价值的主体性哲学的价值观。这是确立人对自然的伦理关系必须走的第一步。也有学者认为，如果人类只是依据自然界的"有用性"来确立保护自然的伦理，那么，人类对待自然的行为就不是真善，而是伪善。因为人类保护自然的行为不是出自内心对自然的关爱，而是出自"功利的目的"。这种建立在功利主义价值观基础上的保护自然的伦理不可能是彻底的：一旦保护自然的行为同人的欲望相冲突时，这种伦理就会土崩瓦解。[①]

上述关于自然的内在价值具体说法不同，但是其基本观点是一致的。概括地说，他们所说的自然的"内在价值"的特征是：自然的内在价值是自然物本身所固有的属性或实体；自然的内在价值是无主体的，或者说自然的内在价值的主体是自然物本身；自然的内在价值的标准是自然物自身的自为的存在。

在生态社会的价值观构建中，必须要重视自然的内在价值。当人类只看到自然对于人类的有用性而忽视自然本身固有的内在价值时，往往出现的结果是气候异常、生物多样性锐减、洪水泛滥等，它们威胁到生物共同体的完整与稳定，威胁到人类自身的生存和发展的可持续性，威胁到人类以及其他生命物质的生存与利益。生态文明社会有责任对夸大人的主体性的言行与思想加以纠正和限制，需要保护自然的内在价值，要求在将自然的内在价值转化为工具价值过程中必须审慎行事。

## 三 从"内在价值"转向"价值同根"

自然中心主义者对自然价值和内在价值问题的理解和解释也遇到

---

[①] 参见刘福森《生态伦理学的困境与出路》，《北京师范大学学报》（社会科学版）2008年第3期。

了多方面的诘难，被认为其理论是自相矛盾、似是而非的，存在着一些难以自圆其说的误区：

第一，自然价值究竟是一种关系，还是一种实体及其属性？价值作为一个科学的概念只能是一个关系概念，而不能是其他意义上的概念。但是有些自然中心主义者一方面认为价值"是一种关系概念，是从主体与其对象的各种关系中产生的"；另一方面又认为价值"是一个属性或功能范畴，反映客体的特质或固有的属性；一方面认为"外在价值"是指自然物的属性满足人的需要的一种关系、是自然物对人的有用性；另一方面又认为"内在价值"是自然物本身所固有的，"自然之物的存在与自然之物的价值先天统一，不可分割"，他们的答案是：价值既是一种关系，又是一种实体或属性。这显然属于逻辑悖论。

第二，"自然价值"的主体究竟是人，还是自然本身？自然中心主义者一方面称"外在价值"是人类创造的，是对人类而言的，主体是人，客体是自然物；另一方面，又称"内在价值"是自然自身创造的，是对自然自身而言的，"自然是主体，人类则是客体"。他们的答案是：自然的价值的主体既是人，又是自然本身。这仍是逻辑悖论。

第三，"自然价值"究竟是以什么尺度来衡量的？自然价值的主体既然是人，那么评价自然价值的尺度当然只能是人的尺度，但是自然中心主义者一方面说"外在价值"是"以人的尺度"，即按照人的需要和利益来创造和评价的价值；另一方面，又说"内在价值"是自然界"以自然自身的尺度"，即按照自然界自身的"需要"和"利益"来创造和评价的价值。显然，他们认为衡量自然价值有两把尺度，这违反了思维的同一律，当然也是逻辑悖论。

自然中心主义者对"自然价值"的界定之所以如此含混不清、自相矛盾，其原因就在于他们离开人类的实践活动，对"主体"这个概念作了另一种理解和界定。他们认为，人是主体，动物也是主体，生物也是主体，进而言之，生态系统、地球乃至自然界，都是"一个价值生发系统"，都是"能经验其环境的"、"有价值能力的主体"。

他们否认人是自然价值的主体,离开人类的实践活动,离开人类的需要和利益、离开人类的生存和发展,来抽象地谈论自然物的"价值"和"内在价值",这种"价值"和"内在价值",没有主体,或者主体就是其自身,当然只能是一个抽象的空洞的概念。①

还有的学者指出内在价值论还存在着另一个理论上的困境:"内在价值"这一理论企图简单地通过确立自然的内在价值,进而把人与人的伦理关系扩展到人与物(自然)的关系之中,这个思路本身就存在问题。因为它所假定的自然的"内在价值"与人的价值并不具有"等值性"或"同根性",也就是说自然的内在价值与人本身的价值并不存在统一性,二者毫不相干。尽管在自然中心主义中,"自然"不再是受制于人的客体,也消除了人与自然之间的不平等关系,但建立在"内在价值"基础上的自然却彻底摆脱了与人的一切关系,成为康德的"自在之物"。这种典型的"人—物"价值二元论,不可能成为人与自然伦理关系的价值基础。

正是为了摆脱这一困境,学者们纷纷进行新的探索,并努力找出问题的症结。如学者刘福森指出:在人与人的关系和人与自然的关系之间,之所以难以确立同样的道德关系,正是由于存在着"人理"与"物理"之间的冲突。从某种意义上说,所谓伦理指的就是"人理",即人与人之间所遵守的关系,是"同类"关系;所谓物理指的是物与物之间所应遵守的关系,自然物之间的关系就是"物理"的关系,是"异类"关系。人依据"人理"对待人,依据"物理"对待物,不能简单地把"人理"运用到"物理"中,同样也不能简单地把"物理"用到"人理"中。否则,必然陷入一系列理论困境之中。

怎样才能找出人与自然的同类关系呢?怎样才能把伦理关系从人类扩展到人与自然之间的关系之中呢?这就必须具备两个基本的条件:第一,人与自然之间必须具有"同类"关系。因为只有自然作为人的同类,人才会像对待自己一样对待它;也只有作为人的同类,自然才能同人具有平等的关系。第二,人与自然之间必须具有共同的

---

① 参见傅华《生态伦理学探究》,华夏出版社2002年版,第203—205页。

价值基础。因为"同类"关系的形成,所依靠的就是共同的价值基础,即"价值同源"或"价值同根"。因此,要把伦理视域从人与人的关系扩展到人与自然的关系,就必须把自然看成我们的"同类",并且要找到我们与自然之间共同的价值基础。

自然系统既是生命系统也是生态系统,在这个系统中,人与自然都是构成生态系统的生命存在物,这就是人与自然的同类关系。既然能够把人与自然归于同一类,便找到了人与自然之间共有的"生命价值"。人与自然都是具有生命的存在,故都具有"生命价值",这就是人与自然之间具有的"价值同根性"。在此基础上,我们可以确立这样的一个伦理原则:"我同自然都是有生命的存在,因而我应该像对待我自己的生命那样对待其他一切自然生命。"这样,自然就不再是满足人类欲望的工具,也不再是与人的价值毫无关系的自在之物,而是人类有生命的伦理伙伴、"同宗兄弟"或养育人类的"母亲"。"生命价值"应该是确立人与自然之间伦理关系的价值论基础。以"生命同根"为价值基础的人与自然之间的伦理,是一种建立在人对自己的生命同胞的亲近、热爱、同情、尊崇、感激等情感基础上的,是非理性的、非功利的。因此,人与自然之间的伦理学,实质上是一种建立在生命价值基础上的"生命伦理学"[①]。

认识到自然和人类一样都具有"生命价值",就确立了人与自然之间伦理关系的价值论基础,有助于在道德上和实践上养成敬畏生命、尊重自然的伦理品质。其实,早在 20 世纪初,法国著名的思想家施韦泽就提出了"敬畏生命"的伦理学。他的这一伦理思想,吸收了中国古代思想家提出的人与动物具有同样的心理感受,比如高兴与悲伤、疼痛与挫折,因此动物也理所应当得到同情和尊重。在他看来,传统的伦理学只关注人对人的行为,只对人讲道德,这是远远不够的,只有像东方文化那样尊重所有的生命(包括人的生命和生物的生命)的伦理学才是完整的。因此他提出伦理学

---

[①] 参见刘福森《生态伦理学的困境与出路》,《北京师范大学学报》(社会科学版) 2008 年第 3 期。

的一个基本要求是:"像敬畏自己的生命意志那样敬畏所有生命意志","在自己的生命中体验到其他生命"。他对善恶的本质认识是:"善是保持生命、促进生命,使可发展的生命实现其最高的价值。恶则是毁灭生命,伤害生命,压制生命的发展。"① 尽管施韦泽并没有对这个观点进行学术论证,但无疑他认为,生命不是没有价值的"存在",它们不是"中立的",因为所有生命都具有同等的价值,所以值得我们敬畏和尊重。

## 第三节 两种主义从对立到统一的转向

### 一 当今学界对两种主义的调和

如前所述,自然是否具有内在价值,是人类中心主义与非人类中心主义在价值观上的重大分歧,两者的争论一度似乎呈现出"势不两立"的对峙状态。然而,近年来,在中国学术界,逐渐也出现另一种声音,表达了尝试将两者调和或统一起来的学术意向。

中国著名环境伦理学者余谋昌先生早在1994年就指出,必须走出人类中心主义的窠臼。他认为,人类中心主义作为价值观指导人类的实践,取得了一定程度的成功,但是这种成功是局部性的,或者暂时性的。因为这种价值观的"反自然"性质导致了严重的不良后果,又从根本上损害了人类的目标,并从而使人类陷入深深的困境之中。因此,用人类中心主义的思想既可以说明迄今为止人类所取得的所有成就,也可以说明当前人类所面临的困难。走出人类中心主义,这是人类的必要选择。汤因比关于人类历史有两个主要过渡时期的思想认为,人类自我意识的产生至人类中心主义的形成,表示人类在生物学方面的提升获得成功,这是第一个过渡时期,现在人类面临第二个过渡时期,即"向新意识的过渡"。它以人的新意识的产生为特征,或

---

① [法]阿尔贝特·施韦泽:《敬畏生命》,陈泽环译,上海社会科学院出版社1992年版,第9页。

许这种新意识就是生态意识或环境意识,即把保护生态环境、追求人类持续发展作为社会价值目标,或社会价值的前提。它表示人与自然的和谐关系从不自觉到自觉的提升。这种提升将使人类走向一个新时代。它的一个重要特征是,走出人类中心主义,用人与自然和谐发展这种新的价值观指导自己的行动。人类以这种新的价值观重新审视自己的行为,开始摒弃以牺牲环境为代价的"黄色文明"和"黑色文明",建设以人与自然和谐发展为特征的"绿色文明"。这可能将是世界史进程经历的一次最重大的历史性转折。我们应当为实现这种转变作准备。[①] 在这里,余谋昌先生只提出了要走出人类中心主义,代之以人与自然和谐相处的价值观为指导,但没有提及如何处理与协调人类中心主义与非人类中心主义的关系问题,这说明人们对这一关系问题还需要一个认识过程。

建设生态文明、保护自然环境是需要每个人来参与的事情,其后果如何又会深刻影响到每一个人以至子孙万代的生活。因此,在价值观上建立某种共识对于协调一致的环境保护行动至关重要。"我们寻求的共识是指向环保行动的共识,而不是追求理论上的精致、自洽、高远、博大或者看来最具有'终极的真理性'的共识。"[②] 这是因为理论的困境反映的是现实的困境,一个人从精神上奉行一种理论,但在现实生活中,这个人想要按这种理论行动或说服更多的人一起行动,却发现无法采用这种理论或说服更多的人,这时候,就可能需要"下降":不能从自己信奉的理论取得同大家一致的共识,那就得从另一层次来取得。"一种至高的精神境界仍然至少可以为自己保留和使他人耳濡目染,但说服他人的理性论据却不能不去适应或'迁就'大多数被说服者,至少在最初是这样。"[③]许多环境伦理的伟大实践者都经历过这样的困境。如缪尔,他在文章中承认自然的权利,其观点

---

[①] 参见余谋昌《走出人类中心主义》,《自然辩证法研究》1994年第7期。

[②] 何怀宏主编:《生态伦理——精神资源与哲学基础》,河北大学出版社2002年版,第17页。

[③] 同上。

是生物中心主义的,但当他要说服美国政府和人民挽救原始森林和荒野时,他却不得不从原始森林和荒野对人的好处和利益即能满足人的需要的各种价值这方面来立论,即采用的是人类中心主义的论据。据说,利奥波德等在实践中为取得更多人的支持也采用过这样的办法。经验说明,指向大规模社会行动的共识可能无法不首先寻求一种"底线的共识",并从建立这种共识开始。[①]

非人类中心主义主张动物、植物甚至一切生态系统具有和人类一样的主体地位,并成为道德关怀之对象,但这种观点如真要贯彻于实践中却行不通。因为生态的破坏,并不仅是人与自然的紧张关系使然,而主要是人与人之间、国与国之间关系的不协调造成的。富国已经消耗并还在继续消耗着大量的自然资源,并把发展的危机不断地转嫁给发展中国家。而在穷国人们还处于食不果腹甚至生存都无法保障的境况下,要求他们去关心、同情动植物乃至一切生态的处境是非常荒唐可笑的。

考虑到这样的现实,我国学者杨通进博士提出了自己的思路。他认为:非人类中心主义可以把人类中心主义的合理内容作为环境伦理的"最低纲领"纳入这种全新的世界观中来,同时又提出一套超越(扬弃)人类中心主义的、用于重新理解和定位人在自然和宇宙中的形象的"最高纲领"。尽管最低纲领的实现具有优先性,但最高纲领仍然应当是指引我们的环境保护运动的一面旗帜。[②] 也就是说非人类中心主义尽管忽视了发展的现实层面,但它毕竟代表了生态文明的发展方向。他在另一本著作中提出:可以把人们的环境道德境界区分为人类中心论境界、动物福利论境界、生物平等境界和生态整体境界。环境伦理学中的人类中心论、动物解放权利论、生物中心论和生态中心论则可视作是这四种境界的理论表述。一种注重整体的、长远的人类利益的开明(弱式)人类中心主义可以说是环境保护的"底线伦

---

[①] 何怀宏主编:《生态伦理——精神资源与哲学基础》,河北大学出版社2002年版,第18页。

[②] 参见杨通进《环境伦理学的三个理论焦点》,《哲学动态》2002年第5期。

论"或"基线理论",它是最基本的、可以普遍化的,同时也应当是我们必须予以最优先考虑的,对依据于它提出来的规范甚至可以用法律来加以强制执行。而动物解放权利论、生物中心论和生态中心论这些非人类中心的理论则可以说是环境保护的"高级伦理",它们具有一种可选择性。人类中心论的现实性品格可防止非人类中心论由理想蜕化为空想,而非人类中心论的理想性品格则可提升人类中心论的价值追求。个人对动物福利论境界、生物平等境界和生态整体境界的追求是有先后次序的。一个人只有首先履行了前一境界的义务,才能选择和追求后一境界。对这四重境界的追求应该拾级而上,不可躐等,亦不可前后颠倒。前一境界是后一境界的起点,后一境界是对前一境界的提升和超越。超越不是否定和抛弃,而是包含和容纳,是把前一境界的义务放在更宽广的"意义构架"中来加以理解和定位。总之,一种开放的环境伦理学,只能是一种能同时接纳和包容(开明的)人类中心论、动物解放权利论、生物中心论和生态中心论的雍容大度的环境伦理学。[①]

也有学者甚至认为,人类中心主义者和反人类中心主义者其实并无多大的分歧。反人类中心主义者所依据的理论基础,即对人类中心主义导致生态破坏的指责,主要是针对近代人类中心主义的。现代人类中心主义和非人类中心主义都不否认,人有保护自然的道德义务,它们争论的根本分歧所在是"这种义务的根据是什么?"现代人类中心主义认为只有人类才能成为价值的主体,因为人是唯一具有内在价值的存在物,人只对人有直接的道德义务。非人类中心主义则认为,不但人类具有内在价值,所有生命个体、物种、生态系统本身都具有独立于人的内在价值,都有获得道德关怀的资格。因而,他们进一步认为无论是现代人类中心主义和非人类中心主义都没有排除人在宇宙中及价值和道德地位的中心位置。非人类中心主义只是在"非人类存在物究竟能不能进入内在价值的'圆'内、能不能拥有像人一样道

---

[①] 参见杨通进《走向深层的环保》,四川人民出版社2000年版,第二章第四节,第六章第一、二节。

德关怀的权力"这个定性问题上作出了肯定回答,但在定量上,它却不认为非人类存在物拥有与人完全等量的价值。因此从一定意义上说,现代人类中心主义和非人类中心主义只是人类中心主义的两种不同表现形式。

因此也有学者由此断定:关于走入还是走出人类中心主义的争论,本身就是一个假问题。目前学术界关于环境伦理的诸多讨论,都是围绕人类中心主义的两种不同的表现形式,即在现代人类中心论和非人类中心论之间展开的。非人类中心论是从更抽象的层次,在一个更高阶段讨论或执行的一种新形式的"人类中心主义",而现代人类中心论则是在人的生存和发展难题尚未解决的情况下,特别是在现阶段贫富差距不断拉大,富国与穷国之间的矛盾有可能激化,国与国之间的战争仍未停息的形势下而贯彻执行的一种讲求人与自然和谐相处的"现代人类中心主义"。[①]

## 二 消融"人的中心"的"现代人类中心主义"

环境伦理价值观的这一番变迁,亦即对工业文明时代的狭隘的人类中心主义价值观的反思与批判,催生了现代开明的人类中心主义价值观和非人类中心主义价值观;后者不仅承认自然的工具价值,还强调自然的内在价值和系统价值,且又进一步提出人与自然的价值同根性;现代人类中心主义和非人类中心主义两者在价值观上又从分歧到出现融合的趋势,等等,这一过程体现了人对人与自然关系在认识上的不断深化,也反映了生态文明建设推进进程中对价值观理论变革的要求。从中可以总结出:价值观理论既要反映现实的需要,也要指明前进的方向;既要指导当今的实践,又要提出未来的理想,即现在与未来、现实与理想的统一。现实与未来是紧密联系的,因此理论的探讨都应具有一定的前瞻性,并对现实中的人类社会活动发生或多或少的影响。

有关人类中心主义的讨论也是如此,它还会随着对人与自然关系

---

① 参见郑红娥《对环境伦理学的再思考》,《学术交流》2003 年第 3 期。

的认识的深化而不断深化,并对现实与未来发生深刻影响。马克思早在19世纪40年代就曾预言:未来社会将进入共产主义,"这种共产主义,作为完成了的自然主义=人道主义,而作为完成了的人道主义=自然主义,它是人和自然界之间、人和人之间的矛盾的真正解决","是存在和本质、对象化和自我确证、自由和必然、个体和类之间的斗争的真正解决"①。当达到这样一个理想的社会时,也就是全世界成为一个平等、富裕、和谐共处的"地球村"时,人类把动物纳入价值的范围,使其成为道德关怀的对象,并把这一切在全球推广,使之成为全球普遍推行的伦理规范,这将不再是所倡导的理想,而会成为完完全全的现实。而当我们回到现实和现实的实践中时,既要执行现代人类中心主义伦理价值观,又不能排除非人类中心主义的价值观,"至少可以在类比、象征和修辞的意义上使用动物权利和自然权利这样的概念"②。

根据以上分析,有学者认为在建立与可持续发展相适应的环境伦理这个问题上,应根据下述原则进行:在抽象层面即理念层面上,可持续发展的环境伦理应是一种逐渐消融"人的中心"的、实现人与自然和谐发展的伦理,这是世世代代在可持续发展中不断追求、努力接近的目标;在现实层面即可行性层面(指具体的伦理操作),可持续发展战略应该贯彻一种以人为中心的"现代人类中心主义"。所谓消融"人的中心"并不是指去掉人在宇宙及价值中的中心地位,而是指人在与自然的和谐相处中逐渐达到一种"天人合一"的理想状态。③

---

① 《马克思恩格斯全集》第3卷,人民出版社1960年版,第279页。
② 杨通进:《环境伦理学的三个理论焦点》,《哲学动态》2002年第5期。
③ 参见郑红娥《对环境伦理学的再思考》,《学术交流》2003年第3期。

# 第六章

# 生态价值观的建构

建构生态价值观需要确立生态性、批判继承性和先进性等原则，这些原则体现了对人类的美好生态需要的高度认同，凸显了对人类优秀生态文化资源的传承，承载了推进人类全面而自由的发展的美好愿望。生态价值观关注生态系统与经济系统的统一，要求不断推动科学技术的生态化进程，要求人们追求生态公平在代内与代际、国内与国际、权利与义务等方面的统一，还意味着人的自由只有在优良的自然环境中才能得到高度拓展，因而是一个包括生态发展观、生态科学观、生态公正观、生态和谐观、生态自由观等在内的生态价值观念体系。而个体的内外涵养与社会的整体引导、国家的顶层设计紧密结合，共同发挥作用，形成生态价值观培育的运行机制。

## 第一节 生态价值观的建构原则

生态价值观具有什么样的内涵和特征是由生态文明社会本身的特征和要求、价值观念的理论来源等方面的因素决定的。概而言之，生态价值观的建构需要确立如下原则：生态性原则、批判继承性原则和先进性原则。

### 一 生态性原则

所谓生态性，指的是生物（包括人与非人生物）与自然环境相统一的特性。这一特性表现在两个层面：一方面，生物体依赖自然环境，另一方面，生物体的存在是其他生物体存在的条件，维护着整个生态平衡。此处讨论的生态社会价值观的生态性，更多地体现为人对生态环境的需求以及人对生态环境的维护。

(一) 对人的生态需要的体现

首先，生态价值观确认良好的生态环境是人类生存和发展的第一要件。马克思指出："人在肉体上只有靠这些自然产品才能生活，不管这些产品是以食物、燃料、衣着的形式还是以住房等等的形式表现出来。"① 美国人本主义心理学家亚伯拉罕·马斯洛曾对人的需要进行过深入研究，提出了著名的"基本需求层次理论"。他把人的基本需要从低级到高级分为五个层次，分别是生理需要、安全需要、归属和爱的需要、尊重需要及自我实现需要。其中，最初级的需要便是生理需要，它是指人们最基本、最原始的需要，如水、空气、穿衣、吃饭、住宅等，如果这些需要得不到满足，人类的生存就将出现问题。而地球上的生态环境提供了我们所需的阳光、水分、食物等，满足了我们最强烈的、不可避免的、最底层的生理需要。因此，人类的生存和发展永远都离不开生态环境。

其次，生态价值观认为生态环境也是人类社会财富的第一源泉。马克思曾说："劳动不是一切财富的源泉。自然界和劳动一样也是使用价值（而物质财富本来就是由使用价值构成的！）的源泉，劳动本身不过是一种自然力的表现，即人的劳动力的表现。……只有一个人事先就以所有者的身份来对待自然界这个一切劳动资料和劳动对象的第一源泉，把自然界当做隶属于他的东西来处置，他的劳动才成为使用价值的源泉，因而也成财富的源泉。"② 生态系统可以直接向人类提供财富，如可以食用的植物果实、药材、水等天然资源，还可以间接向人类提供财富，如森林、矿产等需要人类再加工才能利用的物质资源。曾有一个由经济学家和环境科学家组成的国际研究小组，对所有生态系统向人类免费提供的自然环境的价值进行了估算，根据搜集来的大量的数据和资料，"他们计算出生态系统对人类的贡献至少为

---

① [德] 卡尔·马克思：《1844年经济学哲学手稿》，人民出版社1995年版，第45页。

② 《马克思恩格斯选集》第3卷，人民出版社1960年版，第5页。

33万亿美元/年。这个数字几乎是1997年全世界所有国家的国民生产总值（18万亿美元）的两倍"①。可以说，今天人类所取得的巨大成就归根结底都离不开伟大、慷慨的自然。

最后，生态价值观还认为生态环境还是人类精神生活的重要源泉。人的精神生活建立在物质生活的基础之上，没有物质生活，人的精神生活就无从谈起，从这个意义上来说，生态环境也是人类精神生活的第一源泉。事实上，自古以来，在人类最伟大的文学作品中总是不会缺少对自然美景的精彩描述。中国古代的山水田园诗歌、国外近现代的自然主义文学，都以描写自然美景而著名。而今天，各种旅游观光景区，都以大自然美丽迷人的那一面为人们提供精神上的休闲和审美上的愉悦。人类不仅在肉体上也在精神上离不开自然、离不开生态系统。因此，生态价值观念在内涵上必须体现在人类精神需要上的生态性。

（二）对生态系统健康的维护

生态价值观的生态性特征不仅体现在人类的生态需要上，还表现在人类对于生态系统健康的维护行为上。

我们知道，生态系统是一个内部各要素彼此联系的、庞大而复杂的整体。在生态系统里面，不仅有生物群落，还有无机物环境；不仅有各种影响因子循环传递，还需要不断汲取能量，实现自身的发展，并维护生物圈的稳定，也就是说，它不仅是一个循环的系统，还是一个开放的系统。它们共同构成的一个复杂的系统。因此，在生态系统中，每一个物种的减少，都会直接或间接影响到其他物种的生存与发展，进而使生物多样性受损，一旦生态系统遭受毁灭性的创伤，人类将迎来灭顶之灾。正如美国西雅图酋长所发表的演说所言："我们并未编织生灵之网，我们只是网中的一根线。不论我们对网做什么，它都会影响我们自己。世间万物环环相扣，一草一木无不关联。凡是降

---

① ［美］爱德华·威尔逊：《生命的未来》，陈家宽等译，上海人民出版社2005年版，第128页。

临于地球,也必降临于地球的子民。"[①] 人与生物圈之间、人与人之间相互关联,而我们更应该确立维护生态系统完整性的责任感,并致力于维护生灵大家庭的共同安康与昌盛。

然而,当前生态系统的健全性实在令人担忧。自人类进入工业社会以来,生态系统就一直遭受着人类无情的伤害。据有关数据显示,"近代物种的灭绝速度比自然灭绝速度快 100—1000 倍,约有 34000 种植物、5200 种动物,1200 种鸟类濒临灭绝。在 20 世纪,全球约 45% 的原始森林已经消失,森林资源总量仍在快速减少(尤其是热带地区);10% 的珊瑚礁已被毁坏,剩余的 1/3 可能在未来 10—20 年间面临崩溃;海岸带的红树林是一种重要的海滨生态系统类型,现在已变得十分脆弱并有一半已经消失"[②]。这都是人类在发展经济过程中不注重保护生态环境造成的,而人类对生态系统造成的损害远不止于此,其中有些损害可以补救,而有些损害是不可逆的,永远无法补救。这就需要我们在进行经济社会建设的同时,切实注重维护生态系统的发展。

生态价值观认为,人类应积极主动地维护生态系统的健康。众所周知,遭受破坏的生态系统不仅会影响我们这一代人的利益,更会影响子孙后代的生存与发展。1972 年的《人类环境宣言》就指出:"人类……负有保护和改善这一代和将来的世世代代的环境的庄严责任",而我们应"为了这一代和将来的世世代代的利益,地球上的自然资源……必须通过周密计划或适当管理加以保护"[③]。我们应积极主动地维护生态系统的发展,而不是以消极被动的态度去对待。这也就是说,我们应对生态系统的功能有全面的认识,对其为我们提供的物质资源量能准确把握,对人类行为的生态影响有科学的预见,并能有效防止生态破坏事件的发生。

---

① 转引自〔美〕丹尼尔·A. 科尔曼《生态社会的价值观》,载杨通进、高予远主编《现代文明的生态转向》,重庆出版社 2007 年版,第 381 页。

② 曹顺仙:《论生态危机全球化》,《生态经济》2009 年第 9 期。

③ 王曦主编:《国际环境法资料选编》,民主与建设出版社 1999 年版,第 668 页。

## 二 批判继承性原则

事物的发展遵循否定之否定规律，辩证否定的实质是扬弃，亦即新事物对旧事物既批判又继承，既克服其消极因素又保存其积极因素。任何一种价值观念都不是凭空诞生，它总是产生于对已有的价值观念或批判或继承的过程中，即对价值观念中落后的、不合理成分的批判、抛弃和对先进的、合理成分的继承、弘扬。生态价值观的批判继承性体现在对中国传统生态文化、工业社会传统生态价值观以及当代西方生态哲学理念的扬弃。

（一）对中国传统生态文化的批判继承

中国传统文化是中国人精神财富的结晶。作为农业文明的精神成果，中国传统文化与大自然紧密关联。具体而言，在作为中国传统思想主要渊源的儒家、道家和佛教文化里，充满了生态智慧。因此，生态价值观内涵的丰富和发展必然要对中国传统生态文化有所扬弃。

中国传统文化中"天人合一"的生态和谐思想是生态社会核心价值观的重要来源。"天人合一"思想强调构建人与自然共生共荣的良性互动关系，主张将人类社会不断融入大自然环境中，追求天与人合为一体。儒家创始人孔子曾道："大哉！尧之为君也。巍巍乎，唯天为大，唯尧则之。"① 孔子认为尧帝是一位伟大的君主，能够做到以天为法则。这虽是孔子称赞尧帝的话，但它实际上包含了"天人合一"的思想。而荀子进一步发展了天人关系的和谐思想，主张"天人相参"，即天、地、人三者相互并存，并最终走向"天人合一"，实现"天有其时，地有其财，人有其治，夫是之谓能参"② 的生态格局。此外，孟子提出"仁民而爱物"③ 的思想，认为只有爱己、爱人是不够的，还要进一步爱自然界中的万物，这才算是真正的"仁"与"爱"。道家的庄子则提出"物无贵贱"的生态平等观，认为人类

---

① 《论语·泰伯》。
② 《荀子·天论》。
③ 《孟子·尽心上》。

和大自然的其他构成者在道德地位上是平等的，他不仅认为自然万物是平等的，还认为人与自然能融为一体，即"天地与我并生，而万物与我为一"①。佛教思想中"众生平等"、"护生"的观念，对于现今生态伦理思想和实践也影响极大。这些思想观念是古人对人与自然和谐的追求，也是人与自然万物和谐共处、相容相生价值理念的体现。

中国传统文化中可持续生态发展思想是生态社会核心价值观的又一来源。古人认为自然界有其自身的规律，我们人类只有在充分认识和把握自然规律的前提条件下，才能发挥好人的主观能动性，积极地合理利用自然和改造自然。先秦时期出现的"时禁"观念即是一种可持续生态发展思想。孔子、孟子思想里已出现时禁观点②，只是尚不明朗。荀子依据"圣王之制"深入阐发了"谨其时禁"思想。"时禁"思想有三方面的内容：一是"时"，也就是"适时"。荀子指出："养长时，则六畜育；杀生时，则草木殖。"③ 二是"禁"，也就是"禁止"。"鼋鼍鱼鳖鳅鳣孕别之时，罔罟毒药不入泽，不夭其生，不绝其长也。"④ "时"与"禁"相互关联，因时而养，因时而禁，时有不同，保护的手段也不同。三是荀子在对待"时禁"方面特别强调"谨"，也就是"严格"，并指出须有专门机构来执行："修火宪，养山林薮泽草木、鱼鳖、百索，以时禁发，使国家足用，而财物不屈，虞师之事也。"⑤ 正因如此，"污池渊沼川泽，谨其时禁，故鱼鳖优多，而百姓有余用也"⑥。

此外，古人还有保护生态环境的生态伦理观也是生态价值观的重要来源。儒家弟子曾记载孔子自觉保护生态的行为："子钓而不纲，

---

① 《庄子·齐物论》。

② 如《礼记·郊特牲》："天子牲孕弗食也，祭帝弗用也"、《孟子·梁惠王上》："斧斤以时入山林。"

③ 《荀子·王制》。

④ 同上。

⑤ 同上。

⑥ 同上。

戈不射宿。"① 孟子提出了养护万物的重要观念："苟得其养，无物不长；苟失其养，无物不消。"② 孟子把休养生息作为环境管理的关键环节，而他提出的反对过度捕捞、过度放牧则是具体的养护办法。荀子也提出了著名的"圣人之制"观点，要求在实践当中把保护生态环境与合理利用自然资源辩证地结合起来。

当然，我们要本着"去其糟粕，取其精华"的原则来继承中国传统生态文化。从本质上来说，中国传统生态文化是农业文明的产物，那个时代尚未出现像当今这样严重的生态危机，因而其内容具有笼统、粗疏甚至是不科学的一面，无法为当今世界开出非常切近病灶的生态药方。因此，我们要辩证地对待传统文化中的生态智慧，使其更好地为生态价值观的构建服务。

（二）对工业社会传统生态价值观的批判

生态危机的本质是价值观念的危机。工业社会以来，我们经历了一系列的生态环境变化，"二氧化碳及甲烷废气破坏了臭氧层；化学肥料及各种杀虫剂的使用使得土地歉收；世界气候已经改变，而且我们将经历愈来愈多人认为的'自然浩劫'"③。有学者进一步揭示："人类陷入现代困境的危机，并不是来源于人类种属先天所具有的、不可改变的生物学本性，这个危机本质是'文化价值'的危机。"④ 工业社会传统生态价值观"反自然"特性，正是生态价值观所反思和批判的地方。

传统生态价值观是人类中心主义，它给人类社会发展带来了众多的消极影响。无论是在东方还是在西方，人类中心主义都是一种根深蒂固的观念，在处理人与自然关系上，古代中国人认为"人是万物之灵"⑤，古代希腊人认为"人是万物的尺度"（普罗泰戈拉语），于是，

---

① 《论语·述而》。

② 《孟子·告子上》。

③ ［德］莫尔特曼：《地球的毁灭与解放：生态神学》，载杨通进、高予远主编《现代文明的生态转向》，重庆出版社2007年版，第226页。

④ 卢巧玲：《生态价值观：从传统走向后现代》，《社会科学家》2006年第4期。

⑤ 《尚书·泰誓上》："惟天地万物之母，惟人万物之灵。"

有且只有人是一切价值的原点，自然界其他物体都是为了人类而存在的存在物，只有人才具有真正的价值。这种价值观念，自然会带来一系列的生态恶果：第一，注重人的价值而忽视其他自然物的价值，认为人类才是价值的唯一主体，自然界的其他事物的价值依附于人类的需求，人类在自身需求之下可以对植物进行过度砍伐、对动物进行凶残戕戮，甚至对生态系统无情毁弃；第二，注重工具性价值而忽视内在价值，自然物是否具有"有用性"是其能否长久存在的依据，那些对人类不具"有用性"的自然物则不被人类保护并最终走向消失的边缘；第三，注重经济价值而忽视价值的多样性，为了自身的经济利益，人类可以不惜一切代价，甚至是以自身所居的生态家园的严重破坏为代价。

人类中心主义观念的哲学基础是二元论思想。笛卡儿之后形成的二元论强调主客二分，强调人与自然、物质和思维的分离与对立。在这种意识下，人们确立了人是改造自然的主体的观念，而自然是被改造的客体，人与自然的关系就是主体与客体、改造与被改造的关系；在价值观上，人类中心主义认为自然本身不具有价值，即便有价值，也只有工具价值，而人才是自然的目的，是价值的最终裁决者，并极力提倡人类征服自然与主宰自然。培根曾极力推崇人类利用新科学技术征服自然，他说"它们不像那些旧式技术对自然过程给予温文尔雅的引导，而是施用力量去占有和征服她，直到动摇她的整个根基"[1]。需要指出的是，传统人类中心主义中的"人类"并不是整个人类社会，而是不同利益集团的代称，他们为了各自的利益，最大限度地消耗环境与资源，造成了生态"公地悲剧"的重复上演。

在人与自然相分离的二元论哲学基础上，西方社会又形成了机械自然观。该观点将自然界视为一架机器——由多种零部件组成，并按一定规则永远不停地运转下去。机械自然观的产生与当时欧洲飞速发展的机械业有关，机械几乎构成了当时欧洲人的全部生活特征，而创

---

[1] ［美］卡洛琳·麦茜特：《自然之死》，载杨通进、高予远主编《现代文明的生态转向》，重庆出版社2007年版，第30页。

造机械系统的经验成为欧洲人一般意识的一部分,这种类比使得他们将自然看成一部巨大的机械。在这里,自然界作为地球母亲的隐喻完全消失,而地球"作为养育者母亲的形象,对人类的行为具有一种文化强制作用。即使由于商业开采活动的需要,一个人也不愿意戕害自己的母亲,侵入她的体内挖掘黄金,将她的肢体解得残缺不全。只要地球被看成是有生命、有感觉的,对它实行毁灭性的破坏活动就应该视为对人类道德行为规范的一种违反"[1]。机械自然观的确立,使得人们可以毫无忌惮地对自然进行操纵和利用,既不受到良心的谴责,也不会受到社会的诟病。机械的自然观还使我们忽视人与自然、人与人、人与社会之间的相互关系,它也让我们忘却了整体的思想观念,更是培养人类的自私、自利、自大本性的沃土。卡洛琳·麦茜特指出,这种机械的自然观念不仅得到了人们的赞许,还引起了不同于有机论准则的新准则,"新的机械主义的秩序,以及与它相联系的权力和控制的价值,将把自然交给死亡"[2]。

从整体上说,西方的工业社会的生态思想张扬了人的主体性、弘扬了人的价值、推动了早期资本主义的快速发展,在当时具有一定的合理性。但从今天来看,这些思想已经具有很大的局限性,与生态价值观的内涵已是格格不入。一言以蔽之,生态社会需要构建一种更科学、合理、可持续的价值观念来代替它。

(三) 对当代西方生态哲学理念的继承

当代西方生态哲学产生于批判传统生态文化思想的过程中,它们希望通过重建哲学理念来消除现今的生态环境危机。哲学家、生态学家从不同的研究角度提出了不同的观点,因此,当代西方生态哲学思想流派众多,主要有弱人类中心主义、动物解放与动物权理论、生物中心主义以及生态中心主义。改革开放以来,它们当中的许多进步的思想观点和价值理念被译介到当代中国,成为当代中国生态价值观内

---

[1] [美]卡洛琳·麦茜特:《自然之死》,载杨通进、高予远主编《现代文明的生态转向》,重庆出版社2007年版,第19页。

[2] 同上书,第39页。

涵的重要来源。

弱人类中心主义是相对于近代强人类中心主义而言的，是人类在生态环境危机下重新审视人与自然关系的结果，是当代西方生态哲学思想的重要流派之一。弱人类中心主义修正了传统人类中心主义中片面强调人的主体地位的观点，认为应该对人的需要作出某些限制，在强调人类主体性原则同时又肯定自然界在调节生态平衡中的重要作用，既承认人的利益又承认自然存在物有内在价值，主张建立人与自然和谐统一的关系，实现社会的可持续发展。布赖恩·诺顿——弱人类中心主义维护者，认为人类中心主义概念虽有些模糊，但它"有助于为建构充分的环境伦理学提供可靠的基础"①，在引入了"直觉偏好"和"思考偏好"②（或称感性偏好和理性偏好）的概念后，他认为强人类中心主义采用"直觉偏好"来决定价值，而弱人类中心主义认为直觉偏好可能是合理的也可能是不合理的，这需要根据理性的世界观来作出判断。由此，诺顿的弱人类中心主义为我们批判开发自然的价值观提供了基础，同时也为我们保护环境提供了非常重要的伦理依据：一是拓宽了世界观领域——要求构建一种强调人与其他自然物种亲密关系的价值观；二是提供了人与自然和谐共处的理念，对以"直觉偏好"为主的自然开发进行批判。

动物解放与保护动物权利思想流派产生于20世纪70年代西方生态哲学、伦理学掀起的一次运动中，挑战着根深蒂固的人类沙文主义和物种歧视主义。彼得·辛格是动物解放运动的著名代表人物，他在《动物解放：我们对待动物的一种新伦理学》一书中指出，如果某些行为作用于我们人身上是不道德的，那么这些行为作用于动物身上同

---

① 杨振华：《弱人类中心主义：环境伦理学的另一种论证》，《东方论坛》2013年第2期。

② 所谓"直觉偏好"，是人类个体凭他们的具体体验获得至少是暂时的满足的一种需求；"思考偏好"是人们思考之后表达出来的，要判断这种需求是否与他所持的世界观（这个世界观是由科学理论所充分支持的，有一套形而上学的框架来解释这些理论以及一套合理的美学的和道德的理念作为依据）相一致。参见许鸥泳《环境伦理学》，中国环境科学出版社2002年版，第95页。

样也是不道德的，我们应以平等的态度来对待动物，因此，平等原则是动物解放过程中非常重要的一条原则，该原则中的平等，不是对人的利益与动物利益差异性的否认，而是一种道德上的平等，不是对人和动物给予同样的待遇（treatment），而是给予平等的关心（consideration），① 因此，这种平等原则要求在人们的思想观念中，确立一种人与动物平等的道德理念，让每一个动物个体从不平等的奴役中解放出来，成为一个个具有独立利益的主体。因此，辛格确立了一系列动物解放的目标，如释放那些被人为拘禁的动物，为家禽争取自由自在的生存条件以及宣扬素食主义。② 而动物权利论则认为要进一步推广平等、自由、博爱等伟大原则，使其惠及所有动物，它有强势动物权理论和弱势动物权理论之分。汤姆·雷根是强势动物权利理论的代表人物，他认为动物也拥有同人一样的"生命平等权"，那些被用来尊重人的理由同样适用于动物，而且，我们只有尊重动物权利，才能杜绝人类对动物的无谓伤害。玛丽·沃伦是弱势动物权理论的代表，她认为动物的权利来自它们的利益，而不是其所拥有的天赋价值。

生物中心主义（biocentrism）因主张建立一种人与其他生物平等和谐的关系而成为当代西方生态哲学的一个重要代表。阿尔贝特·施韦泽是该理论流派的重要代表人物，他在《文明的哲学：文化与伦理学》一书中提出了敬畏和尊重所有生命（包括人的生命和一切生物的生命）的倡议，成为生物伦理学诞生的标志。③ 施韦泽指出过去的伦理学是残缺的伦理学，它只是人际关系的伦理学，而完整的伦理学还应关涉人以外的一切生命，在他看来，只有尊重所有生命的伦理学才是完整的伦理学。施韦泽认为一切生命都是神圣的，每一个生命都在自然界中扮演着自己的角色，有着独特的地位和价值，生命与生命之间没有高低贵贱的等级之分，我们人类负有保护生命的道德义务，

---

① 参见［英］彼得·辛格《动物解放》，孟祥森、钱永祥译，光明日报出版社1999年版，第3—4页。
② 参见林红梅《生态伦理学概论》，中央编译出版社2008年版，第102—103页。
③ 参见许鸥泳《环境伦理学》，中国环境科学出版社2002年版，第106页。

因为"只有人能够认识到敬畏生命,能够认识到休戚与共,能够摆脱其余生物苦陷其中的无知"[①]。而保尔·泰勒的相关论述为人们接受敬畏生命的伦理思想提供了必要的理论支撑,他在《尊重大自然》中建构了一套完整的生物中心主义伦理学体系,由此,道德关怀的范围扩展到所有生物。

生态中心主义是当代西方生态哲学思潮的又一重要流派,它考虑的是整个生态系统,包括生物的和非生物的,以及生态系统本身及其运转过程等,通常包括大地伦理(the land ethic)和深层生态学(deep ecology)。利奥波德的大地伦理学对生态伦理学的发展具有划时代的意义,其宗旨是"扩散(道德)共同体的界限,使之包括土壤、水、植物和动物,或由它们组成的整体——大地,并把人的角色从大地共同体的征服者改变成大地共同体的普通成员与普通公民"[②],因此,我们不仅要尊重生态共同体中其他成员,还要尊重生态共同体本身。深层生态学将生态学发展到伦理学和哲学领域,它力求对工业社会的传统观念进行清算,希望通过改变人们的思想观念来建设一种人与自然相融共生的生态社会。生态智慧是深层生态学一个极具特色的概念,它是一种研究生态平衡和生态和谐的哲学,"包含了标准、规则、推论、价值优先说明以及关于我们宇宙事物状态的假设"[③]。同时,深层生态学还提出了许多重要的生态哲学理念,比如生态共生、生态平等、生态自我等。特别是生态共生的理念,它包含人与自然和谐共生、共存共容的重要哲学内涵,在生态状况并不良好的当代社会,就更凸显出了时代意义。

---

① [法]阿尔贝特·施韦泽:《对生命的敬畏——阿尔贝特·施韦泽自述》,陈泽环译,上海人民出版社2006年版,第37页。
② 林红梅:《生态伦理学概论》,中央编译出版社2008年版,第145页。
③ Stephen Bodian, *Simple in Means, Rich in Ends: A Conversation with A me Naess*, Ten Directions (California: Institute for Trans cultural Studies), Zen Center of Los Angeles, Summer/Fall, 1982.

### 三 先进性原则

先进性指的是事物的发展合乎社会进步和历史发展的方向，体现为规律性和价值性的统一。生态价值观的先进性意味着生态价值观念能够顺应、推动人类社会在生态层面的前进方向。在当前中国，生态价值观的先进性体现在以马克思主义为指导、社会主义核心价值观为导向和对人类共同的生态愿景——天蓝、地绿的美好生态家园——的追求。

（一）对社会主义核心价值观的运用与发展

生态价值观的先进性首先体现在它以马克思主义为指导，以社会主义核心价值观为导向。我们知道，生态价值观的构建需要沟通古和今。于古，主要是批判和继承，于今，则注重运用和发展。2014年2月12日《人民日报》公布了社会主义核心价值观的内容，由三个层面24字构成，即从国家层面来说，富强、民主、文明、和谐是其主要内容；从社会层面来说，自由、平等、公正和法治是其重要内容；从个人层面来说，主要是爱国、敬业、诚信和友善。在当代中国，构建生态社会核心价值观所参照的"今"就是中国特色社会主义核心价值观。

生态价值观和社会主义核心价值观的构建都以马克思主义为指导思想。众所周知，社会主义核心价值观隶属于社会主义核心价值体系，因此，从根本上来说，社会主义核心价值观的建构和培育须以马克思主义为指导，而在当代中国，就是要用马克思主义的中国化的最新理论成果——中国特色社会主义理论体系——来指导。我们构建生态价值观时，尤其需要运用和发展中国特色社会主义理论中的科学发展观，即"坚持以人为本，树立全面、协调、可持续的发展观，促进经济社会和人的全面发展"，这不仅涵盖了经济、社会、自然之间的复杂运行规律，还要求政治、经济、文化、社会、生态的全面发展，统筹经济发展与人口发展、资源开发以及生态环境的协调可持续发展，积极构建社会主义和谐社会，实现社会的可持续发展。这些都是生态社会核心价值观内容的重要来源，同时，生态社会追求的最终价值也是人与自然、人与社会、人与人和谐，共建一个可持续发展的社会，从这一点上说，生态价值观与社会主义核心价值观具有共通性和一致性。

生态价值观是社会主义核心价值观时代性内涵的体现。现今，工业社会发展的毒瘤——生态危机还在全球蔓延，严重破坏了生态系统的结构和功能的完整性，造成了人与自然之间尖锐对立的局面，严重制约了各国的政治、经济、文化、社会的发展，因此，确立一种人与自然和谐相处的价值理念显得十分必要。这种人与自然和谐共处、经济与生态、社会协调可持续发展的时代精神要始终贯穿于中国特色社会主义建设的实践当中：经济、社会、人口的发展要以自然环境的承载力为限，树立起尊重自然、顺应自然和保护自然的理念；发展生态型经济，推进绿色发展、循环发展与低碳发展，提高自然资源的利用率，减少资源的浪费，实行节能减排计划；还要创造自由、公正的社会环境，为人的自由而全面的发展创造条件；等等。这些都是对社会主义核心价值观（如富强、自由、公正等）的进一步发展。也正是社会实践、时代精神的需要，生态价值观才应运而生。

（二）对天蓝、地绿、水净美好家园的追求

生态价值观的先进性还体现在它以构建生态家园为目标，努力推进人类全面而自由的发展。在当今，无论是从人类社会发展的规律出发，还是从民族发展的未来出发，生态社会已成为社会发展的方向；无论是作为国家建设的意识形态需要，还是作为民众社会行为选择的标准，生态价值理念已逐渐成为社会共识。

构建生态价值观是对绿色思潮所倡导的保护自然环境的积极回应。随着全球性的环境问题不断蔓延，人们越来越认识到生态问题的严峻性，保护生态环境的绿色思潮悄然产生。1962年蕾切尔·卡逊出版的通俗著作《寂静的春天》，揭示了污染对生态环境的影响，提出了科学技术进步引发环境污染和生态破坏的问题，代表了人类生态意识的觉醒，开启了"生态时代"的大门。1972年6月，联合国人类环境会议在斯德哥尔摩成功举行，会议通过了具有划时代意义的全球性宣言——联合国《人类环境宣言》。1987年4月，世界环境与发展委员会正式出版了《我们共同的未来》一书，首次阐述了"可持续发展"理念。1992年6月在里约热内卢召开了一次规模盛大的会议——联合国环境与发展大会，会议通过了一系列重要文件，如《生物多样性公约》、《21世纪议程》、《里约宣言》等，促进了各国政府积极利用行政、经济等手段在环境保护方面进行初步尝试。此后，各类民间环保组织不断涌现，"绿色政治"、"绿人"、"绿党"等"绿色"词汇频频出现在我们的视线内，各国政府也都在为治理环境问题出台相应的政策。顺应了时代潮流，生态社会核心价值观必将引领一个新的时代的到来。

生态价值观是人们追求绿色时尚生活的精神动力。"20世纪90年代以来，选择绿色生活正成为一种时尚。"[1] 人们开始追求简朴的、环保的、回归自然的健康生活，反对环境破坏与环境污染，反对铺张浪费，倡导绿色出行、绿色消费和绿色居住，倡导使用无公害、无污染、质量好、有利于人健康的生态产品，要求自觉树立起绿色发展、共建共享的理念，并履行应尽的可持续发展的责任。生态社会核心价值观是引发人们这一系列行动的文化因子，是激励人们向往美好生态家园的精神导引，更是促使我们形成环保意识和进行环保生活的内在动力，最后必将促进经济社会发展的生态转向，从而推促生态社会的真正到来。

弘扬生态价值观是通往"天蓝、地绿、水净"美好家园的必经之路。无论是对保护自然环境的呼吁，还是对绿色时尚生活的追求，归根到底是一种对美好生态家园的向往。2012年11月，中国共产党第十八次代表大会首次以党的文件的形式将这种美好生活理想表达了出来："要按照人口资源环境相均衡、经济社会生态效益相统一的原则，控制开发强度，调整空间结构，促进生产空间集约高效、生活空间宜居适度、生态空间山清水秀，给自然留下更多修复空间，给农业留下更多良田，给子孙后代留下天蓝、地绿、水净的美好家园。"这一理想传达了当代人对美好生态环境的需求和对子孙后代的发展的生态关

---

[1] 杨通进、高予远主编：《现代文明的生态转向》，重庆出版社2007年版，第9页。

怀。这种美好理想的图景，其实质就是生态社会价值观外化、物化和实践化的结果。只有在全社会树立起生态价值观，人民大众才能真正自觉地去建设"天蓝、地绿、水净"的美好生态家园这一生态中国梦。

## 第二节　生态价值观的基本体系

生态价值观的内涵的最基本要点是：关注生态系统与经济系统的统一，要求不断推动科学技术的生态化进程，推促人们尊重自然、顺应自然和保护自然，要求人们追求生态公平在代内与代际、国内与国际、权利与义务等方面的统一，还意味着人的自由只有在优良的自然环境中才能得到高度拓展。这也就要求生态价值观是一个包括生态发展观、生态科学观、生态公正观、生态和谐观、生态自由观等在内的、处于不断丰富发展中的生态价值观念体系。

### 一　生态发展观

（一）生态发展的第一要义是经济发展

关于生态发展的含义，国内学者观点不一，有的学者认为生态发展是更多地关注生态子系统与经济子系统的协调一致性，并充分利用生态经济系统中的生态功能性去实现经济性目标，[①] 有的学者认为要创造持久的生态社会，需建立可持续发展的经济体系，[②] 还有的学者认为可持续发展观实质上是一种生态发展观。[③] 但不管从哪个角度去解读生态发展观的内涵，我们会发现"经济发展"始终都是核心内容，因此，生态发展观的第一要义必然且必须是经济发展，经济发展仍是解决相关问题的关键。这一观念包含了如下几个方面的要点：

首先，从发展的逻辑看，经济发展是生态发展的基础、动力和保

---

① 参见聂华林《论生态发展》，《开发研究》2002年第1期。
② 参见齐力《生态社会、恢复型经济与可持续发展》，《生态经济》2009年第9期。
③ 参见刘洪文《生态发展观：从经济向政治的跨越》，《求索》2001年第2期。

障。离开了经济上的发展,不仅政治建设、文化建设、社会建设将失去依托,生态文明的建设也将是天方夜谭。一方面,这是由社会的基本矛盾所决定的。譬如当前中国还处于社会主义初级阶段,社会生产力水平还低于西方发达国家,人民群众日益增强的物质文化需要同落后的社会生产之间的矛盾仍然是社会的主要矛盾,大力发展经济是工作的重心。大部分发展中国家面临的境况都有类似之处。另一方面,这也符合发展的层次性规律。一般来说,只有在大力发展生产力、不断提高物质文化生活水平的基础上,人们才能有余力去关心自身的精神世界,才能真心接受生态思想意识,才能构建结构更完整、功能更完善的人工生态系统,最终才能真正在实践活动中不断推进经济、政治、文化、社会与生态的协调、可持续发展。因此,实现生态发展要有一定的物质基础做后盾,这也是建设生态文明社会形态的必然要求。

其次,从发展的要求看,生态发展是超越生态平衡的发展。所谓生态平衡,指的是生态系统内的生物和环境之间、生物种群之间,一种相互适应、彼此协调统一的状态。达成生态平衡,是我们以往处理生态问题的一种策略,但是只有生态平衡,也承受不了经济发展规模的持续扩大,有可能最终导致生态崩溃。"生态发展并不等于生态平衡,但却包含着生态平衡;而生态平衡却不意味着生态发展,更不意味着经济发展。"[1] 因此,生态发展必须超越生态平衡,有着比生态平衡更高的要求。生态发展需要人们不断创造各种有利条件,积极主动地去改造生态结构,推动它向更完美的方向发展,从而为人类提供更高的生态生产力和更为优良的生态环境。唯其如此,生态发展才能更有效地促进经济的增长,并真正实现生态与经济的协调发展。

最后,从发展问题的来源和解决途径看,当前生态发展仍需要落实到经济发展上来。发展本身还须贯彻这样一种哲学思维方式:用发展的眼光看待出现的问题,用发展的办法解决前进中遇到的困难。除自然灾难的影响外,重大的生态问题都是在经济发展过程中产生的。

---

[1] 聂华林:《论生态发展》,《开发研究》2002 年第 1 期。

譬如，中国当前的工业污染严重，中国七大江河水系均受污染，近一半河段污染严重，2/3 的城市陷入垃圾重围之中，[①] 其不容乐观的生态环境现状无不来自过度开发、野蛮开发。人们在实践中用发展的办法解决生态问题。但是所谓发展的办法，在当前很大程度上仍然是一种经济发展的办法。因为生态环境问题产生于经济社会的发展过程中，就必须在经济社会的固有矛盾中解决。环境库兹涅茨曲线表明：收入水平低的社会群体很少产生对环境质量的需求，贫穷会加剧环境恶化；收入水平提高后，人们更关注现实和未来的生活环境，产生了对高环境质量的需求，不仅愿意购买环境友好产品，而且不断强化环境保护的压力，愿意接受严格的环境规制，并带动经济发生结构性变化，减缓环境恶化。[②] 因此，只有持续的经济发展，才有可能解决生态问题，停滞不前只会使环境问题更为严重。

(二) 生态发展的目的是经济与生态的协调发展

经济持续发展与生态环境良好是人类社会生存与发展不可或缺的两大因素。没有良好的生态环境，人类的生存就成为问题；而没有经济建设，人类社会发展也将停滞不前。但是，近代以来，经济增长与环境污染几乎如影随形："人口和资本具有指数增长能力，当它们增长时，要求并推动了物质、能源产出的增长，并导致了污染物、废物的排放的增长。这不是主观假设，而是事实，是结构性事实——人们可以理解其出现的机理，同时，也是一个可观察的事实——几个世纪以来，人口、资本以及维持它们的能源流、物流一直在显著地增长，仅出现过几次短暂的停顿。"[③] 要超越这一尴尬境况，生态发展追求的必须是经济与生态之间的高度协调发展。

经济增长与环境改善可以并行不悖，生态发展具有可行性。良好

---

[①] 数据参见杨通进、高予远主编《现代文明的现代转向》，重庆出版社 2007 年版，第 4—5 页。

[②] 参见百度百科"环境库兹涅茨曲线"词条（http://baike.baidu.com/view/60982.htm）。

[③] [美] 唐奈勒·梅多斯、丹尼斯·梅多斯等：《超越极限》，赵旭、周欣华等译，上海译文出版社 2001 年版，第 24 页。

的生态本身就能带来巨大的经济利益。"人类的生存与发展仍将首要地依赖于大自然。传统经济的一个痼疾就在于它错误地估计了自然生态系统的价值,而实际上,森林、湿地、珊瑚礁、河流和海洋等生态系统为人类生存提供了极其重要而且是不可替代的服务。""自然提供的服务和经济价值总计约为每年33万亿美元!这个数字几乎相当于全球每年的总产值。"① "环境库兹涅茨曲线"理论指出,经济发展与生态环境破坏之间存在一种倒U形曲线关系:当一个国家经济发展水平较低的时候,环境污染的程度较轻,但是随着人均收入的增加,环境污染由低趋高,环境恶化程度随经济的增长而加剧;当经济发展达到一定水平后,也就是说,到达某个临界点或称"拐点"以后,随着人均收入的进一步增加,环境污染又由高趋低,其环境污染的程度逐渐减缓,环境质量逐渐得到改善。② 环境库兹涅茨曲线表明经济增长与环境改善进入社会发展的一定阶段即可以并行不悖,但是,其前提条件是在收入水平提高的同时,实施有效的环境政策。

  20世纪晚期,西方发达国家出现的生态现代化理论也探讨了改善环境同经济发展相结合的问题。生态现代化理论的代表性学者哈加(Hajer)从微观经济和宏观经济两个层面上指出生态现代化包含着经济效益。如在微观层面,哈加认为在生态现代化思想中,"环境保护只会增加成本"这一传统意识已让位于"防止污染有回报"这一理念:"如果一个企业不能对环境有所贡献,那么它也无资格从中获益。"生态现代化的目标是建立一个更加有利于环境的发展方式来维持经济增长。这种增长方式并不是传统的原材料的投入和产品的产出,也不是单纯地达到稳态的经济增长,而是在此基础上将能源的损耗以及废弃物的产生等环境因素考虑在内的综合模式。生态现代化理论关心的经济增长是在创造就业、提高经济福利的同时能够减少资源

---

① [美]希拉里·弗伦奇:《消失的边界》,李丹译,上海译文出版社2002年版,第19页。

② 参见百度百科"环境库兹涅茨曲线"词条(http://baike.baidu.com/view/60982.htm)。

耗费和废弃物产生的增长模式。生态现代化比可持续发展更加严格地强调了环境和经济之间的关系。它不仅要求为将来的经济发展创造可持续的环境条件，而且更加强调环境保护和环境的质量。事实上，对环境有益的经济增长是预防性的并能持续减少对环境不良影响的模式。它反映了西方发达国家在社会经济体制、经济发展政策和社会思想意识形态等方面的生态化转向。而生态现代化理论也正在渐渐成为一种社会科学的主导性理论。①

在发展的过程当中，要把经济建设与生态建设结合起来，一方面，要以经济建设为基础和支撑，通过经济建设带动生态发展，摒弃"先污染后治理"的工业化道路，将经济发展与环境污染的防治结合起来，降低环境污染的风险，从源头上遏制环境污染事件的发生，保护好生态功能的完整性，增强生态的自我净化能力；另一方面，要以生态建设和环境保护为切入点，通过生态建设来促进经济发展，我们要积极发挥人的主观能动性，运用生态工程等技术为生态结构的完善发展创造有利条件，改造现有的生态系统，提高自然的生产能力，使其达到最优化，促进经济的快速发展。只有深刻把握经济与生态相互影响、相互制约的关系，才能实现经济与生态的协调发展，最终解决经济建设与生态环境之间、人与自然之间的矛盾，进入到马克思所说的"共产主义"社会："这种共产主义，作为完成了的自然主义，等于人道主义，作为完成了的人道主义，等于自然主义，它是人与自然之间、人与人之间矛盾的真正解决。"②

（三）生态发展强调经济的绿色、循环、低碳发展

生态发展的目的是实现经济与生态的协调发展，而经济与生态协调发展的关键在于经济发展的生态化。在今天的经济发展模式当中，绿色发展、循环发展和低碳发展具备生态化的特点和优点，因而自然成了生态发展必选的经济发展模式。

作为新型发展模式，绿色发展以现有的生态环境容量和资源承载

---

① 参见郭熙保、杨开泰《生态现代化理论评述》，《教学与研究》2006年第4期。
② 《马克思恩格斯全集》第24卷，人民出版社1979年版，第102页。

力为考量条件,特别突出环境保护的理念。具体而言,其有别于传统的要点有:第一,它把资源环境看成是经济发展的内在要素。我们知道,不管是生产条件还是物质原料,都来自资源环境,可以说,没有资源环境的存在,就没有经济的发展。因此,绿色发展必须加强对自然国情的认识,在此基础上考量经济发展的自然环境的承受力。第二,绿色发展的目标是实现经济、社会和环境的可持续发展。这是绿色发展提出的初衷,也是其永恒不变的主题。第三,绿色发展的途径是经济活动过程与结果的"生态化"和"绿色化"。这就需要不断推动经济结构的调整,大力发展绿色产业。当然,绿色发展不只是社会责任,更是需要我们个人、家庭、单位共同努力的事业,需要从我做起,从身边的小事做起,以小我(self)来影响整个社会的大我(Self),改变那些非绿色的生活方式、消费方式,创造一种有利于保护生态环境、节约资源、维护生态平衡、保护生态多样性的生活方式。

循环发展是指经济发展以物质闭循环为模型,不断推进资源的高效利用和循环利用的经济发展模式。具体来说,它应包括以下几点:其一,经济的循环发展以"减量化、再利用、资源化"为原则。地球资源是有限的,经济的循环发展要求我们尽可能地减少自然资源的开采量,最大限度地利用已取得的资源,降低资源的浪费率,还要利用科学技术使"废物"变为资源,使其得以循环再利用,有利于资源的永续利用。其二,经济的循环发展以低消耗、低排放、高效率为基本特征。在"减量化、再利用、资源化"的原则下,循环发展必然呈现出资源消耗低、利用率高、环境污染小的特点,这也有助于解决环境污染问题。其三,经济的循环发展是对传统的经济发展模式的变革。传统的经济发展模式是"大量生产—大量消费—大量废弃",这既不利于生态环境的有效保护,又不利于经济的可持续发展。而循环发展是从传统的依靠资源消耗型经济增长模式转变为依靠资源的循环利用模式来发展经济,是经济增长模式的根本变革。

低碳发展是一种新的经济发展方式,是"在经济发展过程中节约资源,降低能耗,减少二氧化碳等温室气体排放,减轻污染,保护环境,维持资源的可持续利用和经济的可持续发展"①。它是一种以低耗能、低污染、低排放为特征的发展模式,要求减碳的同时提高经济效益和竞争力,实现经济社会的发展。从字面的意思来看,低碳发展似乎只讲究减少二氧化碳的排放,其实不然,它本质在于要求转变经济增长方式,实现经济社会的可持续发展。实现低碳发展可以达成如下众多目的:优化能源结构,重视对新能源、可再生能源等低碳能源的研究与开发,实现能源结构的优化;优化产业结构,不断提高低能耗、低污染、低排放产业的比重;增强国际经济竞争力,通过低碳的核心技术形成优势经济地位和话语权;减少经济发展过程中污染物的排放,有利于阻止全球变暖和保护生物多样性,有利于维护生态环境的平衡。

## 二 生态科学观

### (一) 生态社会建设依赖于先进的科学技术

尽管自生态危机爆发以后,人们开始对于科学②技术的功能有了很大的怀疑,甚至认为它本身就是造成生态环境问题的罪魁祸首,但事实无法否认:科学是人类认识自然、改变社会的强大动力。正如邓小平所指出的那样,"科学技术是第一生产力"③。从原始社会到现代社会,每一次的社会进步都伴随着科学的发展和技术的革新。先进的

---

① 王现东:《基于低碳理念的生态价值观批判与重构》,《求索》2012年第1期。
② 至今,"科学"尚未列入社会主义核心价值观序列之中。但从历史渊源看,科学是五四时期就已经是大力倡导的一种基本价值;从指导思想看,作为中国共产党指导思想的马克思主义的基本特征被认为是"科学的";从实际功能看,科学是现代社会几乎所有组织,也是中国共产党大力倡导的社会事业;从哲学学理看,科学确是价值之一种,就其种类而言,价值有"真"、"善"、"美"、"利"四类,作为价值的科学可归之于"真",表征的是人的认识对于客观存在的符合性;从现实要求看,科学是一种应当继续培育、大力弘扬的现代性价值。概而言之,"科学"作为一种核心价值既有学理依据,也有历史渊源,更有事实证明,还有现实需求。因此,应该把"科学"置于价值序列中的"核心"位置。参见邓永芳《科学也是一种核心价值》(http://dyfangb27.blogchina.com/1390147.html)。
③ 《邓小平文选》第3卷,人民出版社1993年版,第274页。

科学技术就是人类脑力和体力功能的延伸，是人类改造自然的强大武器。科学技术一旦被劳动者所掌握，不只成为推动生产力发展的关键性因素，还能迅速提高人们认识自然、改造自然和保护环境的能力。正因为科技有改造自然、改善生活的强大力量，所以它已经深深地影响着现代人们生活的方方面面，而建设生态社会自然也离不开先进的科学技术。

先进的科学技术可以为掌握生态社会建设规律奠定坚实基础。正如培根所说："要改造自然，必须首先认识自然。"[①] 巴里·康芒纳认为："环境危机是由生态圈和技术圈的冲突所致。"[②] 但是冲突的秘密却从不轻易为人类所发现。在离现在不到100年的时间里，人们创造了一个由更新换代极快而且品类繁多的物品所构成的技术圈，其中的许多物品如塑料、尼龙、剧毒农药却无法融入生态圈。现代众多的新兴产业根本经不起生态的考验，但是它们的危害往往要在数十年之后才被揭露出来。也就是说，由于技术的滞后，生态圈和技术圈的隐秘冲突没能及时发现，从而造成了生态灾难。科学技术的发达进步意味着人们拓展了认识自然、了解世界的广度、深度，同时，也意味着人们借助科学技术生产出检验技术圈的先进设备和精密仪器。这样，从微生物环境到整个宇宙的太空环境，就无法逃脱人类的检测。建设生态社会的实践活动由此得以顺利进行。

先进的科学技术是从工业社会转型到生态社会的必要条件。先进的科学技术在向工业渗透的过程中，可以改造原有的工业技术和生产设备，推动产业结构的优化升级，使其向现代化、生态化方向发展。一方面，采用的先进科学技术和完善的机器设备，能减少在开发自然的过程中所造成的资源浪费，节约大量的原材料和能源，降低开发资源的成本，这不仅有助于提高产品的质量和生产效益，提升生产企业的竞争力，而且有助于保护生态环境，促进资源的有效合理利用。另

---

① [英] 培根：《新工具》，许宝骙译，科学出版社1983年版，第67页。
② [美] 巴里·康芒纳：《与地球和平共处》，王喜六等译，上海译文出版社2002年版，第15页。

一方面，将先进的科学技术应用于污染处理技术，将能大大提升污染处理的清洁程度，还能从排放的废弃物中回收一部分资源，提高资源的利用率，降低工业生产中原材料的损耗，降低生产成本，提高经济效益。此外，还可以通过科学技术创新研发保护环境的新方法、新路径、新材料和新资源，以代替原有的自然资源，这不仅解决了资源紧缺问题，还能促进资源的有效合理利用。这样，开发自然与保护自然就能有效结合起来，在开发自然过程中注重环境保护，在保护环境过程中实现社会发展，这正是生态社会建设所必需的。

(二) 客观看待科学技术生态功能的有限性

首先，这是由科学技术的价值中立性所决定的。科学技术一端连接着人类社会，另一端连接着自然界，它是人与自然相互作用的中间媒介，其价值具有中立性。"由于科学技术本身是中立于人类价值的，所以它可以被人类用于各种不同甚至相互对立的价值目的。"[1] 因为科学技术不能保证本身自觉地、正确地发挥作用，它生态功能的发挥与使用者的价值动机与其所处社会的道德、人文状况紧密相关。当今的科学技术，往往与资本紧密结合，已成为异化劳动的一部分，保护生态环境不是它的价值取向，恰恰相反，追求经济增长和利润最大化才是其永恒目标。这正是生态马克思主义批判科学技术的原因所在，因为它虽不是造成生态危机的直接原因，却也是生态环境的间接"杀手"。

其次，人对自然的认识永远都是相对的，而科学技术水平也总是相对的。人类所面对的客观世界是无限的，由于主客观条件的限制，我们在一定的时期内、一定的条件下，对客观事物的认识，无论是在广度上还是在深度上都是有限的。即使借助于先进的科学技术，我们也不可能全面地、正确地认识整个自然，也不可能掌握所有的自然规律。那么，我们在改造自然的过程中就有可能因缺乏全面认识而破坏自然，从而造成生态环境问题。

---

[1] 肖中舟：《关工业技术文明批判的若干思考》，《深圳大学学报》（人文社会科学版）2000年第3期。

再次，相对于自然界，科学技术的功能往往显得粗疏。在巴里·康芒纳看来："大自然最了解自己"，"生态系统自身是和谐的；其成员之间以及每个成员与整个系统之间都是相协调的"①。正因如此，生态系统具有强大的修复功能。在人类活动稀少的地域，生态系统即便受到了伤害，往往也会很快恢复过来。反而在人类的所谓"先进技术"的"积极干预"下，有些地方的生态灾难愈演愈烈。在优胜劣汰的自然选择规则之下，自然界的看似简单的自我平衡过程远非人类看似复杂的科技系统所能比，因为自然界的复杂和微妙其实任何科技都难以逾越。

最后，从实践来看，科学技术的广泛应用会加快资源的耗费。科技应用扩大了人们与自然交往的范围，也丰富了人们与自然交往的形式，还促使更多的物质、能量进入人与自然相互交换的系统中。但地球的资源总量是有限的，使越多的物质、能量进入人与自然相互交换的系统当中，就会相对减少这些物质、能量的储存量，加速资源的枯竭。从经济学的角度来说，科学技术广泛应用于工业生产，有助于提高资源的利用率，从而降低了生产成本，致使企业有能力进行大规模的产品生产，这样，生产的产品越多，消耗的资源就越多。同时，还应该看到，正是这种大规模的生产，不断带来新的环境问题，如工业生产产生的噪音、恶臭、电磁微波辐射以及排放的"三废"、放射性物质、粉尘等。

所以，科学技术是一柄双刃剑，想要充分发挥科学技术的正向生态功能，人们就必须从工具理性走向价值理性，完善必要的社会价值规范，时刻把控科技应用的价值动机，加强对科技应用的社会管理，增强科技应用中的人文关怀。但是，不能拒绝科学技术，因为"在现代历史条件下要人类在实践中拒绝一切技术，那无异于要人放弃与自

---

① ［美］巴里·康芒纳：《与地球和平共处》，王喜六等译，上海译文出版社2002年版，第8页。

然接触的机会,并在全球问题面前无所作为"①。

(三)科学技术的生态学应用在于技术生态化

作为一柄双刃剑,科学技术既能发挥保护生态的正面效益,也有破坏环境的负面效益。要尽量减少、控制技术的负面影响,保持生态平衡,实现经济、社会、生态的可持续发展。这就需要我们不断解放思想,更新观念,在技术的应用过程中全面贯彻生态学思想,实现技术的生态化转变。这是新型工业化的要求,是科学技术发展的趋势,也是社会历史发展的必然。

技术生态化是指"按生态学原理和方法设计和开发技术,在技术应用过程中全面引入生态思想,以可更新资源为主要能源和材料,力求做到资源最大限度地转化为产品,废弃物排放最小化,从而节约资源,避免或减少环境污染"②。也就是说,将生态学的原理、方法渗透到技术体系当中,并按照生态学的原理、方法来使用技术。技术生态化的实质就是利用生态学原理、方法促进技术应用与生态保护相协调。

具体来说,技术生态化具有以下几层意思:一是技术生态化以人与自然的和谐为出发点。它既具有合人性的特点,如促进人的身心协调发展,又具有合自然性的特点,如保持自然的生态平衡,既满足人的需求又不破坏环境,做到人与自然相融共生。二是技术生态化追求低投入和高产出的经济效益。先进的生态技术能有效提高资源的利用率,降低生产成本,将资源最大限度地转化可资使用的产品。从这一个角度来说,它有助于减少资源的消耗,实现资源的节约使用。三是技术生态化以保护生态环境为落脚点。技术生态化是我们必然的选择,它能有效转变传统的高投入、高消耗、高污染的消耗型增长方式,采用低投入、低消耗、低污染的效率型增长方式,实现经济的集约发展,保护生态环境,维持生态平衡。概而言之,技术生态化能够

---

① 肖中舟:《关工业技术文明批判的若干思考》,《深圳大学学报》(人文社会科学版)2000年第3期。

② 秦书生:《科学发展观的技术生态化导向》,《科学技术与辩证法》2007年第5期。

有效减少技术的生态负效应,把经济建设建立在合理利用资源和保护生态环境基础之上,实现经济效益、生态效益和社会效益的统一,实现社会全面的可持续发展。

### 三 生态和谐观

(一)生态和谐的前提是以环境承载力为限度

人们生活在地球上,每天都需要衣食住行,而构成衣食住行实质内容的一切都来自地球提供的自然资源。人们从地球上获取所需的自然资源,消费过后又把废弃物送还给地球,让它来收容、掩埋、降解、消化,接着在大自然这一庞大机器的加工下又生成新的资源而得以再次使用。这似乎是一个可以无限循环的闭路系统,这也是大自然的伟大之处。但是,需要一个逻辑前提,才能达到这种天人合一的理想和谐状态,这个前提便是人类的活动要控制在自然环境承载力范围之内。

所谓环境承载力,是指在某一时期内、某种环境状态或条件下,某一地区的环境资源所能容纳的人口规模和经济规模的大小,即大自然的生态系统所能承受的人类经济社会发展的限度。具体说来,环境承载力包括两个方面:一是环境的各单个要素(如水、植物、气候、土地等)及它们合成的组合体的承载能力,即它们所能承受的人口与经济发展规模的大小;二是环境的纳污能力,即生态环境的自净能力。人们赖以生存和发展的生态环境是一个大系统,它为经济社会的发展提供空间和载体,又为人们的相关活动提供资源和容纳废弃物。但是,因为地球的表面积及其空间是有限的,那么,无论是它提供的自然资源总量还是它具有的纳污自净能力都是有限的,所以,生态环境对于人类活动的支撑是有限度的。也就是说,人类活动必须控制在这一生态阈值之内。正如戴利所说:"什么样的衰竭速率和污染率是可以容忍的,这个极限由生态系统决定。生态阈决定了能量和物质流通速率的极限,超过这个极限将导致生态系统的崩溃。"[1] 一旦人类

---

[1] [美]赫尔曼·E. 戴利:《走向稳态经济》,载杨通进、高予远主编《现代文明的生态转向》,重庆出版社2007年版,第464页。

的经济社会活动对生态环境的影响超出了它所能承受的极限，就会打破生态系统原有的平衡，就会出现生态危机。米都斯总结自然的这种限度时说："任何人类活动越是接近地球支撑这种活动的能力限度，对不能同时兼顾的因素的权衡就变得越加明显和不可能解决。"①

所以，人与自然和谐共处、相容共生的第一前提便是人类活动以环境承载力为限度。人类不能无限制地向大自然索取资源，因为这样不但减少自然资源的储存量，还会带来环境污染问题。戴利曾指出："既然物质和能量不能创造，生产的原材料必须取自环境，这样将导致资源和能源的衰竭。既然物质和能量不能消灭，等量的物质和能量必然返回到环境中去，导致污染。"② 显然，只有把人类的活动控制在自然环境承载力范围之内，才能做到既满足人类的物质需求，又能保护生物多样性，从而维持生态平衡，实现人与自然和谐共处。

（二）生态和谐的关键是尊重、顺应和保护自然

在古代人精神世界里，大自然是一个充满灵性的、值得尊敬的存在。"万物负阴而抱阳，冲气以为和"③，"天行健，君子以自强不息。地势坤，君子以厚德载物"④，古代中国人对作为自然的"天"和"地"充满了哲学玄思和道德崇拜。同时，大自然是一个神秘的宝库，它充满了数量巨大的多样性的生物物种，并且进化出了拥有文明的人类社会。自然界的丰富多彩，其实远超我们人类的想象。因为尊重自然，所以不敢冒犯自然，若不如此，很难想象"天人合一"境界的存在。可惜的是，近世以来，人类的狂妄战胜了对自然的敬意，遑论顺应和保护自然了。

顺应自然，不是卑微的姿态，而是谦逊的雅度，更是智慧的表现。在伟大的自然面前，人不是无所不能的上帝，而只是自然界中一个小小的分子，既没有颠覆自然规律的能力，更没有主宰自然的能

---

① ［美］丹尼斯·米都斯：《增长的极限》，李玉恒译，四川人民出版社 1984 年版，第 94—96 页。

② 同上。

③ 《老子》第四十二章。

④ 《周易·象传》。

力。"人在大自然中所占据的并不是最重要的位置;大自然启示给人类的最重要的教训就是:只用适应地球,才能分享地球上的一切。只用最适应地球的人,才能其乐融融地生存于环境之中。"① 逆天行事,其势难久,最终必定会败在天之规则下。"如果人类再继续把自己的意志强加于这个世界,那么赢得的只是坎德摩斯式(Cadmean)的'胜利':先失去了生物圈,然后整个人类也将不复存在。"②

保护自然是尊重自然的高级阶段和实践阶段。用行动来尊重自然、顺应自然,这就是保护自然之一种。另外一种保护自然是自觉去消除人类已经对自然造成的破坏,让自然变得更自然。历史上,过度改造自然的活动不胜枚举,如围湖造田、填海造岛、烧山开荒等,虽然在某个时期给人类带来了某些经济上的价值,但最终得不偿失。如围湖造田让江湖失去了自我调控洪水的能力,也使得滩涂面积锐减,珍稀鱼类、鸟类消失灭绝。今天人们已经从诸多沉痛的环境教训清醒过来,认识到这些行为的生态危害性,开始退耕还湖还林。保护自然,对地球生物圈负责,对我们人类长远利益负责,这才是生态和谐之道。

人类尊重自然、顺应自然和保护自然,首先体现在尊重自然界的生物多样性上。人类应平等地对待自然界的其他生物,只是因为它们同样是地球大家庭中的成员。我们要尊重它们生存的权利,不去破坏它们的栖息地、繁衍地和迁移地,与它们共同生活在同一个家园,因为"我们是自然界的一部分,而不是在自然界之上;我们赖以进行交流的一切群众性机构以及生命本身,都取决于我们和生物圈之间的明智的、毕恭毕敬的相互作用"③。顺应自然主要体现在顺应自然的规律上。自然生态是一个巨大的系统,其演变、发展具有极端复杂性,

---

① [美]霍尔姆斯·罗尔斯顿:《诗意地栖息于地球》,载杨通进、高予远主编《现代文明的生态转向》,重庆出版社 2007 年版,第 200 页。

② [美]爱德华·威尔逊:《生命的未来》,陈家宽等译,上海人民出版社 2005 年版,第 60 页。

③ [美]弗·卡普拉、查·斯普雷纳克:《绿色政治——全球的希望》,石音等译,东方出版社 1988 年版,第 57 页。

这就需要人们充分发挥主观能动性，全面系统地认识自然，及早发现自然规律，并"致天命而用之"①。唯有如此，才能使人类的经济社会活动按照自然规律进行，既不破坏生态系统的完整性，又不削弱自然环境的承载力，实现人与自然的和谐。此外，我们在尊重自然、顺应自然的基础上，还应创造各种条件，积极主动地保护自然，保护好生物多样性和维持生态系统的完整性，并把利用自然和保护自然结合起来，尽力缩小生态环境破坏的范围，降低生态环境的破坏程度，增强自然的自我恢复能力。概而言之，人类尊重自然、顺应自然和保护自然，必然能走向人与自然其乐融融的境界。

### （三）生态和谐的实质是人与自然共荣共生

生态和谐关注人与自然关系的协调统一。人类的经济社会发展不是以破坏自然为前提的，而保护自然也不是以牺牲人类的利益为条件的，人与自然二者之间保持着相互影响、相互制约、共同进退的关系。其实，人与自然的这种共生共荣的关系就是生态和谐的实质。所谓共生共荣，是指"人与自然之间互利共生，协同进化和发展"②，既能通过促进人的发展来提高保护生态环境的水平，也能通过保护生态环境来促进人的发展，优化生态环境与促进人的发展彼此相得益彰。

所谓"共生"，是指两种不同的生物之间形成一种紧密的互利关系。在共生关系当中，一方能给另一方提供有利于生存的帮助，同时另一方也能获得对方的帮助。"共生"虽是一个生物学名词，但它也适用于人与自然环境的关系。人类的生存与发展离不开其他自然物种的生存与发展。一旦某些物种（如生活在海洋中的藻类、生活在草原森林中的昆虫等）的生存与发展受到威胁，人类也将丧失生存与发展的坚实基础。而其他自然物种的生存与发展也会因为有了人类而得到有力保障，当今世界许多国家都设立有植物动物保护区来保护珍稀物

---

① 《荀子·天论》。
② 崔建霞：《共生共荣：人与自然的和谐发展》，《北京理工大学学报》（社会科学版）2003年第6期。

种即是显著的例子。一句话，人类应该与其他自然物种共享地球的资源和环境，共享生存与发展的权利，这样才能保证整个生物圈呈现欣欣向荣的景象。

而"共荣"则是"共生"的提升，是两个相互作用的个体超越了"有利于对方生存"的关系，达到"有利于改善对方生存状态"的境界。就人与自然关系来说，"共荣"指的是人类与自然环境各自通过改善对方的生存状态来改善自己的生存状态。人的发展与自然环境的改善彼此互为条件，二者互利互惠。人的生存状态改善了，其素质能力提高了，必定有利于保护生态环境，提高自然环境的质量；而自然环境的质量提高，又反过来有利于人的发展，为人的各方面发展提供有利的条件。如果只有人的生存状况的改善，或者只有自然环境质量的提高，都不是共荣，只有二者彼此相互优化、互惠、互利，才是人与自然的共荣。

人与自然的共生共荣，就是人与自然之间相互依存、共存和谐、互惠互利的关系，是人类今后生存与发展必须坚持的准则。人本就来自自然，生存于自然，发展于自然，人就是自然的一个组成部分。马克思说得好："自然界，就它自身不是人的身体而言，是人的无机的身体。人靠自然界来生活。这就是说，自然界是人为了不致死亡而必须与之形影不离的身体。说人的物质生活和精神生活同自然界不可分离，这就等于说，自然界同自己本身不可分离，因为人是自然界的一部分。"[1] 所以，"人类并不像天使一样降落到这个世界上，也不是地球的殖民者"[2]。我们要做的，就是树立人与自然共生共荣的思想观念，努力实现人与自然之间的和谐。

---

[1] ［德］卡尔·马克思：《1844 年经济学哲学手稿》，人民出版社 1979 年版，第 49 页。

[2] ［美］爱德华·威尔逊：《生命的未来》，陈家宽等译，上海人民出版社 2005 年版，第 56 页。

## 四 生态公正观

### （一）生态公正是生态代内公正和代际公正的统一

生态的代内公正是指同代人不论种族、国籍、性别、经济水平等的差异，都应平等地享有地球资源，共同承担维护地球的责任，亦即强调在同一时段内，所有人共同分享生态权益和共同分担生态责任。人们共同生活的地球生态系统是一个不可分割的整体，如果其中某个区域的生态环境遭受破坏，不只是会影响当地人的生产生活，还会间接影响其他区域的生态环境，从而侵犯其他人的生态权益。生态代内公正要求所有主体，其享受的生态权益与承担的生态责任应是对等的，谁享受的生态权益越多，谁就应承担越多的生态责任。任何生态主体，国家、地区、企业、个人等，只要其享受的生态权益超过了应承担的生态责任，就可以看作是一种生态代内不公正现象。良好的生态环境是一种公共资源，需要同代人共同保护，同时，也只有把享受生态权益与承担生态责任有机地结合起来，才能维护人们的共同利益，并长久享有优质的生态环境。

生态的代际公正是指当代人在满足自己对生态权益需求的同时，还要考虑后代人的生存和发展需要，对后代人的生态利益负责。生活在地球上的每一代人，都有权利生活在生态环境优良、生态资源丰富的空间里，有权利去开采和利用地球上的生态资源为自己服务。但是生态学认为，地球上的资源是有限的，在没有任何限制的情况下，地球上的资源必定会越来越少，如果上代人享受的资源越多，那么势必威胁后代的生存与发展。米都斯在《增长的极限》中也提到地球资源的有限性，认为"任何人类活动越是接近地球支撑这种活动的能力限度，对不能同时兼顾的因素的权衡就变得越加明显和不可能解决"[1]。如果为了自身的利益过度开采和利用自然资源，甚至是不顾一切地破坏生态环境，在相当程度上也就等同于变相地掠夺子孙后代

---

[1] ［美］丹尼斯·米都斯：《增长的极限》，李玉恒译，四川人民出版社1984年版，第94—96页。

的财富,甚至是剥夺其生存和发展的权利。"对人类整体后代缺乏伦理关怀意识,就会在社会决策和环境决策过程中损害后代的利益,从而必然减小人类对生态和环境破坏的约束力,最终致使发展难以持续。"[①] 因此,我们有义务约束我们的行为,给子孙后代留下天蓝、地绿、水净的美好家园。

生态的代内公正与代际公正,是从纵向的时间角度进行划分的,二者的统一要求人们用长远的、发展的眼光看待当前生态社会建设过程中出现的问题,把同代人、几代人甚至是十几代人、几十代人放在一起进行整体考虑。如果没有生态的代内公正,当代人共同拥有的生态环境就得不到良好的维护,也就更谈不上生态的代际公平;如果没有生态的代际公平,那我们社会的发展只会是地球上瞬息灿烂的烟火,而不是可以世代延续的辉煌。因此,只有把生态的代内公正与代际公正结合起来,在生态实践中兼顾代内公正与代际公正,我们才能实现社会的可持续发展,才能使当代人与后代人共享美好生态环境。

(二) 生态公正是生态的国内公正和国际公正的统一

国内公正是指一国之内的所有公民,都平等地享有生态资源和共同承担生态责任,它包括城乡、区域、阶层之间的生态公正。城乡之间在生态资源的实际利用上存在差异,城市化进程不能以牺牲农村的环境为代价,不能把农村变为填埋垃圾的场所,更不能触及耕地、林地和滩涂等生态红线,而要利用科学技术,实现各类资源的循环利用,保护好农村的生态环境和农用耕地。而区域之间的生态公正也需要多方的协调配合,一方面,经济发达地区不能向经济欠发达地区转移其污染工业,不应对欠发达地区过度开采资源,而要帮助欠发达地区实现经济社会和生态社会的协调可持续发展;另一方面,在处理涉及多方利益的生态问题时,不能只顾及本区域的利益,以邻为壑,而是各区域间应相互协调合作,共同预防、共同治理、共同享利。此外,不同阶层的人们因享有生态利益的多少程度不同而应承担的生态

---

① 廖小平:《可持续发展的两个伦理论证维度——兼论生态伦理与代际伦理的关系》,《中南林业科技大学学报》(社会科学版) 2007 年第 1 期。

责任也有差别,比如在穷人与富人之间,富人享有的生态资源和制造的生态污染肯定比穷人多得多,因而他们应当承担更多的生态责任。

国际公正是指在国际上,不论国家的大小、强弱,都享有平等的生态权益和共同承担生态责任。从今天的国际社会来看,国际生态不公正现象非常严重,南北国家在享有自然资源与承担环境责任上存在着巨大的差异。在生态权益方面,发达国家对发展中国家进行掠夺性的资源开发,高消耗地利用自然资源,形成了浪费型、奢侈型的消费模式,"占全球人口1/4的工业化国家,消耗着地球上40%—80%的各种自然资源"[①]。而在承担生态责任方面,发达国家则极力回避,不但拒绝承担环境责任,还利用其在经济、科学技术上的优势,不断把污染企业向发展中国家转移,甚至向发展中国家倾倒垃圾,让发展中国家在经济困局与环境污染中苦苦挣扎。显然,这对发展中国家来说,是极为不公正的。20世纪70年代以来,随着全球化的纵深发展,生态问题如全球温室气体排放导致的气候问题已经让生态的国际公正问题变得越来越严重,导致国际纷争诸如"气候博弈"(世界各国之间就气候变化问题进行的谈判)日趋激烈。一般来说,发达国家享有了更多的生态权益,就应承担更多的保护生态环境、治理污染的生态责任。但是,发展中国家也不能推卸自己的责任,尤其不能以此延缓生态治理的进程。

生态的国内公正与国际公正,是从横向的空间的角度进行的划分,它们二者之间彼此相互依撑,相互影响。生态国内公正是生态国际公正的基础,只有做到生态的国内公正,促使国内公民共同享有生态资源和共同承担生态责任,缩小城乡、区域、阶层之间的生态差距,实现经济社会的可持续发展,才能为生态国际公正提供良好基础,才能构建良好的全球生态系统。而生态的国际公正是实现生态的国内公正的有力保障,只有存在规范的国际生态秩序,才能实现发达国家与发展中国家在生态问题上的相互合作与良性互动,才能保证各国内部的经济社会良性运转。概而言之,生态公正就是生态的国内公

---

① 刘本炬:《论实践生态主义》,中国社会科学出版社2007年版,第156页。

正与国际公正的真正统一。

(三) 生态公正是生态的权利公平和义务公平的统一

生态权利公平是生态公正的根本要求。从法律角度来说,权利公平即要求所有的公民都按照宪法和法律的规定平等地行使权利,任何公民都不能被排除在法律所赋予的权利之外。生态的权利公平就是指所有的公民,不论其身份、地位、职业、财富等差别,都平等地享有生态权益,即在享受生态权益上人人平等,不承认任何人能凌驾在法律之上享受特权。具体来说,生态的权利公平首先体现在生态知情权的公平上,民众有权了解当地生态环境的相关指数,比如大都市处于雾霾时期的PM2.5数值,它不能只是部分政府官员、专家学者方有权操握在手的"不能说的秘密"[①]。如果普通民众没有生态知情权,就违反了权利公平的原则,它既不利于人们实现其生态权益,更不利于增强人们的环保意识。生态的权利公平还体现在执法公平上,权力部门既要保证所有的民众在享有生态权益、进行环境监督上不受任何歧视,又要确保任何生态罪犯,不论其身份的贵贱、地位的高低、财富的多寡,都一律受到法律的制裁。

生态义务与生态权利是相对的,指的是公民在道义上、法律上应尽的生态责任。生态义务平等要求人们享有了生态权利就要履行对等的生态义务,享受的生态权利与履行的生态义务应是等值的。维护生态义务公平需要坚持差别原则,因为不同的生态利益主体享受到生态权利是不一样的。如果不区分生态义务的多少,就会出现"公地悲剧",不同的利益主体在追逐自身的利益时,努力使"收益内在化、成本外在化",即不断为自身创造各种利益,而把创造利益的生态成本转嫁给社会,让社会作为一个整体来支付经济发展带来的生态代价。当今,发达国家利用各种手段不断掠夺发展中国家的自然资源、

---

① 雾霾是雾和霾的混合物。雾是自然天气现象,无毒无害,但霾的核心物质是悬浮的烟、灰尘等颗粒物,有害身体健康。雾霾天气主要因人为的环境污染而形成。2014年1月4日,中国首次将雾霾天气纳入2013年自然灾情进行通报。2014年2月20日,据称中国五分之一的国土遭遇雾霾袭击。参见百度百科词条"雾霾"(http://baike.baidu.com/view/740466.htm)。

向发展中国家转移污染企业,甚至倾倒垃圾,因而,发达国家享受了更多的生态权利却没有承担相应的义务。这是权利与义务极不相称的一种现象。此外,富人与穷人、先富地区与后富地区等之间也存在这种现象。因此,只有实行有差别的生态义务,才能真正体现出生态义务的平等性。

生态权利和生态义务是不可分割的整体。生态权利与生态义务相伴相生,二者是对立统一的关系,正如马克思所言:"没有无义务的权利,也没有无权利的义务。"① 生态义务公平是生态权利公平存在的必要条件,没有生态义务的公平,就没有生态权利的公平,维护生态义务公平也是维护生态权利公平;同时,没有生态权利的公平,生态义务公平也便失去了存在的合理性。只享受生态权利而不履行生态义务是不可能的,而只履行生态义务却不享受生态权利也是不存在的。生态公正是生态的权利公平和义务公平的统一,只有把二者有机结合起来,才能真正实现生态公正。

## 五 生态自由观

### (一) 生态自由是人的自由在生态领域内的拓展

自由一直是人类所追崇的最高价值目标。无论是庄子式的精神世界的"逍遥游",还是政治领域的不受压迫和剥削的状态,或者是公共生活领域的公民在法律规定的范围内按照自己意志活动的权利,都包含独立自主、不受限制和束缚的含义。马克思主义认为,哲学意义上的自由,是指对自然的认识和对客观世界的改造。人类追求的自由不只是人在社会中的自由,它还包括人在自然中的自由,这就是生态自由。一言以蔽之,生态自由是人的自由在生态领域内的高度拓展。

生态自由意味着人与自然对立性矛盾的消解。人只是自然生态系统的一部分,我与物相容。恩格斯曾指出:"我们连同我们的肉、血和头脑都是属于自然界,存在于自然界的。"② 马克思也说:"自然

---

① 《马克思恩格斯全集》第16卷,人民出版社1972年版,第16页。
② 《马克思恩格斯选集》第3卷,人民出版社1972年版,第518页。

界，就它本身不是人的身体而言，是人的无机身体。……所谓人的肉体生活和精神生活同自然界相联系，也就等于说自然界同自身相联系，因为人是自然界的一部分。"① 人相容于自然，人既高于自然，又来自自然。同时，人与自然相互依存，物与我相宜。正如黑格尔指出的："自由的真义在于没有绝对的外物与我相对立。"② 自然环境所具有的空气、水、阳光、土壤等是一切自然生物赖以生存的基础。正是在大自然的养育下，所有的生命体之间、生命体与环境之间都相互联系、相互影响，共同构成了一张不可分割的"生态之网"。每一个生命体都是"生态之网"的一个"网节"。"网节"与"网节"之间通过物质、能力和信息相互联结，形成一个稳定、和谐、协同进化的"生态实体"。因此，每一个生命体都需要通过其他"网节"而获得自身的生存、发展和自由，人也如此。

生态自由还体现在人们改造自然的实践当中，它依赖于对自然规律的正确运用。马克思指出："自由不在于幻想摆脱自然规律而独立，而在于认识这些规律，从而能够有计划地使自然规律为一定的目的服务。"③ 人类根据自己的自由意志和生态的规律改造自然的实践，既能使人类顺利改造自然，又能体现自然界中的生态法则，保护各生命体的生存和繁荣，保护生态环境和生物多样性，实现整个"生态之网"的和谐、稳定、相融共生、协同进化。当然，认识了自然规律并不代表能在实践中为所欲为，因为"当我们听说，自由就是指可以为所欲为，我们只能把这种看法认为完全缺乏思想教养，它对于什么是绝对自由的意志、法、伦理等，毫无所知"④。因此，要克服工业时代的人类征服自然、控制自然为内涵的旧式自由，走向人与自然共生共荣的新型的生态自由。

---

① 《马克思恩格斯全集》第 42 卷，人民出版社 1979 年版，第 95 页。
② [德] 黑格尔：《小逻辑》，贺麟译，商务印书馆 1980 年版，第 115 页。
③ 《马克思恩格斯选集》第 3 卷，人民出版社 1995 年版，第 455 页。
④ [德] 黑格尔：《法哲学原理》，范扬、张企泰译，商务印书馆 1961 年版，第 25—26 页。

## （二）生态自由是人的自由与物的自由的统一

长期以来，人们都认为人是自由的主体，自由就是人的自由，人甚至可以"为自然立法"。科学的日益昌明使人类在自然面前获得了广泛的自由：我们可以利用钻井平台获取深藏海底的能源，我们可以利用宇宙飞船遨游太空、探索宇宙奥秘，我们还可以利用高科技合成自然界没有的物质以满足生产生活所需，等等。但是，我们不得不承认，现代以来人的自由解放是以牺牲物的自由为条件的，也正是因为自然万物自由地位的缺失，引起了生态失衡和生物多样性锐减。因此，生态自由强调人的自由，也强调其他生物的自由。

其实，整个生态系统就像一张由自然万物链接成的生态网，自然物之间彼此相互依存、相互影响、相互制约。一物的自由是以另一物的自由为前提的，没有此物的自由，就没有彼物的自由。生态自由追求物的自由不是指某一自然物的自由，而是自然万物的自由，所谓自然万物的自由，是指"让自然万物按照其自身的自然本性存在，自主地进行自身的活动"[①]。每一个生命体都有其存在的价值和目标，是种子就能生根发芽、开花结果，是动物就会四处觅食、繁衍后代，因此，物的自由表现为合乎其自身目的的活动，自由展现自己的生命体态。维护物的自由能促进整个生物圈的稳定、和谐、协同进化，当所有生物都能自由地生存和繁荣时，整个生态系统才能呈现出一派欣欣向荣的景象，而这也正是自然法则的伟大体现。

生态自由是人与自然和谐的一种状态，是人的自由与物的自由的统一。人不可能离开自然界而存在，人类永远都生活在一定的自然环境当中，人与自然万物本来就统一于生态整体之中，人类的自由离不开其他自然物的自由，如果没有自然万物的自由，则人的自由也就得不到保障，因为自然万物环环相扣、一荣俱荣、一损俱损。因此，必须改变以往认为人是一切价值源泉的观念，承认自然万物都具有内在价值。还必须改变对自然万物的工具理性态度，因为当我们将自然万

---

[①] 曹孟勤、黄翠新：《从征服自然的自由走向生态自由》，《自然辩证法研究》2012年第10期。

物视为纯粹的工具时，就会以物的有用性的大小来衡量其对人类的价值，那些"有用"的生物就会被保护起来，而那些"不具有或暂时不具有"有用性的生物或被忽视或遭破坏，这不但不利于维持整个生态系统的完整性，更有碍于实现整个生物圈的稳定、和谐、共荣共生，从而也就没有自然万物的自由可言。

（三）生态自由是自然价值与人文价值的统一

从生态自由的主体上来说，它有人类社会，也有自然生物，那么，在其价值追求上就因主体的不同有所不同。就自然万物来说，生态自由要体现出对多种自然价值的追求；就人类社会来说，生态自由还要体现出人文价值的关怀。概而言之，生态自由还是生态社会追寻的自然价值与人文价值的统一。

自然万物的自由要求重视其内在的自然价值。所谓自然价值，就是自然界所蕴含的价值，是自然万物本身固有的功用性的体现。罗尔斯顿指出："自然界中存在相互交叉的14种价值，如生命支撑价值、经济价值、消遣价值、科学价值、审美价值、使基因多样化的价值、历史价值、文化象征的价值、塑造人的性格的价值、多样性与统一性的价值、稳定性和自发性等价值，也可分为内在价值、工具价值与系统价值，它们成为网状结构，内在地存在于生态系统中，是和谐统一的。"[①] 生态社会追求的价值是要使每一种自然价值都得以体现，不会因为突出某一种自然价值，而贬低或忽视其他类型的价值，同时，也为每一物种追求最适合自身的自然价值创造条件，不人为去干涉或改变其固有的自然价值。长期以来，人们关注最多的都是自然价值中的经济、审美价值，因其能给人们带来经济收益和旅游收益，而其他类型的价值如生命支撑价值、历史价值、稳定性价值等，都被人们忽略了。因此，在建设生态社会的过程中，要不断改变这种状态，实现各自然价值的自由显现与发展。

人的自由要求生态社会注重人文价值。所谓人文价值，是指某些

---

[①] 史家亮：《构建科学生态价值观刍论》，《内蒙古农业大学学报》（社会科学版）2008年第6期。

事物或活动在培养人的人文精神、人文素质的过程中所起到的积极作用和功能。也就是说，人文价值突出人的主体性，注重人本身的意义，它是尊重人性为本的价值理念，强调人的价值的重要性，追求人自身的提高与进步，并不断实现自我完善。生态自由是人类自由在自然环境中的拓展，是人类自由价值的一个新的延伸，它首先体现的是作为主体的人的变化。因此，人文价值必然是其追求的价值之一。

生态自由是以"自然为尺度"的自然价值和以"人为尺度"的人文价值的统一，它是实现人与自然高度和谐的条件。在保证自然万物自由的前提下，人的自由可以得到最大限度的发展，这对于张扬人的个性、弘扬人文精神也能起到积极的作用。但是，如果我们只讲人文价值，生态自由就会失去"生态性"原则，陷入人类中心主义的泥潭，就会带来恶性的生态环境危机；而如果只讲自然价值，生态自由会失去价值主体中最活跃的因素——人，最终自然价值也得不到实现。因此，只有将二者有机结合起来，才能实现真正的生态自由。

## 第三节　生态价值观的培育路径

生态价值观的培育需要从多方面着手。良好的生态文化氛围是培育的思想条件。大力推进中国特色社会主义生态文明建设，从实践中总结经验，是培育的实践基础。同时，还需要国家、社会和个人的共同努力，把国家顶层设计、社会全面引导和个人内外涵养紧密结合，这是培育的运行机制。

### 一　生态价值观培育的思想条件

良好的生态文化氛围是生态价值观培育的思想条件。它要求人们努力弘扬以天人合一思想为核心的传统生态文化，大力发展以生态理念为核心的现代生态文化。

（一）弘扬以天人合一思想为核心的传统生态文化

当前社会是一个文化多元化的社会，各种文化都以不同的形式出现在人们的社会生活中，其中有追求新事物而不断涌现的新兴文化，也有富含历史底蕴的传统文化。但是人们有探求新事物的天性，更易于被丰富多彩的新兴文化所吸引而忽略我们的传统文化。因此，在建构生态社会、培育生态社会核心价值观的过程中，需要唤醒人们的传统生态文化意识，尤其要弘扬传统文化中的生态瑰宝——"天人合一"的思想，以提高人们的生态意识，指导人们的社会实践。

"天人合一"思想是中国传统文化中生态智慧的精华。老子曾说："人法地，地法天，天法道，道法自然。"[①] 他认为人与自然之间最终具有相通的性质。而儒家亦主张"天人合一"，先秦儒家经典记载："诚者天之道也，诚之者，人之道也"[②]，儒者们甚至认为只要发扬"诚"之德行，即可做到天人一致。汉代大儒董仲舒明确指出："天人之际，合而为一。"[③] 宋代理学先驱张载提出"民胞物与"[④]的思想，其内涵也是"天人合一"。可以说，"天人合一"是几千年来中国传统思想的一个至为重要的观点，它强调构建人与自然共生共荣的良性互动关系，主张将人类社会不断融入自然环境中，追求天与人合为一体的理想境界。

弘扬以天人合一思想为核心的传统文化，一方面，需要不断挖掘、深化传统文化中的天人合一思想，不断丰富其内涵。中国传统文化博大精深，其丰富的生态哲学思想不是我们一朝一夕所能掌握的，这需要人文社会科学工作者秉着科学精神，不断深入挖掘、整理和阐释传统生态文化，将内涵更为丰富的天人合一思想呈现于世人面前，为人们提供一个可资学习和传播的对象。另一方面，需要将天人合一思想与现代社会生活紧密结合起来，创新它的传播形式，使其更易于传播。一提到传统文化，很多人就会将其与富有古典意蕴的线装书联系起来，认为它们不但晦涩难懂，而且似乎只是部分研究学者的专

---

① 《道德经》第二十五章。
② 《礼记·中庸》。
③ 《春秋繁露·深察名号》。
④ 《西铭》："乾称父，坤称母；予兹藐焉，乃混然中处。故天地之塞，吾其体；天地之帅，吾其性。民，吾同胞；物，吾与也。"

利,这对于我们弘扬传统文化中的天人合一思想极为不利。因此,我们需要不断创新其表现形式,让它以当代民众更易于接受的形式如利用影视手段进行传播。

概而言之,弘扬以天人合一思想为核心的传统生态文化,不仅提升了天人合一思想在传统文化中的地位,有助于加深人们对传统文化的印象,有助于提升民族自豪感,更为重要的是,可以提高人们对这一古老的关于人与自然关系的智慧的重视程度,有助于人们处理好人与自然的关系,有助于形成培育生态文明社会核心价值观的传统文化氛围。

(二)大力发展以现代生态理念为核心的现代生态文化

在多元化的文化环境中,同样有先进的文化,也有落后的文化。当前生态环境危机与工业时代形成的鼓吹征服自然、统治自然为内容的人类中心主义思想紧密相关。只要这种已经落后于时代发展需要的人类中心主义的思想文化还在传播,那么生态环境危机就难以得到解决,生态社会也就不会来临。因此,构建生态社会、培育生态社会核心价值观,需要大力发展以生态哲学为核心的现代生态文化。

发展以现代生态哲学为核心的现代文化,要坚持以马克思主义的生态思想为指导。马克思主义哲学中的生态学思想能为我们改造自然的实践活动提供指导。如在人与自然的关系上,马克思认为人是自然的组成部分,他说:"人直接地是自然存在物",一方面人是"具有自然力、生命力,是能动的自然存在物";另一方面人"作为自然的、肉体的、感性的、对象性的存在物,和动植物一样,是受动的、受制约的和受限制的存在物"[1],而劳动则是人的自然与外部自然相联系的中介,他指出自然与劳动是人类财富源泉的看法,"劳动是原材料的财富之父,土地是其财富之母"[2]。在环境保护方面,恩格斯在《英国工人阶级状况》中披露了各种环境污染状况,引起了人们对环境问题的关注,他还在《自然辩证法》中指出,人们过于相信

---

[1] 《马克思恩格斯全集》第3卷,人民出版社2002年版,第324页。
[2] 《马克思恩格斯选集》第1卷,人民出版社1972年版,第57页。

人对自然的"支配"和"胜利",将会遭到自然的"报复","不以伟大的自然规律为依据的人类计划,只会带来灾难"[①],因此,人们要做的就是实现"人类同自然的和解以及人类本身的和解"[②]。坚持马克思主义生态思想为指导,就是要不断发展和传播马克思主义的生态思想,将其植根于我们改造社会的实践中。

发展以现代生态哲学为核心的现代文化,还要在社会中逐步确立自然具有内在价值的伦理观念。大自然本身就具有内在价值,它"不需要以人类作为参照"[③],罗尔斯顿认为"自然系统的创造性是价值之母;大自然的所有创造物,就它们是自然创造性的实现而言,都是有价值的"[④],自然"能够创造出有利于有机体的差异,使生态系统丰富起来,变得更加美丽、多样化、和谐、复杂"[⑤]。其实,确立自然具有价值是对人具有内在价值的补充,一方面,自然为各种生命的诞生和成长给予支持;另一方面,自然是一个"有建设性计划的系统"[⑥],人类只是这个计划的一个组成部分,在一整套自然演绎的历史中姗姗来迟的人类,不能傲慢地认为只有人类具有内在价值,应当而且必须承认自然具有内在价值。

概而言之,确立自然具有内在价值的伦理观念,是发展以现代生态哲学为核心的现代文化的必然要求,它有助于民众树立尊重自然和保护自然的生态意识,形成热爱自然的风尚,进而为培育生态价值观创造有利的文化氛围,有助于生态价值观在全社会范围内得以确立。

## 二 生态价值观培育的实践基础

生态文明建设是生态价值观培育的实践基础。在当今,生态文明

---

① 《马克思恩格斯全集》第31卷,人民出版社1956年版,第251页。
② 《马克思恩格斯全集》第1卷,人民出版社1956年版,第603页。
③ [美]霍尔姆斯·罗尔斯顿:《哲学走向荒野》,刘耳、叶平译,吉林人民出版社2000年版,第189页。
④ [美]霍尔姆斯·罗尔斯顿:《环境伦理学》,杨通进译,中国社会科学出版社2000年版,第269—270页。
⑤ 同上书,第303页。
⑥ 许鸥泳:《环境伦理学》,中国环境科学出版社2002年版,第119页。

建设是走向生态社会的根本途径，而生态文明建设的价值追寻则可以助推生态价值观的培育。

（一）生态文明建设是走向生态社会的途径

生态社会是一种以生态化为基本内涵的新型社会形态，它的全面实现涉及政治、经济、文化、社会的方方面面。自从人类全面反思工业社会并积极投入对工业社会的改造开始，就已经踏上了生态社会的征程。因此，生态社会对于当今人类来说，已经具备了一定的现实性。当代世界各国及其人们积极参与生态保护，倡导生态理念，探索生态经济，甚至在局部地区建立了成就斐然的"小生态社会"。但是到目前为止它体现的更多的特性还是未来性，它在广度、深度方面仍需要高度拓展。从总体上来说，这将是一个漫长的历史过程。

如何走向生态社会？中国人民探索出了一条通过社会主义生态文明建设走向生态社会的路径。胡锦涛同志指出："建设生态文明，实质上就是要建设以资源环境承载力为基础、以自然规律为准则、以可持续发展为目标的资源节约型、环境友好型社会。"党的第十七次全国代表大会第一次将生态文明建设写进党代会的政治报告中，指出"要建设生态文明，基本形成节约能源资源和保护生态环境的产业结构、增长方式、消费模式"，要使"生态环境质量明显改善，生态文明观念在全社会牢固树立"。在2012年中国共产党的十八大报告中，又一次浓墨重彩地书写了生态文明建设，报告指出："建设生态文明，是关系人民福祉、关乎民族未来的长远大计"，我们必须要"树立尊重自然、顺应自然、保护自然的生态文明理念，把生态文明建设放在突出地位，融入经济建设、政治建设、文化建设、社会建设各方面和全过程，努力建设美丽中国，实现中华民族永续发展"。这都为社会主义生态文明建设指明了方向，同时也是走向生态社会的宣言书。

在当代中国，生态文明建设与生态社会建设是一致的。构建生态社会需要大力建设社会主义生态文明，因为"生态文明是生态社会的基础"[①]，只有建设好社会主义生态文明，为生态社会的建设打下良

---

[①] 袁记平：《马克思主义生态观与生态社会建设》，《求实》2011年第12期。

好的基础,才能逐步走向生态社会。建设社会主义生态文明,就是要促进社会生产生活的不断生态化,将生态文明建设不断融入政治、经济、社会、文化建设的各个方面,坚持节约资源和保护环境的基本国策不动摇,不断推进经济的绿色、循环和低碳发展,形成绿色的生产、生活方式,并在整个社会中确立起尊重自然、顺应自然、保护自然的生态理念,从而实现人与自然的良性互动和社会的永续发展。具体说来,应当在全社会范围内开展生态文化的宣传教育工作,使尊重自然、顺应自然和保护自然的生态文明理念得以确立,并通过生态产品的消费引导来改变大众原有的非生态的生活方式,形成可持续发展的绿色生活方式和消费方式。只有大力建设社会主义生态文明,才能将生态社会的建设落到实处,才能为人民群众创造良好的生产生活环境,并给子孙后代留下天蓝、地绿、水净的美好家园,实现中华民族的伟大复兴。

(二) 生态文明建设的价值追寻助推生态价值观的培育

中国特色社会主义生态文明建设是走向生态文明社会的途径,它和生态社会一样需要价值理念的引导,才能为人类社会永续发展指明方向。建设生态文明,"必须树立先进的生态伦理观念",要使"尊重自然规律,推动生态文化、生态意识、生态道德等生态文明理念牢固树立,使之成为中国特色社会主义的核心价值要素"[1]。大力建设中国特色社会主义生态文明,在建设中总结经验,从实践里获得真知,从而逐渐完善生态文明社会建设的各种理念,这是生态文明社会核心价值观培育的现实基础。

生态文明建设要求树立正确对待自然的理念,坚持做到尊重自然、顺应自然和保护自然。"人直接是自然的存在物"[2],人不能离开自然而生存,人类社会永续发展是以良好的生态环境为前提的,因此,要有尊重自然、顺应自然和保护自然的观念。当前的生态危机正是人与自然矛盾的总爆发,其源头在于人类没有深刻认识到自然固有

---

[1] 周生贤:《中国特色生态文明建设的理论创新和实践》,《求是》2012年第19期。
[2] 《马克思恩格斯全集》第42卷,人民出版社1979年版,第167页。

的规律,更不懂得保护生物多样性、维持生态平衡的重要性,人类就没有做到尊重自然、顺应自然。因此,人们应该尊重自然规律,并按自然规律办事,强化尊重自然、顺应自然和保护自然的生态文明理念,不以掠夺自然的方式进行发展,实现人与自然的和谐发展。

生态文明建设要求树立正确的生态发展理念,坚持把发展经济与保护环境有机结合起来。"在发展中保护、在保护中发展,是对经济社会发展与资源环境关系的深刻揭示。"① 发展是硬道理,只有大力发展生产力,才能为生态文明建设提供必要的物质基础,但经济发展不能以破坏生态环境为代价。因此,经济发展要在自然环境承载力的限度内进行,对自然资源的消耗以及向自然环境排放的废弃物都不能超过自然的自我恢复能力。一旦人类生产对自然环境遭受毁灭性的破坏,不仅会使当代人的经济发展遭受损失,而且会殃及子孙后代,危及他们的生存和发展,使整个社会陷入不可持续发展的境地。只有将局部利益与整体利益、当前利益与长远利益、当代人利益与后代人利益统一起来,将发展经济与保护环境统一起来,才能实现社会的可持续发展。

生态文明建设要求树立正确的效益观念,始终坚持经济效益、社会效益和生态效益的统一。其中,经济效益是强调得较多的方面,但是社会效益、生态效益越来越为人们所重视。生态文明建设意在构建人与自然的和谐关系,政治建设、经济建设、文化建设以及社会建设意在构建人与人、人与社会的和谐关系。只有生态文明建设与经济建设、政治建设、文化建设以及社会建设同步发展,共同完善,才能保证社会的健康稳定发展。

## 三 生态价值观培育的运行机制

国家、社会和个人的生态性的统一是生态价值观培育的运行机制。生态价值观培育有赖于国家精神与国家制度层面的顶层设计、社会舆论与社会生活层面的整体引导和个人生态意识与生态行为层面的

---

① 周生贤:《中国特色生态文明建设的理论创新和实践》,《求是》2012 年第 19 期。

内外涵养。个体的内外涵养与社会的整体引导、国家的顶层设计紧密结合，共同发挥作用，形成生态价值观培养的运行机制。

（一）国家精神与国家制度层面的顶层设计

"顶层设计"原本是一个工程学的概念，是指在总揽全局的基础上，兼顾工程项目的不同要素和层次，力求在最高层次上解决问题。"顶层设计"理念后面的哲学基础是普遍联系、主次矛盾等辩证法思想，它要求人们在解决事物问题的时候要抓住矛盾的主要方面，持有整体观念，高屋建瓴，提纲挈领，以一总多。当代中国经济社会处于转型之中，改革须理性对待、统筹兼顾、通盘考虑，尤其需要国家在精神和制度层面进行"顶层设计"。

生态价值观要得到良好的培育，就离不开国家的大力参与，尤其是顶层设计。一般来说，首先需要在基本理念上确定这一价值观的大致内容，然后从制度层面逐渐加以固化、加以补充。这种设计不仅带有国家意识形态色彩，还有来自国家机关和智库制定的方针政策、法律法规的强制性特色，此两者有机结合起来，便能在全社会广泛树立起生态社会核心价值观。

在理念方面，进入新世纪以来，党和国家多次强调要走"生产发展、生活富裕、生态良好"的发展道路，江泽民同志指出，要"努力开创生产发展、生活富裕和生态良好的文明发展道路"[①]，2007年党的十七大报告指出，建设社会主义生态文明，要逐步"形成节约能源资源和保护生态环境的产业结构、增长方式、消费模式"，胡锦涛同志还要求在要在全社会树立起生态文明的价值理念，并落实到单位、家庭和个人。

在制度层面，党和国家强调生态文明制度建设的重要性。2012年11月8日，党的十八大报告中指出："加快建立生态文明制度，健全国土空间开发、资源节约、生态环境保护的体制机制，推动形成人与自然和谐发展的现代化建设新格局。"同时，报告还要求必须加强社会主义生态文明的宣传和教育，不断增强民众的生态环保意识，营

---

① 《江泽民文选》第3卷，人民出版社2006年版，第294—295页。

造一个爱护生态环境的良好社会氛围。这将会极大促进生态价值观在全社会范围内的传播,有助于在全社会树立起尊重自然、顺应自然和保护自然的生态环境意识,使生态社会核心价值观成为社会风尚。2013年11月12日,十八届三中全会通过的《中共中央关于全面深化改革若干重大问题的决定》指出,我们要"紧紧围绕建设美丽中国深化生态文明体制改革,加快建立生态文明制度,健全国土空间开发、资源节约利用、生态环境保护的体制机制"。应该说,建立以生态价值观为基础的法律法规制度,以明确社会普遍遵循的行为准则、约束人们的经济社会行为、有效保护好自然资源和生态环境的制度化理念已经确立起来了。从1979年颁布和实施的《环境保护法(试行)》以来,中国已经陆续制定了一系列保护环境的法律法规,初步建立起了环境保护的法律体系,但还不很完善,需要进一步进行修订和补充。

(二) 社会舆论与社会生活层面的整体引导

人总是生活在一定的社会环境中,因此,社会对于塑造民众价值观念有着十分重要的作用。各种价值观念都会在社会生活的大网中进行传播、碰撞甚至斗争,落后的、悖逆时代的价值观念消失了,而先进的、合乎时代潮流的价值观念生存下来,其间甚至还会产生新的价值观念。社会所具备的广泛的文化资源和丰富多彩的社会生活正是培育民众生态核心价值观的重要途径。

在生态价值观的形成和培育过程中,社会公共舆论发挥着不可替代的作用。所谓公共舆论,亦即众人的议论,在中国古代也称为"舆人之论"①,它是数量众多的人对某一问题具有共同倾向性的看法或意见,是社会意识形态的一种特殊表现形式。在信息时代,通过大众传媒,公共舆论对社会的影响力巨大。关于生态价值观内涵的培养,一方面,通过便捷的舆论平台,人们可以自由畅谈、集思广益;另一方面,"公众舆论对每个人有着较强的约束力和影响力",可以"促

---

① 《晋书·王沉传》:"自古贤圣,乐闻诽谤之言,听舆人之论。"

使着人们从他律走向自律"①,这就能营造良好的舆论环境。

因此,要建立健全社会舆论的引导机制,充分发挥其建言、监督作用,使其成为培育公众生态社会核心价值观的直接而有效的手段。为此,一要加大舆论宣传,充分利用网络、纸媒、社团等资源,积极引导人们的生产生活行为以维护生态平衡、保护生态环境为标准,提升民众生态环保意识。通过大众传媒的宣传引导,普及环境科学知识和生态文明理念,提高民众的生态环境认知,唤起民众生态忧患意识和生态环境保护意识。通过媒体对生态价值观的宣传报道力度的增强和深度的纵延,可以将生态价值观的内涵渗透到民众的生产生活的各个方面,增强民众的生态意识和责任意识,自觉从人与自然和谐共生出发,形成绿色的生产、生活方式。二要充分发挥社会舆论的监督作用。社会舆论在相当程度上可以对社会权力进行制约,防止社会权力的滥用而违背民众的生态意愿,有助于形成良好的社会环境。一旦热爱自然、保护环境的生态道德成为全民的共识,必将极大促进生态价值观在全社会范围内的确立。

生态价值观的培育,还需要民众在社会生活中有所作为。社会生活是人类整个社会物质活动和精神活动的总和,其中,物质资料的生产活动是其首要的部分和根本的内容。马克思主义的基本观点认为,物质决定意识,意识是物质的反映,一定的物质生活是精神生活的前提和基础。所以,培育民众生态价值观就必须有一定的物质为基础,而其中起决定性作用的是物质资料的生产方式。有学者指出,全球性的生态危机说到底还是人类生产、生活方式的危机。因此,摒弃传统的、非科学的价值观念,形成生态价值观,需要我们主动选择绿色的经济生产方式,发展生态经济,把社会经济的再生产与自然环境有机结合起来,不断促进产业结构、技术结构和产品结构的绿色化和生态化,降低社会发展过程中的自然资源损耗,减少环境污染,为生态价值观的培育奠定良好的物质基础。当然,培育生态价值观不能只靠改变物质资料的生产方式来实现,还要改善民众的精神生活状态。比

---

① 田海舰、邹卫:《社会主义核心价值观论纲》,人民出版社2010年版,第218页。

如，改变社会群体对于"幸福"的界定与评价，使社会从对物质无限追求的泥潭中拔足出来，形成不仅以物质财富的多寡来衡量幸福的幸福观，从而丰富生态社会价值观的内涵。

（三）个人生态意识与生态行为层面的内外涵养

生态价值观的培育最终要落实到具体的社会个体上，每一个现实的人都是生态社会核心价值观的建构者和实践者。只有社会个体主动养成生态意识、自觉实行生态行为，才算是真正意义上完成了生态价值观的培育。也就是说，只有将生态社会核心价值观内化为个人意识的一部分，并且外化为个人的生态行为，才能从根本上推动生态社会的到来。

公民良好的生态意识是培育生态价值观的必要条件。生态意识是"人们对生存环境的观点和看法，是人类在处理自身活动与周围自然环境间相互关系以及协调人类内部有关环境权益时的基本立场、观点和方法"①。生态意识的培养是形成生态价值观的基础，而生态价值观是从生态意识中经过思维提炼出来的较高层次的内容。在培养生态意识的过程中，要充分发挥个体的主动性和积极性，使其升华到生态价值观的层面。没有个体的生态意识，就形不成社会整体的生态意识。那么生态价值观的培育也就失去了群众基础。

当前，公民应不断提高自身的思想觉悟，形成人与自然共荣共生的生态意识：一要形成整体的意识。生态系统是一个具有活力的整体系统，其组成的各因素之间彼此相互联系、相互影响，没有孤立存在的事物，而人类的各项活动必将对整个生态系统产生影响。每个公民个人都应注意自己的行为，尽量减少对生态环境造成的破坏。二要形成共生的意识。人类的生存与发展离不开自然界其他物种的生存与发展，一旦其他自然物种的生存与发展受到威胁，人类就会失去生存与发展的坚实基础，而如果人类的生存与发展受到威胁，则其他自然物种的生存与发展也无法得到有力保障。三要形成保护自然的意识。自然界为人类提供了各种所需的物质资源，它是人类生存和发展的第一条件，保护自然环

---

① 依明卡力·力克衣木：《树立公民的生态意识》，《学习时报》2012年4月17日。

境，保护人类共有的家园，是每一个人都应具有的生态责任。

当然，生态价值观的培育，还要坚持理论与实践相结合的原则，社会个体仅有生态意识还不够，还需要践行生态行为。生态行为是个体践行保护生态环境理念的体现，表现为个体实践活动的生态化。只有把生态意识、生态价值观贯彻到实践当中，外化成生态行为，在实践中不断检验、不断完善，才是真正做到丰富和发展生态核心价值观。

在人们的日常活动当中，一方面，要养成良好的生活方式。"良好的生活方式不仅会给人类带来健康和幸福，而且也有利于生态环境的维护"①，不乱扔垃圾、暴殄天物，也不违反自然规律，要学会热爱自然、遵循自然规律，改变不良的生活陋习，形成良好的生活习惯；另一方面，实行绿色消费。消费是我们利用自然和改造自然的根本目的，它是一个对自然资源和劳动产品消耗的过程，也是造成生态危机的重要因素。施里达斯·拉夫尔曾断定"消费问题是环境危机问题的核心"②，因为人类不加节制的消费行为正对整个生物圈形成压力，并严重削弱了地球养育生命的能力。因此，人们需要不断改善消费结构和消费方式，贯彻生态价值理念，形成适度的、环保的绿色消费，自觉拒绝挥霍性、炫耀性和奢侈性的消费，合理节制自己的欲望，控制好自己的行为。比如使用环保产品、不食用野生动物、节约自然资源等都是个人生态行为的体现。此外，在日常生活中，个人还可以通过纸媒、网络等信息传播渠道宣传环保思想、倡导生态价值观念等，直接或间接影响他人的日常行为，促进其生态行为的形成。

每个人前进一小步，往往就是社会前进的一大步。所有个体生态行为的小改变都将汇流到一处，最终形成生态状况的大改观。至此，个体的内外涵养与社会的整体引导、国家的顶层设计紧密结合，共同发挥作用，形成生态价值观培养的运行机制。

---

① 樊小贤：《用生态文明引导生活方式的变革》，《理论导刊》2005年第10期。
② [圭亚那]施里达斯·拉夫尔：《我们的家园——地球》，夏堃堡等译，中国环境科学出版社1993年版，第13页。

# 第七章

# 中国环境法治进程与中国特色环境伦理学的构建

改革开放以来，中国的环境法治建设取得了一定的成绩，但并未获得突破性、实质性的进展。要改变这一状况，一方面，离不开对自身环境文化的"寻根探源"，离不开依赖中华民族文化的"基因"和中华民族精神的环境伦理学的发展，离不开高度的文化自觉；另一方面，中国环境法治建设要得以不断推进，必须促进环境伦理的生态化，以环境伦理的生态化推进中国环境立法、环境执法、环境守法朝着符合人类本性和生态整体性的目标迈进。

## 第一节 中国环境法治进程及伦理缺失

改革开放以来，中国举世瞩目的经济成就背后隐藏着发人深省的环境问题、生态危机。于是，人们逐渐将目光投向法治领域，力图通过法律手段解决环境问题。自1973年颁布首部环保规范性文件至今，中国的环境法治建设取得了一定的成绩。但是，全国的环境状况却是"局部地区得到遏制，总体状况仍在恶化"。不少专家学者认为，由于种种原因，尤其是环境法治缺乏支撑、引导其健康生长的环境伦理，中国的环境保护工作其实并未获得突破性、实质性的进展。

### 一 当代中国环境法治的历史进程

学界多以阶段划分的形式来介绍当代中国环境法治进程，但不同的学者采取的划分依据往往不尽相同。考虑到法治当以立法为先，权且以环境立法（在此包括政策规范和法律法规的制定）为线索将中国环境法治进程划分为萌芽起步、快速发展、体系完善三个阶段。

（一）萌芽起步阶段（20世纪70年代）

1972年联合国人类环境会议的召开促使中国政府开始关注环境问题。自此，中国政府开始反思本国经济发展背后的环境污染与破坏问题，并着手开始制定法律以保持经济发展与环境保护协调同步。

1973年8月，首次全国环保会议通过《关于保护和改善环境的若干规定》，确立了"全面规划，合理布局，综合利用，化害为利，依靠群众，大家动手，保护环境，造福人民"的32字环保方针。这是中国历史上第一个直接以环境保护为目的的规范性文件，也是1979年环境保护法的雏形。在一定意义上可以说，这部规范性文件标志着现代意义的环境立法在中国开始萌芽。同年，中国环境保护史上第一个环境保护标准《工业"三废"排放试行标准》得以颁布。

1978年3月修改的《宪法》中新增了关于环保的内容——"国家保护环境和自然资源，防治污染和其他公害"。这意味着环境保护首次以国家根本大法的形式确立下来了，"不仅奠定了环境保护的宪法基础，同时还确定了我国环境保护的两大基本领域，即自然资源保护和污染防治"[1]。同年11月，邓小平同志指出："应该集中力量制定刑法、民法、诉讼法和其他各种必要的法律，例如……森林法、草原法、环境保护法。"12月底，中共中央转发了国务院文件《环境保护工作汇报要点》，就立法保护环境作出明确批示。

1979年9月13日，中国首部环保法律《环境保护法（试行）》由第五届全国人大常委会通过。该法明确了环保的基本方针、任务和政策，对环保的对象、任务和方针作了具体规定，确立了"预防为主、防治结合、综合治理"等基本原则以及环评、"三同时"和排污收费等基本制度。此外，该法还就政府和企业环保机构的建立作出了规定。《环境保护法（试行）》的颁布实施意味着中国进入了有环境法的崭新时代。可以说，该法的通过标志着中国当代环境立法的起

---

[1] 王树义主编：《可持续发展与中国环境法治——〈中华人民共和国环境保护法〉修改专题研究》，科学出版社2005年版，第10页。

步，极大地推动了环境保护领域有关单项立法的进程。

(二) 快速发展阶段 (20世纪80年代)

1979年《环境保护法(试行)》颁布后，中国的污染防治立法得以完善，环保执法能力也不断增强，中国环境法治驶入了快车道。

1981年2月，国务院发布了《关于在国民经济调整时期加强环境保护工作的决定》，意图把经济的宏观调控领域纳入环保。同年5月，原国家计委和国务院环保领导小组等联合发布了《基本建设项目环境保护管理办法》，将环评和"三同时"制度纳入基建项目的审批环节。

1982年12月，新修改的《宪法》在重申国家环保责任的基础上，对与环保相关的资源保护作了具体规定。在此前后8年时间里，国家相继制定了《海洋环境保护法》(1982年)、《水污染防治法》(1984年)、《大气污染防治法》(1987年)、《森林法》(1984年)、《草原法》(1985年)、《渔业法》(1986年)、《矿产资源法》(1986年)、《土地管理法》(1986年)、《水法》(1988年)和《野生动物保护法》(1988年)等多部法律。

自1983年始，为适应经济社会发展需要，中国开始着手修改1979年颁布的《环境保护法(试行)》。1989年，历时约七年之后，中国正式颁布《环境保护法》，确立了经济建设、社会发展与环境保护协调发展的基本方针。至此，中国环境立法体系初步形成。

(三) 体系完善阶段 (20世纪90年代以来)

20世纪90年代以来，尤其是1992年联合国环境与发展大会提出并确立可持续发展战略和对各国环境管理的目标要求后，中国开始重新审视过去的环境管理模式，尝试着运用可持续发展的新思想、新观念去指导环境法治建设。中国的环境立法朝着完善化、体系化的方向发展。这一时期，中国环境立法发展的显著特点是一方面修改了80年代制定的单项法，另一方面根据经济社会发展与环境保护需要适时增加了新的环境保护单项法。

就单项法的修改而言，主要涉及《大气污染防治法》(1995年、2000年两次修订)、《水污染防治法》(1996年、2008年两次修订)、

《海洋环境保护法》(1999年修订)、《矿产资源法》(1996年修订)、《森林法》(1998年修订)、《土地管理法》(1998年修订)、《渔业法》(2000年修订)、《草原法》(2002年修订)、《水法》(2002年修订)等多部法律。

就单项法的新增而言，全国人大常委会相继制定了《水土保持法》(1991年)、《固体废物污染环境防治法》(1995年制定、2004年修订)、《环境噪声污染防治法》(1996年)、《煤炭法》(1996年)、《节约能源法》(1997年)、《海域使用管理法》(2001年)、《防沙治沙法》(2001年)、《清洁生产促进法》(2002年)、《环境影响评价法》(2002年)、《放射性污染防治法》(2003年)等多部法律。

此外，国务院及其所辖环境保护相关部门也发布了大量环境保护行政法规、部门规章和环境标准，不少地方政府还制定了符合自身特点的地方性环境法规、规章、办法。另外，刑法、民法、行政法等其他部门法中也有环境保护的相关规定，如1997年修订的《刑法》在第六章"妨害社会管理秩序罪"中专门设立了"破坏环境资源保护犯罪"，以期通过刑法手段威慑和遏制不断加剧的环境污染和生态破坏。

迄今，中国环境立法覆盖宪法、基本法律、法律、行政法规和规章等诸多层次，这意味着中国环境立法体系日益体系化和完善化。

## 二 环境法治的伦理要求

"环境伦理乃是环境法治的基础，是环境法治的价值内核。"[①] 要实现环境法治，就必须充分重视环境伦理本身的价值基础作用。只有环境立法、环境执法、环境守法三大环节均衡、协调运作方能构成环境法治的完整链条。因此，环境法治诸环节都必须融入环境伦理这一核心要素。

---

[①] 吕忠梅：《超越与保守：可持续发展视野下的环境法创新》，法律出版社2003年版，第48页。

## (一) 以环境伦理支撑环境立法

长期以来,人类几乎只在经济与技术领域寻找解决环境问题的出路,忽视了导致环境问题的更具始源性、根本性的因素——环境伦理。早先,环境问题被看成一个工程技术问题,只是技术不成熟的副产品,继而被上升为关涉经济发展模式的社会问题,由此提出各种关于发展的学说和战略,但其在伦理上的根源则没有得到深入的探究。这样一种"重经济技术、轻伦理价值"的思维模式往往将我们的环境立法目的直接指向"工具价值",以致环境立法的工具属性表现得尤为突出。

其实,法律只有充分反映社会的伦理需求和价值追求,才能转化为人们的自觉行动。"环境法的困境在于缺乏环境伦理的内部支持","环境法只有与环境伦理取向相吻合,才能获得实际的普遍效力"[①]。环境立法与环境伦理的契合度甚至直接决定着环境法治的实践进程。因此,环境立法应致力于将环境伦理内化为社会成员的价值选择和行为准则。

## (二) 以环境伦理规范环境执法

环境保护有法可依,仅是环境法治的前提,亦即有法可依只是环境法治的第一步。任何理想的环境法律,如若不能很好地被执行,终究只是一纸空文。"环境法治从来都不是靠环境法律自身单枪匹马所能及的","环境法治的关键在于环境执法"[②]。因此,强化环境执法是环保工作中至关重要的环节,是各项环保方针、政策得以贯彻与实施的重要保证。

环境执法效果在很大程度上取决于环境执法者的伦理素质或品格,更确切地说,取决于环境执法者的环境伦理素质或品格。如果环境执法者能够确立法律至上的理念,将环境法律内化为环境责任,时刻以环境伦理审视甚至约束自身的执法行为,我们便无须质疑环境执法的公正性及有效性。

---

① 李爱年:《环境法的伦理审视》,科学出版社 2006 年版,第 23 页。
② 同上书,第 136 页。

### (三) 以环境伦理引导环境守法

"环境法治的实现,除了制定的环境法是良法,执法者有良好的伦理品格外,还取决于公民的守法程度。"[①] 法治的终极目标在于能够得到平民百姓心甘情愿的忠诚推崇。无法想象,一部理想的法律,执法者按部就班地捍卫其权威,而平民百姓则表现出事不关己的冷漠姿态。若如此,所谓的崇尚和追求法治的时代,必将堕落到荒唐、尴尬的境地!

要使环境法律被心甘情愿地忠诚推崇和遵守,就应该清醒地认识到一味灌输法条的传统做法丝毫不能起到醍醐灌顶的作用。真正的忠诚源于价值和信念的交汇和碰撞。对于环境法治而言,唯有在立法和守法之间取得价值上的一致性,即让人们能够自觉地、轻易地发掘环境法律背后潜存的精神和灵魂——环境伦理,并甘愿将其视为自己的价值精神和行为准则,才能实现立法与守法的价值融合,才能塑造真正忠诚的环境守法者。

## 三 当代中国环境法治的伦理缺失

20世纪70年代,中国环境保护工作进入了有法可依的崭新阶段,环境法治进程得以逐步推进,环境法治建设也取得了一些成效。但是,至今环境立法仍不够权威、环境执法仍不够有力、环境守法仍不够自觉,它们严重阻滞着中国环境法治进程,究其原因,在很大程度上都是由于非经济、非技术性因素而导致。而其中,环境伦理的缺失是影响中国环境法治进程的非经济、非技术性甚至是始源性、根本性的原因。

### (一) 环境立法伦理缺失

当代中国环境立法的伦理缺失主要表现在两个方面:一是环境立法目的的经济主义;二是环境立法内容中的行政控制色彩。

关于环境立法目的的经济主义,表现很是明显。例如,《环境保护法》规定其立法目的是"为保护和改善环境,防治污染和其他公

---

[①] 李爱年:《环境法的伦理审视》,科学出版社2006年版,第183页。

害,保障公众健康,推进生态文明建议,促进经济社会可持续发展";《大气污染防治法》规定其立法目的是"为了防治大气污染,保护和改善生活环境和生态环境,保障人体健康,促进经济和社会的可持续发展";《固体废物污染环境防治法》规定其立法目的是"为了防治固体废弃物污染环境,保障人体健康,维护生态安全,促进经济社会可持续的发展";《水污染防治法》规定其立法目的是"为防治水污染,保护和改善环境,保障饮用水安全,促进经济社会全面协调发展"。由此可见,中国环境立法既要实现保护环境的目标,又要致力于促进经济发展,将保护环境与促进经济发展置于同等重要的地位。这是典型的立法目的二元论,显示了立法者对多项目标的追求,意欲"把人的功利意识和道义意识很好地结合起来"①。但是,在实际的操作过程中,既要保护环境,又要促进经济发展,两者之间的平衡很难把握,最后的结果往往是保护环境的要求被发展经济的欲望所遮蔽,经济发展建立在环境破坏的基础上。与其说环境立法目的遵循的是经济发展与环境保护相协调原则,毋宁说实际上是遵循了经济发展优先原则。而理论和事实都充分说明,经济发展必须建立在自然生态安全的基础上,经济的可持续必须以生态的可持续为前提,环境保护应该置于较之经济发展优先的地位。而这也正是当今时代环境伦理的要旨所在。

环境立法内容方面的行政控制色彩,也十分浓厚。以2014年修订之前的《环境保护法》为例,有人将它十分贴切地形容成一部"环境行政管理法"。它在公民权利和义务方面的规定存在很大程度的"不对等",整部法律除个别条款赋予公民权利外,主要设定了公民义务。甚至赋予公民权利的条款也只是规定公民的部分权利。而公民在环境保护中的权利是包括环境资源利用权、环境状况知情权、环境事务参与权和环境侵害请求权在内的"环境权"权利系统。因此,在一定意义上可以说,这部《环境保护法》是一部以义务为本位的法律规范。"公民在环境保护中的主要权利基础是公民的环境权,公

---

① 李爱年:《环境法的伦理审视》,科学出版社2006年版,第99页。

民参与环境事务的终极目的也是实现公民的环境权。"① 中国《宪法》规定"国家尊重和保护人权"。中国宪法所保障的人权是以人的生存权为核心的，环境权与人的生存利益息息相关，因而是人权的重要组成部分。环境法律过分强调公民环境保护的义务，淡化其理应享有的环境权利，容易使公民丧失环境保护的主动性和积极性，不利于环境保护的顺利推进。

（二）环境执法伦理缺失

执法伦理缺失主要是指执法者自身缺乏有效执法所应具备的伦理素质，对应在环境执法伦理缺失上则主要是指环境执法者自身缺乏有效执法所应具备的伦理素质，尤其是指缺乏利于执法的环境伦理素质。环境执法伦理缺失使得环境立法的实施效果大打折扣，甚至形同虚设。

就现实情况而言，目前中国环境执法者的伦理品格不尽如人意，给环境执法带来很大的负面影响。概括地说，中国环境执法者的伦理缺失主要表现为地方保护主义、金钱本位和权力本位倾向。学者李爱年将中国环境执法者的伦理素质缺失状况概括为"惧畏权贵、执法不力，野蛮执法、滥用职权，重私情、徇私利，放弃对法定职责的履行"②。学者周珂将狭隘的地方保护主义视为环境执法中的一大障碍，"有些地方执法部门在处理环境案件时，明显偏袒本地利益，或采用双重或多重标准执法，严重破坏了环境立法的统一性和公正性"③。环境执法中的金钱本位倾向则体现在两个方面：其一，在环境行政执法中，当经济效益与环境效益发生冲突时，各级政府常常会牺牲环境效益，作为利益权衡的最终选择。其二，环境执法者中不乏与违反环境法律的单位或个人进行"权钱交易"者，由此存在大量"钱大于法"的现象。环境执法的权力本位倾向主要表现为执法者利用职务之

---

① 王树义主编：《可持续发展与中国环境法治——〈中华人民共和国环境保护法〉修改专题研究》，科学出版社2005年版，第27页。
② 李爱年：《环境法的伦理审视》，科学出版社2006年版，第144—146页。
③ 周珂：《生态环境法论》，法律出版社2001年版，第149页。

便给予家人、亲友特殊优待或帮助其减轻或逃脱罪责,或者滥用职权对单位或个人进行敲诈勒索,或者畏惧权贵,致使"权大于法"。

(三)环境守法伦理缺失

守法伦理缺失主要是指守法者自身缺乏自觉守法所应具备的伦理素质,对应在环境守法伦理缺失上则主要是指环境守法者自身缺乏自觉守法所应具备的伦理素质,尤其是缺乏利于守法的环境伦理素质。环境守法伦理缺失导致的结局无非是两个,一是"守法却无德";一是"无德且不守法"。前者因畏惧法律的强制性和权威性,以不触犯环境法律作为行为底线,往往钻法律的空子。后者"环境法制观念淡薄,甚至根本不把环境法律法规当作是法",因而将触犯环境法律法规当作"家常便饭"。

总的说来,中国目前环境守法伦理缺失问题较为严重。例如,有的地方为发展经济,做大政绩而不论 GDP 是"黑色"还是"绿色";有的领导干部利用职权干扰环境执法;有的企事业单位为牟取利益不惜牺牲员工和居民的环境权益;有的公民和个人为了追求私利而大肆破坏生态环境;还有人在违反环境法律后千方百计托人情、找关系、花金钱,试图将自己的所作所为一笔勾销,妄图脱罪,如此等等,不一而足。

## 第二节 "文化自觉"视角下中国特色环境伦理学的构建

环境伦理缺失是阻滞中国环境法治发展进程的始源性、根本性起因。世界环境法治发展史也充分证实了环境伦理与环境法治之间唇亡齿寒的关系,以及环境伦理学对环境伦理确立和发展的学科支撑和理论先导作用。在一定意义上可以说,环境伦理学的"兴衰成败"决定着环境法治的"兴衰荣辱"。然而,众所周知,特定的伦理依赖特定的文化系统而存在,亦即不同的文化滋养不同的伦理,不同的文化催生不同的伦理学。同样,不同的环境文化滋养不同的环境伦理,不同的环境文化催生不同的环境伦理学。中国环境法治建设要取得突破性、实质性的进展,离不开对自身环境文化的"寻根探源",离不开依赖中华民族文化的"基因"和中华民族精神的环境伦理学的发展,离不开高度的文化自觉。因此,以高度的文化自觉构建中国特色环境伦理学便成为中国环境法治建设进程中的一项重大而紧迫的任务。

## 一 当代中国环境伦理学的发展

自20世纪80年代以来,环境伦理学研究在中国取得了长足的进步。但回顾这一发展历程,有些问题不得不引起我们的重视。其中一个问题是,长期以来,环境伦理学在中国的发展在很大程度上受制于西方环境伦理学的理论框架和思维模式,从而给其本土化带来了一系列困扰,也引发了一系列的学术纷争。

(一)中国环境伦理学发展的纷争与困境

中国的环境伦理学研究是从介绍和研究西方的生态思想开始的。学者们在评介西方生态思想的过程中,结合中国的历史和现实,对生态哲学和伦理进行了深入的探讨,并在许多问题上引起激烈争论,观点各不相同,甚至针锋相对,这些问题至今仍未达成共识。争论的焦点主要集中在如下几个方面:

其一,关于人与自然之间是否存在伦理关系问题。一种观点认为,人既生活在自然共同体中,又生活在社会共同体中,人只有把道德义务扩展到人所在的整个自然共同体中时,人的道德才是完整的。另一种观点认为,"伦理关系"是一个社会关系范畴,人与自然之间的关系之所以具有伦理意义,归根结底是因为这种关系反映着人与人之间的关系。离开人与人的关系,孤立地说人与自然存在伦理关系的观点是站不住脚的。第三种观点认为,虽然人与自然的关系体现着人与人的利益关系,但是人与人的利益关系在更大的范围内只是生命共同体利益的一部分。如果说人与人具有伦理关系,那么人与自然当然也具有伦理关系,而且人与人的伦理关系从属于人与自然的伦理关系。

其二,关于自然的价值问题。自然的价值问题被认为是生态哲学的核心问题。一种观点认为,所谓"自然的价值",是以人的主体性为尺度的一种关系,是指自然物对于人类的生存和发展所具有的意义。自然物具有两种价值:一是自然物对人具有"工具性价值",即自然物作为人的实践对象直接对人的生存和发展所具有的意义;二是自然物对生态系统的稳定平衡所具有的不可替代的功能作用,称之为"生态价值"。另一种观点认为,所谓"自然的价值",是指自然物的一种属性,它是外在价值(工具价值)与内在价值的统一。所谓内在价值,是自然以自身为目的的价值,它不需要依人类的评价而存在,它自身就是评价者和行动者。

其三,关于自然的权利问题。"价值"和"权利"这两个概念是有联系的,从对自然价值的确认,会导致对自然权利的确认,所以有一种观点认为,生命和自然界之所以有权利,是因为它们有内在价值,为了实现它们的价值,它们必须拥有一定的权利。另一种观点则认为,"权利"是反映人们之间社会关系的一个概念。自然物之间不存在法律关系、政治关系和伦理关系等社会关系,因此它们不可能拥有权利;自然的权利应当理解为"环境权利",它是"人权"的一部分。

其四,关于生态伦理的主体问题。这是中国环境伦理学学者争论最激烈的问题,存在三种不同的观点。一种观点认为,主客体关系是一种相对关系,人并不是最高主体,更不是绝对主体,自然才是最高主体,甚至是绝对主体。另一种观点认为,人与自然的关系实质上是实践—认识关系,人是实践主体和认识主体,自然是实践客体和认识客体。还有一种观点认为,生态伦理的主体既不是人,也不是自然本身,而是非人类的"人与自然的和谐"状态。这种观点被认为是在"人与自然和谐"的口号下暗示一种无主体的理论假设。

上述论争又可以归结为"人类中心主义"与"非人类中心主义"两大派别之争。人类中心主义不承认自然界的自为的、内在的价值,把对生态环境的保护归结为只涉及人类自身利益的自我保护。非人类中心主义则强调自然具有内在价值,自然的系统价值高于人类的价值,环境保护是为了维护自然与生态系统的价值。

学术上存在争鸣是常见的现象,本来不足为怪。但是,在生态文明建设成为紧迫的时代课题的今天,环境伦理学要想成为指导实践的"精神武器",被中国大众所理解、接受、掌握和运用,就要令人信服,而理论的巨大鸿沟无疑是达到这一目的的障碍。

(二) 环境伦理学理论困境产生的原因

上述理论困境产生的原因,当然与环境伦理学作为一门新兴的学科本身尚不完善、总体说来还不成熟有关。而对中国环境伦理研究来说,还有更为深层次的原因,即中国的环境伦理学理论是从译介西方环境思想开始的,它的成长有意无意间被套上了西方的学术框架和研究模式,譬如它"所使用的主要概念、话语和理论是西方式的"①。

西方的科学传统,可以追溯到欧几里得(公元前330—前275年)的《几何原本》,它形成了严格的演绎论证的体系,成为后世自然科学理论著作的典范。西方人文社会科学学者在进行人文社会科学研究时,长期以来受自然科学研究方法和研究理念的支配,例如最早的西方社会学就被称为"社会物理学",意即"要运用物理学的办法来研究人文世界"②。西方的这种研究模式在自然科学研究中发挥了重要作用,但这种研究理念或多或少地没有摆脱西方传统和近代机械唯物论的束缚,将它搬到人文社会科学的研究,特别是情感性很浓的伦理学研究,企图仅仅用逻辑论证推导伦理原则与规范,就会导致一系列理论鸿沟和困境。

有学者指出环境伦理学的西方式逻辑论证会造成两大困境。一是人理与物理的冲突:人与人之间是"同类"关系,而人与物(自然)之间则是"异类"关系。伦理是"同类"之间的关系,而非"异类"之间的关系,企图简单地把人与人的伦理关系扩展到人与物(自然)的关系,必然陷入一系列理论困境。二是人与自然的分裂:近代主体性哲学和主客二分的思维方式,将统一的世界——自然世界分裂为截然不同的两个世界,一部分是作为"宇宙中的最高存在"的人(主体);另一部分是作为满足主体欲望的工具性存在(即客体或对象)。

---

① 余谋昌:《从生态伦理到生态文明》,《马克思主义与现实》2009年第2期。
② 费孝通:《论人类学与文化自觉》,华夏出版社2004年版,第245页。

"主客之间的分裂,从根本上否定了人与自然之间具有的'同根性',也就难以确立人与自然之间的伦理关系。"①

《环境伦理学》杂志主编哈格洛夫说:"西方环境伦理学对东方只具有相对的借鉴意义,要想在特定文化下创造出一个被广泛接受的新的环境伦理,除了对西方环境伦理的吸收、消化外,还需要创造出适应当地人及文化的环境伦理话语,东西方应以不同的方式创造出各自的环境伦理学。"② 中国环境伦理学会原会长余谋昌先生也意识到了这点,曾经指出西方话语体系的作用和发展的有限性,并强调:"中国的环境伦理学只有具有自己的模式、自己的话语体系才能在中国被传播、被接受,并在国家政策和人民大众的日常生活中得到体现。只有这样,它才会成为中国文化的一部分,并对中国文化的发展起作用。"③ 由此他还提出了"创建一个相对独立的中国环境伦理学学派"的口号。

## 二 "文化自觉"及其对中国特色环境伦理学的启示

中国特色社会主义要求构建与之相契合的中国特色文化。理论和实践告诉我们,在文化振兴的历史过程中,观念往往比行动更具根本性、主导性的功能。观念上的主动性、积极性、自发性与自觉性往往能够使行动的效果大大升级。近年来,越来越多的学者意识到这一点,中国特色文化的构建与一个"时髦"词语——"文化自觉"——日益紧密地联系在一起,这或许能够对我们科学设计具有中国特色的环境伦理学的建构路径提供些许启示。

(一) 费孝通的"文化自觉"观念

国内学界对文化自觉的深入研究,闻名于社会学家费孝通先生。费孝通先生 1997 年在北京大学举办的第二次社会学人类学高级研讨班上

---

① 刘福森:《生态伦理学的困境与出路》,《北京师范大学学报》(社会科学版) 2008 年第 3 期。
② 转引自余谋昌《从生态伦理到生态文明》,《马克思主义与现实》2009 年第 2 期。
③ 余谋昌:《从生态伦理到生态文明》,《马克思主义与现实》2009 年第 2 期。

提出"文化自觉"这一概念，并在多篇文章中对自己提出的"文化自觉"这一重要命题作过说明和解释。他将文化自觉之内涵归纳为"各美其美，美人之美，美美与共，天下大同"16个字。费孝通先生对文化自觉的界定是："文化自觉只是指生活在一定文化中的人对其文化有'自知之明'，明白它的来历、形成过程、所具有的特色和它发展的趋向，不带任何'文化回归'的意思，不是复旧，同时也不主张'全盘西化'或'坚守传统'。自知之明是为了增强对文化转型的自主能力，取得为适应新环境、新时代而进行文化选择时的自主地位。"①

从费孝通先生对文化自觉的界定出发，我们至少可以从六个层面来揭示文化自觉的内涵。第一，文化自觉是人们对自身文化的自知之明，它要求人们理性对待和了解自身文化的来源、发展过程、发展规律，形成一种对文化发展方向的理性追求。第二，文化自觉需要积极主动地维护文化的历史和传统。第三，文化自觉需要继承传统、面对现实、启示未来。第四，文化自觉需要准确定位自己民族文化的价值和意义，形成对民族文化的理性认识。第五，文化自觉需要以理性态度对待其他文化。第六，文化自觉的最终目标是天下大同的和谐世界。总之，文化自觉，需要正确对待和理性研究本民族文化，了解民族文化的特点、功能和历史，要对其他国家、民族的文化持有正确的态度，充分发挥文化在人类社会转型中的作用，以增强文化转型的自主能力。文化自觉是人类对自身命运前途的理性认识和把握，在文化上表现为一种主动追求和自觉践行的担当精神，是对文化发展的深刻领会与整体把握。

（二）"文化自觉"对中国特色环境伦理学的启示

费孝通先生关于"文化自觉"的阐述，对我们构建包括生态伦理在内的中国特色文化具有重要的启示意义。第一，中国文化不能仅仅是西方文化的摹本，一定要找到自己文化的"根"和"种子"。费孝通先生指出："文化的生和死不同于生物的生和死，它有它自己的规

---

① 费孝通：《重建社会学与人类学的回顾和体会》，《中国社会科学》2000年第1期。

律,它有它自己的基因,也就是它的种子……历史和传统就是我们文化延续下去的根和种子。"① 第二,洞察世界文化发展的历史趋向,在传统与创造的结合中去把握中国文化的未来与发展趋势。文化自觉应包含过去、现在和未来的方向。中国文化的发展,必须面向时代,符合世界文化发展的时代潮流,否则将被历史所淘汰。中国文化的发展又必须体现民族的个性,否则不能被广大民族成员接受。只有共性和个性相统一的中国文化才是真正具有中国特色的文化。中国文化还必须在创造中发展,才能永葆勃勃生机,才能为世界的未来发展作出贡献。第三,中国的文化在转型与选择中必须保持自主地位,不断增强自主能力,保证中国文化发展的相对独立性,体现民族文化的自我,不照搬照抄西方,这也是文化的"中国特色"的一个重要体现。

依据文化自觉的理念,中国特色环境伦理学至少应具有以下几个规定性:

其一,中国特色生态伦理应探寻中华文化的基因,以中华民族的精神为核心,并体现中华民族生态文化的精髓。在中国的传统文化中,"和谐"是一种一以贯之的精神。早在西周末年(约公元前7世纪),伯阳父(史伯)就提出了"和实生物,同则不继"②的思想。孔子即是"和"理念的集大成者,他提出要"和而不同"③,并认为"和"的最高境界就是"万物并育而不相害,道并行而不相悖"。庄子的最高理想是"太和万物",使世界达到最完满的和谐。诸子百家也都认同"和",崇拜"和",因为"和"是充满了大智大慧的深刻哲理。在中国古代典籍中,"和"被应用到天、地、人之间,无所不在。"和"的理念表现在人与自然的关系上,就是"天人合一",它是中华生态文化的精髓。正如有学者指出的那样:"历史中蕴含着一切,历史是未来的向导。中国文化中的天人合一、天道与人道和谐的思想,有可能治疗当代世界人与自然的对立、人与物的同化等社会病

---

① 费孝通:《费孝通文化随笔》,群言出版社2000年版,第178页。

② 《国语·郑语》。

③ 《论语·子路》。

症，恢复人的尊严，重建人的意义世界，重建人与'天、地、人、物、我'的良性互动关系。"①

其二，中国特色生态伦理应吸取中国文化中的感悟智慧和宏观、整体、连续的思维方式，突破单纯逻辑演绎研究模式的窠臼，建立以感悟与逻辑思维互补的环境伦理学研究模式。中国的先哲认知世界的方式是感悟、体察，即所谓"仰观天文，俯察地理，近取诸身，远取诸物"。"天人合一"理念是"中国古代先哲在自然威胁人类生存的时候，'仰观天文，俯察地理，近取诸身，远取诸物'，通过实践、思考、感悟，而建立的人与自然因地制宜，协调发展的理想信念"②。这一理念造就了独特的中华文化和东方思维。中国先哲具有极高的悟性，如老子对宇宙与道的感悟，让西方现代宇宙学者大感震惊，因为老子在二千多年以前所提出的宇宙生成与演化图景，与现代宇宙学所揭示的宇宙产生与演化模型惊人的相似。还有他"道法自然"和"自然无为"的思想，通过对宇宙大道的感悟揭示生存的智慧，无疑对今天人类如何对待人与自然的关系具有重要的启迪和警醒意义。无论是"天人合一"还是老子的宇宙生成、演化观念，还都体现出了一种宏观、整体、连续的思维方式。例如在老子那里，"道生一，一生二，二生三，三生万物"③，但人由道的演化产生后，并没有像西方哲学那样使人与自然形成主客二分关系，因为他还提出了"人法地，地法天，天法道，道法自然"的主张。中华文化中的感悟智慧和宏观、连续的研究方法可以弥补西方思维的缺陷，并充分体现中国环境伦理学的民族特色。

其三，生态伦理的中国特色的实现，还要求跳出单纯的理性思维的框架，建立以情感为基础的伦理学。反观在西方理性思维模式中人们对生态道德的讨论，我们不禁要问：人对自然的道德关爱，是否一定要建立在确立自然的内在价值基础上？即使是这样，自然的价值如

---

① 方李莉：《"文化自觉"与中国文化价值体系的重构》，《群言》2009 年第 2 期。
② 张其成：《易图探秘》，中国书店出版社 1999 年版，第 4 页。
③ 《道德经》第四十二章。

何确立？是不是要认定自然是以自身为目的，是自在和自为的，才能确立自然的价值？既然自然是自在自为的，又与人何关？诸如此类在西方理性思维模式中提出的命题，很难在中国大众中传播和被大众接受。而在中华民族的传统伦理中，人对自然的亲切感，人对自然的关爱以及提倡天人和谐的观念，与西方生态伦理的理路大不相同，它并不是由理性推论而达成的，而是出自一种内心的情感。

在中国哲学中，"天道生生"是与"天人合一"并列的深湛的思想。这里所说的"天"，不是西方所说的凌驾于人类之上的上帝，而是指自然。孔子说："天何言哉？四时行焉，百物生焉，天何言焉？"他说的天就是指自然。"天道生生"，即自然创造生命、是生命的源泉。《周易》中，乾就是天，就是父；坤就是地，就是母——天父地母。儒家即有"天人合爱"的思想，人之所以爱物，因为自然是人类生命的源泉，是养育我们的父母，我们和自然之间应当有一种情感的、亲情的沟通。儒家学者在说"仁"时也常常把道德范畴扩展到自然界，也就是从"仁民"而"爱物"。"孝"是伦理范畴，但曾子引述孔子的话说："断一树，杀一兽，不以其时，非孝也。"[1] 这些都强调我们应该以对父母的爱来对待自然，才能构建一个和谐、共生、共融的世界。这些思想被中国的大众所接受，并渗透到大众日常的生活行为中：如中国的传统婚礼，"一拜天地，二拜高堂"，天地比亲生父母具有更高的地位；如赣南客家地区，每个村落都设有"社官"，就是一方土地神的灵位，虽然简单，但逢初一、十五和年节，村民必以香火供品祭拜，其状十分虔诚。这些民俗体现出来的文化内涵实际就是对自然的敬畏和礼拜。张载即把万物当作人类的伙伴："民吾同胞，物吾与也。"[2] 这就是中国文化中以情感为基础的环境伦理学。正因它是以情感为基础的，将人与自然之情以及人与人之情相类比，更容易进入大众的心灵，并成为行为中的自觉规范。今天，这一传统伦理特色值得好好继承并发扬光大。

---

[1] 《礼记·祭义》。
[2] 《西铭》。

中国传统文化的自觉，意味着中华民族明确意识到、理解了并且能自觉把握自身文化的内涵和特点。中华民族当然需要吸收外来文化的营养，但中华文化必须具有民族形式，体现民族特色，蕴含民族情感，才能为中华民族广泛认同。因此，在文化自觉的理念下构造中国特色环境伦理学，其意旨正是如此。

### 三 "文化自觉"视角下中国特色环境伦理学的构建

环境伦理学的构建是一项任务艰巨的理论工程。自环境问题凸显之日起，国内学界便开始对环境伦理给予高度关注，并试探着启动中国环境伦理学的构建之路。时至今日，越来越多的学者将中国环境伦理学的构建赋予民族文化的意蕴，认为"文化自觉"是构建具有民族文化特色的环境伦理学所必须矢志不渝地坚持的"文化精神"。我们认为，在构建中国特色环境伦理学的实践过程中，应以民族的视角、历史的眼光、群众的路线坚持和贯彻"文化自觉"之"文化精神"，亦即必须将西方环境伦理"中国化"，将中国传统环境伦理"现代化"，将精英环境伦理"民俗化"。

（一）民族视角：西方环境伦理"中国化"

当今中国的环境伦理学在很大程度上以西方环境伦理学为模板和蓝本，是西方环境伦理的简单叠加与移植，其中环境伦理的民族属性未能充分发掘，换言之，未能实现西方环境伦理的"中国化"。在很长的一段时间里，中华民族特有的环境伦理品质在相当程度上被广大学者所忽视。在不少学者看来，中国传统环境伦理只有一些零散的思想片段，既无精确的概念分析，又无严密的逻辑论证，因此，中华民族文化传统中特有的环境伦理思想只能被置于比西方环境伦理次要的地位。事实上，"中国至高无上的伦理品质中的一些东西，现代世界极为需要"，"若能够被全世界采纳，地球上肯定比现在有更多的欢乐祥和"[1]。中国传统文化中有着现代世界梦寐以求的优秀的环境伦

---

[1] 云杉：《文化自觉、文化自信、文化自强——对繁荣发展中国特色社会主义文化的思考（中）》，《红旗文稿》2010年第16期。

理品质。

学者刘福森认为,中国环境伦理学应该按照中国文化的价值理想、运用中国传统文化(特别是中国传统哲学)的思维方式进行重构,我们需要具有中国特色的中国人自己的环境伦理学。正如文化具有民族性一样,伦理也须具有民族性。不同的民族文化生成不同的环境伦理,不同的环境伦理适应不同的民族文化。中华民族的环境伦理学应该按照中华民族自己的民族特性和文化特性来构建。这就要求我们在构建中国特色环境伦理学时不能简单移植西方环境伦理学的内容框架和思维模式,而应在引进、消化、吸收的基础上进行再创新,找到适合中华民族特色、与中国传统环境伦理思想相通、能够融入中华民族文化的合理成分。也就是说,我们在引进西方环境伦理思想的过程中,应始终坚持"以我为主,为我所用"的原则。唯有如此,才能实现西方环境伦理"中国化",才能真正构建具有中国特色的环境伦理学。

(二)历史眼光:中国传统环境伦理"现代化"

中国传统文化中蕴含着丰富的环境伦理思想。传说中,在神农氏时代就有"春夏之所生不伤不害"之类的保护生物资源的禁令颁布,在大禹时代又颁布了《禹禁》。到了周代,环境保护意识更加强烈,出现了比较系统的保护生物资源的理论,制定了相关法规,还设立了相应的管理机构。春秋战国时期的儒家、道家在环境伦理方面更是颇有建树,提出了"天人合一"的思想主张,其中道家更是强调万物平等、物无贵贱、物我同一。汉代以后,随着佛教的传入,环境伦理思想更是空前丰富。佛教主张众生平等,严禁杀生,倡导慈悲为怀。中国自古以来就有追求物我和谐的生态理念,这些宝贵的思想财富对中国特色环境伦理学的构建大有裨益。

近年来,越来越多的学者意识到中国传统文化中环境伦理思想的独特性和启发性,极力推崇挖掘中国传统环境伦理思想资源,以构建具有中国特色的环境伦理学。但是,多数学者只是停留在对中国传统环境伦理的宣传与说教层面,并未深入分析传统环境伦理对现今中国特色环境伦理学构建的实用性。更确切地说,传统环境伦理由于"尘封已久",在未深入"雕琢"的情况下很难适应现代环境伦理学的构建需求,因为"伦理同哲学一样都是有时代性的"①。中国传统环境伦理思想是中国早期农业文明时代的产物。如今,人类文明已经历原始文明、农业文明、工业文明,正在朝着生态文明迈进,人类的生产生活方式、伦理价值观念等发生了天翻地覆的深刻变化。今日的人类文明时代同孕育中国传统环境伦理思想的农业文明时代相距甚远。处在工业文明向生态文明过渡的拐点处,今日的中国需要认真思考传统伦理思想的现代价值,需要慎重把握传统伦理思想的时代转换。换言之,构建中国特色环境伦理学必须正确处理好传统与现代、传承与创新的关系问题。我们要清楚地意识到,将传统环境伦理吸收到中国特色环境伦理学中并不是对传统环境伦理的简单回归、守旧复古,而是要立足新的实践、顺应时代潮流,取其精华、弃其糟粕,不断进行新的文化创造。只有如此,才能使我国的环境伦理学既保持民族文化传统,又适应现代环境伦理发展的需要。

(三)群众路线:精英环境伦理"民俗化"

众所周知,任何科学理论都以掌握和服务民众为宗旨。一般而言,受知识背景、资源禀赋、思想观念等因素的影响,理论往往首先由社会精英分子发现和掌握。然而,一国文化力量的强大与否并非决定于精英文化,而是取决于大众文化。可以说,大众文化在很大程度上代表了一个民族的性格、特质和精神。环境伦理思想发展史告诉我们,在很大程度上,环境伦理确实首先是作为精英文化而存在的,但随后都会呈现出不断转化为普通民众保护自然的道德实践这一发展趋势。

首先作为精英文化而存在的环境伦理,必须转化为普通民众的道德实践。也只有如此,才能体现环境伦理的内在价值。那么,如何将环境伦理转化为普通民众的道德实践呢?这就必须经历一个使精英环境伦理大众化、通俗化的过程,这可以称之为精英环境伦理"民俗

---

① 刘福森:《中国人应该有自己的环境伦理学》,2011年中国环境哲学和环境伦理学年会论文集,广东清远,2011年10月,第1页。

化"的过程。接下来的问题是如何使精英环境伦理大众化、通俗化，也即如何使作为精英文化的环境伦理成为普通百姓津津乐道的通俗话题。我们知道，社会精英文化只有通过普通百姓内心早已认同的文化形式才能得以传播和延续。这就需要充分挖掘和发挥与普通百姓的日常生活衔接紧密的文化形式——民俗文化——的中介力量。刘福森教授认为，民俗文化在民族特有的自然环境、经济方式、社会结构、政治制度等因素的制约下孕育和发展，在文化传统的延续中保存和传承，并通过民间信仰、民俗节日、民俗礼仪、民间文学艺术等表现出来。民俗文化直接产生并依附于普通百姓的现实生活，这就决定了它在很大程度上能够直接决定普通百姓的行为。因此，要充分发挥民俗文化的中介作用，把理论化、抽象化的环境伦理通过民俗文化的具体表现形式展现给广大民众，让他们在潜移默化中主动认同并自觉实践这些理论。

## 第三节　以环境伦理的生态化推进中国环境法治建设

可以说，人类历史上每一次环境法治的推进无一例外地折射出环境伦理对于环境法治的轴心与灵魂地位。同样地，每一次环境法治的步履蹒跚均向我们昭示着环境伦理的缺失与无力。伦理乃法治之灵魂和根本，环境法治离不开环境伦理的支撑。如前所述，环境伦理缺失是阻滞中国环境法治建设的始源性、根本性起因。更确切地说，中国环境法治建设之所以未能如人意，很大程度上源于环境伦理的"名不符实"，即环境伦理未能真正突出"环境要素"，未能真正融入"生态血液"，指导中国环境法治建设的环境伦理未能真正实现的"生态化"。

长期以来，包括中国在内的世界各国的环境伦理均未摆脱人类中心主义思想的束缚，环境法治的灵魂和基础长期陷于人类利益至上的思想樊篱中而难以自拔。这是导致环境法治在很长一段历史时期处于踌躇不前之尴尬境地的深层次根源。生态化的环境伦理适应生态文明的时代要求，摆脱了"人类中心主义"思想的束缚，借鉴"生态中心主义"思想的合理内核，在确立生态可持续的前提下追求人类生存和发展的权利，并以保持生态整体价值为依归。实现环境法治不应以人的利益为参照，而应以保持和促进生态系统的平衡为价值目标，这是每一个热切盼望自己能够拥有美好的生存家园的人所应该而且必须深谙的道理。中国环境法治建设要想得以不断推进，必须促进环境伦理的生态化，以环境伦理的生态化推进中国环境立法、环境执法、环境守法朝着符合人类本性和生态整体性的目标迈进。

## 一 以环境伦理的生态化推进中国环境立法建设

中国环境立法的伦理缺失主要表现在环境立法目的和环境立法内容上。无论是呈现经济主义的立法目的还是充满行政色彩的立法内容，其深层次的根源都是环境伦理陷入了"人类本位"的樊篱中，并未确立生态本位的环境伦理，即未实现环境伦理的生态化。因此，以环境伦理的生态化推进中国环境立法应从两方面着手，一方面以环境伦理的生态化推进环境立法目的的生态化；一方面以环境伦理的生态化推进环境立法内容的生态化。

（一）以环境伦理的生态化推进环境立法目的的生态本位

法律的目的是法律内在价值的集中体现。环境立法目的直接来源于环境伦理。传统环境伦理指导下的环境法治存在环境立法目的的经济主义或功利主义倾向，生态化的环境伦理能够避免环境立法目的的经济主义倾向，促使环境立法目的实现生态化转向。

可以说，中国现行环境立法之所以经济主义倾向较严重，在很大程度上是由于未彻底脱离传统环境伦理的"人类本位"思想，即以人的利益出发衡量环境的价值。在这种伦理观的影响下，生态环境极容易被片面地视为人类利益实现的手段或工具，有人甚至认为环境离开人便"一无是处"。生态化的环境伦理以维护生态系统的整体发展为最终旨归，认为人只是生态系统整体中的一部分，人类保护环境的真正目的是保持生态系统整体的价值，不应以人的片面发展破坏生态系统的平衡。基于此，人类开展任何实践活动都必须建立在自然生态安全的基础之上，否则即是违背伦理。因此，生态化的环境伦理要求环境法律摒弃人类狭隘的道德偏见，重新看待人与自然生态系统的关系，将维护生态系统整体的价值作为环境法律追求的首要目标，从而实现环境立法目的的生态本位。

（二）以环境伦理的生态化推进环境立法内容的权利本位

确立合理的法本位也即以什么作为法律的终极关怀，对于中国环境法治状态的形成与完善具有重要的促进作用。任何法律，其内容都必须建立在一定的权利义务关系之上，并且从法理的角度讲，"在权利和义务的关系上，权利是目的，义务是手段，法律设定义务的目的在于保障权利的实现"，"对权利的张扬，视权利为本位，正是法治的真正意蕴"[①]。既然如此，法律内容当以权利为本位才能赢得最广泛的民意支持。而事实上，中国乃至世界多数国家的环境立法由于受传统环境伦理的影响而以义务为本位。

生态化的环境伦理认为自然除了具有相对于人而言的工具价值外，还具有其本身所固有的内在价值，并且更加强调其内在价值。人必须对自然的内在价值加以维护，这种维护建立在人的自为自觉基础上，并且表现为一种人对自然的终极关怀。这一伦理扩展到法理层面必然地要突出人的主动性与自觉性。具体到法律层面则必须明确人的权利，使权利成为义务的直接动因。因为在法律上只有权利才是证明人的主动性与自觉性的唯一权威象征，义务在很大程度上是人的受动性的例证。也就是说，生态化的环境伦理要求环境法律以权利为基点，由权利推导出义务。

## 二 以环境伦理的生态化推进中国环境执法建设

中国环境执法之所以不尽如人意，执法目的"不纯正"与执法行为不公正是其最直接也是最主要的原因。一方面，不少环境执法者将环境执法目的简单地归为保证经济持续发展，甚至认为环境执法就是

---

① 转引自王树义主编《可持续发展与中国环境法治——〈中华人民共和国环境保护法〉修改专题研究》，科学出版社2005年版，第92页。

为了惩治环境违法与犯罪。另一方面，不少环境执法者常常陷入"人情关"、"权力关"、"金钱关"而影响环境执法的公正性和有效性。要想根本扭转环境执法目的，规范环境执法行为，必须实现环境伦理的生态化，以环境伦理的生态化推进环境执法目的生态化和环境执法行为公正化。

（一）以环境伦理的生态化推进环境执法目的生态化

在环境执法的具体实践中，执法者如何看待环境执法，或者确切地说，环境执法者心目中的执法行为是为着怎样的目的往往左右着环境执法的价值走向，从而影响环境执法行为的公正性及有效性。中国环境执法问题的诱因之一便是环境执法目的的经济主义、功利主义色彩浓厚。在这种环境伦理观的主导下，"为发展经济而执法"、"为维护法律权威而执法"等极端的人类中心主义就成了不少环境执法者的指挥棒。

生态化的环境伦理将人与自然共同纳入道德关怀中，并且认为人是地球上唯一自为自觉的生物体，天然地应对其他自然存在物负起道德责任，由此赋予人保护整个自然生态系统的职责。这就意味着人不应仅仅考虑自身的利益，尤其是片面的、短期的利益，而应以道德主体的身份关心整个自然系统的安危。照此说来，人类应以自然的存续为目的，以两种方式关心自然，一要自己不破坏，二要让破坏者付出应有代价。因此，生态化的环境伦理要求环境执法者怀着"自然为人类之母"的情操看待环境执法，将维护自然系统的整体存续视为环境执法的价值目标。这样的环境伦理必然有利于实现环境执法目的的生态化。

（二）以环境伦理的生态化推进环境执法行为公正化

中国目前出现了不少在人情、强权和钱财驱使下的环境执法行为不公正现象。环境执法行为不公折射出公民在环境权利享有上的不平等，也即在环境权的享有上存在"特权阶级"。之所以出现公民在享有环境权利上的不平等现象，其主要原因之一便是未将自然价值视为一项人人平等享受的权利纳入环境伦理。

生态化的环境伦理主张人人生而平等地享受自然生态系统给我们

提供的各种以人为参照的和不以人为参照的价值，在享受自然价值方面不存在特权阶级。任何人都不应该在自己享受自然价值的过程中损害或剥夺他人享受自然价值的权利，否则便要受到伦理谴责。生态化的环境伦理自然不允许任何人损害或剥夺他人享受自然价值的权利和机会。因此，生态化的环境伦理要求环境执法者以道德良心拷问自己的灵魂，对任何侵害他人环境权，违背环境法律的行为给予公正无私的裁决。在生态化环境伦理的引导下，环境执法者便能在内心深处树立一条"环境权"面前人人平等的执法准则，以公正执法维护生态系统的整体存续。

### 三　以环境伦理的生态化推进中国环境守法建设

中国的环境守法状况堪忧，突出地反映在公民环境守法动机的功利性和环境守法行为的受动性两方面。从这个意义上说，以环境伦理的生态化推进中国环境守法建设的关键在于一方面以环境伦理的生态化推进环境守法动机生态化，另一方面以环境伦理的生态化推进环境守法行为自觉化。

（一）以环境伦理的生态化推进环境守法动机生态化

目前中国公民的环境守法动机显示出较大的经济功利性。相当一部分公民仅仅将环境保护视为经济发展的必要条件，认为保护环境仅仅是为了更好地促进经济发展。在不少人的视界里，保护环境仅仅是促进经济发展的必要手段。在这种伦理观的影响下，人与自然的关系在本质上仍旧处于主、客二分的扭曲状态，经济发展逐渐脱离其本来面目，呈现出牺牲资源环境并阻碍经济发展的异化状态。

生态化的环境伦理认为，环境伦理追求生态系统的整体发展，不能仅仅将人这个生态系统中的部分的发展视为环境伦理所追求的价值目标。退一步讲，即便是以人为参照管窥生态系统的整体发展，也应该将经济发展视为手段，将人的发展视为目的。在人与自然矛盾日益凸显的今天，我们应当比以往任何时代都要深谙人的发展真谛，深刻认识人的发展是表现在经济、政治、文化、生态等各方面的、多维度的整体发展。发展经济只能说是有利于人在经济这一基本维度的发展，单单以经济发展作为目的去追求是违背环境伦理的。因此，生态化的环境伦理要求人出于维护生态系统整体发展或者出于维护人的全面发展的目的保护环境。在这样的环境伦理指引下，人们的守法动机便能自然地由经济主义倾向转向生态整体主义倾向。

(二) 以环境伦理的生态化推进环境守法行为自觉化

总体而言，中国公民的环境守法行为呈现出明显的受动性，也即环境守法不够自觉。可以说，对环境法律仅仅停留在"不触犯"层面的大有人在，就连利用法律漏洞谋取利益的现象也屡见不鲜。试想个中缘由，恐怕不仅仅是受利益的驱使这般简单。人类历史演进的规律告诉我们，在很多情况下，伦理精神层面的东西往往比利益对人的驱使力量要强大得多。中国公民的环境守法行为呈现出如此强烈的受动性，在很大程度上是由于中国现存的环境伦理未确立人与自然的和谐道德关系，即未将人对自然的自觉的道德义务纳入环境伦理。

生态化的环境伦理主张在人与自然之间建立一种和谐共生的道德关系，这一道德关系是人得以持续生存、发展的前提，人应该主动地、自觉地承担起维护自身与自然之间的和谐道德关系的责任或义务。这种人对自然的自觉的道德义务是建基于人与其他自然存在物的根本区别基础之上。这一根本区别在于人是能动的、创造的生物体，有着强烈的自主性和自觉性。也就是说，生态化的环境伦理要求人主动地承担起保护自然生态环境的使命。在这样的环境伦理指引下，人类将重新审视自身与自然的关系，从人与自然的简单经济关系中解放出来，确立一种人与自然的经济—道德双重关系，并以道德关系作为经济关系的基础和前提。如若生态化的环境伦理得以建立，人们的环境守法行为将更多的是出于对人类的生存和发展环境的自觉关怀，而不仅仅是慑服于法律的权威。

# 参考文献

## 一 著作

[1]《马克思恩格斯选集》第2卷,人民出版社1995年版。

[2]《马克思恩格斯选集》第3卷,人民出版社1995年版。

[3]《马克思恩格斯选集》第4卷,人民出版社1995年版。

[4]《马克思恩格斯全集》第1卷,人民出版社1956年版。

[5]《马克思恩格斯全集》第3卷,人民出版社1960年版。

[6]《马克思恩格斯全集》第7卷,人民出版社1957年版。

[7]《马克思恩格斯全集》第16卷,人民出版社1972年版。

[8]《马克思恩格斯全集》第24卷,人民出版社1979年版。

[9]《马克思恩格斯全集》第25卷,人民出版社1974年版。

[10]《马克思恩格斯全集》第42卷,人民出版社1979年版。

[11] [德]卡尔·马克思:《1844年经济学哲学手稿》,人民出版社2000年版。

[12] [德]卡尔·马克思:《资本论》第1卷,郭大力、王亚南译,人民出版社1975版。

[13] [德]弗里德里希·恩格斯:《自然辩证法》,人民出版社1971年版。

[14]《邓小平文选》第3卷,人民出版社1993年版。

[15]《江泽民文选》第3卷,人民出版社2006年版。

[16] [英]克莱夫·庞廷:《绿色世界史:环境与伟大文明的衰落》,王毅、张学广译,上海人民出版社2002年版。

[17] [美]莱斯特·布朗:《B模式》,林自新、暴永宁译,东方出

版社 2003 年版。
- [18] [日] 岩佐茂:《环境的思想》,韩立新等译,中央编译出版社 1997 年版。
- [19] [美] 约翰·帕金斯:《地缘政治与绿色革命》,王兆飞、郭晓兵译,华夏出版社 2001 年版。
- [20] [美] 丹尼尔·A. 科尔曼:《生态政治:建设一个绿色社会》,梅俊杰译,上海译文出版社 2002 年版。
- [21] [美] 霍尔姆斯·罗尔斯顿:《环境伦理学》,杨通进译,中国社会科学出版社 2000 年版。
- [22] [美] 欧文·拉兹洛:《第三个 1000 年:挑战与前景》,王宏昌、王裕棣译,社会科学文献出版社 2001 年版。
- [23] [美] 罗斯科·庞德:《法律与道德》,陈林林译,中国政法大学出版社 2003 年版。
- [24] [美] 约翰·贝拉米·福斯特:《生态危机与资本主义》,耿建新译,译文出版社 2006 年版。
- [25] [德] 黑格尔:《小逻辑》,贺麟译,商务印书馆 1980 年版。
- [26] [圭亚那] 施里达斯·拉夫尔:《我们的家园——地球》,夏堃堡等译,中国环境科学出版社 1993 年版。
- [27] [德] 康德:《法的形而上学原理》,沈叔平译,商务印书馆 1991 年版。
- [28] [美] 奥尔多·利奥波德:《沙乡年鉴》,侯文蕙译,吉林人民出版社 1997 年版。
- [29] [德] 黑格尔:《法哲学原理》,范扬、张企泰译,商务印书馆 1961 年版。
- [30] [美] 霍尔姆斯·罗尔斯顿:《哲学走向荒野》,刘耳、叶平译,吉林人民出版社 2000 年版。
- [31] [英] 大卫·休谟:《人性论》,关文运译,商务印书馆 1980 年版。
- [32] [法] 阿尔贝特·施韦泽:《敬畏生命》,陈泽环译,上海社会科学院出版社 1992 年版。

[33] [美] 爱德华·威尔逊：《生命的未来》，陈家宽等译，上海人民出版社2008年版。

[34] [美] 唐奈勒·梅多斯、丹尼斯·梅多斯等：《超越极限》，赵旭、周欣华等译，上海译文出版社2001年版。

[35] [美] 希拉里·弗伦奇：《消失的边界》，李丹译，上海译文出版社2002年版。

[36] [英] 培根：《新工具》，许宝骙译，科学出版社1983年版。

[37] [美] 巴里·康芒纳：《与地球和平共处》，王喜六等译，上海译文出版社2002年版。

[38] [美] 丹尼斯·米都斯：《增长的极限》，李玉恒译，四川人民出版社1984年版。

[39] [美] 弗·卡普拉、查·斯普雷纳克：《绿色政治——全球的希望》，石音等译，东方出版社1988年版。

[40] [英] 弗里德里希·A.哈耶克：《科学的反革命：理性滥用之研究》，冯克利译，译林出版社2003年版。

[41] 联合国环境与发展大会：《21世纪议程》，国家环境保护局译，中国环境科学出版社1993年版。

[42] [美] 巴里·康芒纳：《封闭的循环——自然、人和技术》，侯文蕙译，吉林人民出版社1997年版。

[43] 费孝通：《费孝通文化随笔》，群言出版社2000年版。

[44] 费孝通：《论人类学与文化自觉》，华夏出版社2004年版。

[45] 余谋昌：《生态价值观》，中共中央党校出版社1998年版。

[46] 杨通进：《走向深层的环保》，四川人民出版社2000年版。

[47] 吕忠梅：《超越与保守：可持续发展视野下的环境法创新》，法律出版社2003年版。

[48] 甘绍平：《应用伦理学前沿问题研究》，江西人民出版社2002年版。

[49] 孙道进：《马克思主义环境哲学研究》，人民出版社2008年版。

[50] 许明达：《第三个台阶》，社会科学文献出版社2005年版。

[51] 余谋昌：《环境哲学：生态文明的理论基础》，中国环境科学出

版社 2010 年版。

[52] 曹孟勤、徐海红：《生态社会的来临》，南京师范大学出版社 2010 年版。

[53] 虞崇胜：《政治文明论》，武汉大学出版社 2003 年版。

[54] 姬振海：《生态文明论》，人民出版社 2007 年版。

[55] 黄承梁、余谋昌：《生态文明：人类社会全面转型》，中共中央党校出版社 2010 年版。

[56] 余谋昌：《生态文明论》，中央编译出版社 2010 年版。

[57] 刘思华：《生态马克思主义经济学原理》，人民出版社 2006 年版。

[58] 孙正甲：《生态政治学》，黑龙江人民出版社 2005 年版。

[59] 郇庆治：《欧洲绿党研究》，山东人民出版社 2001 年版。

[60] 余谋昌：《生态哲学》，陕西人民出版社 2000 年版。

[61] 王雨辰：《生态批判与绿色乌托邦》，人民出版社 2009 年版。

[62] 沈宗灵：《现代西方法理学》，北京大学出版社 1992 年版。

[63] 张文显：《二十世纪西方法哲学思潮研究》，法律出版社 1997 年版。

[64] 曹刚：《法律的道德批判》，江西人民出版社 2001 年版。

[65] 高兆明：《伦理学理论与方法》，人民出版社 2005 年版。

[66] 余谋昌：《生态文明的理论阐述》，东北林业大学出版社 1996 年版。

[67] 汪劲：《环境法律的理念与价值追求》，法律出版社 2000 年版。

[68] 王曦编著：《国际环境法》，法律出版社 1998 年版。

[69] 杨朝飞：《环境保护与环境文化》，中国政法大学出版社 1994 年版。

[70] 张其成：《易图探秘》，中国书店出版社 1999 年版。

[71] 吴国盛主编：《自然哲学》第 2 卷，中国社会科学出版社 1996 年版。

[72] 李爱年：《环境法的伦理审视》，科学出版社 2006 年版。

[73] 傅华：《生态伦理学探究》，华夏出版社 2002 年版。

[74] 张文显：《法哲学范畴研究》（修订版），中国政法大学出版社 2001 年版。

[75] 高兆明：《伦理学理论与方法》，人民出版社 2005 年版。

[76] 吕忠梅：《环境法学》，法律出版社 2004 年版。

[77] 常纪文：《环境法原论》，人民出版社 2003 年版。

[78] 曹明德：《生态法原理》人民出版社 2002 年版。

[79] 蔡守秋：《环境资源法学教程》，武汉大学出版社 2000 年版。

[80] 蔡守秋：《调整论——对主流法理学的反思与补充》，高等教育出版社 2003 年版。

[81] 刘本炬：《论实践生态主义》，中国社会科学出版社 2007 年版。

[82] 蔡守秋：《国土法的理论与实践》，中国环境科学出版社 1991 年版。

[83] 汪劲：《中国环境法原理》，北京大学出版社 2000 年版。

[84] 叶平：《生态伦理学》，东北林业大学出版社 1994 年版。

[85] 程正康：《环境法概要》，光明日报出版社 1986 年版。

[86] 汪劲编著：《日本环境法概要》，武汉大学出版社 1994 年版。

[87] 田海舰、邹卫：《社会主义核心价值观论纲》，人民出版社 2010 年版。

[88] 张坤民：《可持续发展论》，中国环境科学出版社 1997 年版。

[89] 周珂：《生态环境法论》，法律出版社 2001 年版。

[90] 杨通进、高予远主编：《现代文明的生态转向》，重庆出版社 2007 年版。

[91] 金瑞林主编：《环境法学》，北京大学出版社 1990 年版。

[92] 孙国华、朱景文主编：《法理学》，中国人民大学出版社 1999 年版。

[93] 公丕祥主编：《法理学》，复旦大学出版社 2002 年版。

[94] 韩德培主编：《环境保护法教程》，法律出版社 1998 年版。

[95] 韩德培主编：《环境资源法论丛》第 1 卷，法律出版社 2001 年版。

[96] 《第二届亚太可持续发展交通与环境技术大会论文集》组委会

编：《第二届亚太可持续发展交通与环境技术大会论文集》，人民交通出版社 2000 年版。

[97] 何怀宏主编：《生态伦理——精神资源与哲学基础》，河北大学出版社 2002 年版。

[98] 王曦主编：《国际环境法资料选编》，民主与建设出版社 1999 年版。

[99] 徐嵩龄主编：《环境伦理学进展——评论与阐释》，社会科学文献出版社 1999 年版。

[100] 王树义主编：《可持续发展与中国环境法治——〈中华人民共和国环境保护法〉修改专题研究》，科学出版社 2005 年版。

[101] 吕忠梅主编：《环境资源法论丛》第 6 卷，法律出版社 2006 年版。

[102] 郑永流主编：《法哲学与法社会学论丛》第 3 卷，中国政法大学出版社 2001 年版。

[103] 刘爱军：《生态文明视野下的环境立法研究》，博士学位论文，中国海洋大学，2006 年。

[104] P. Blaikie and H. C. Broodfield (eds.), *Land Degradation and Society*, London: Methuen, 1987.

[105] Bateman I. J, Willis K. G., *Valuing Environmental Preferences: Theory and Practice of the Contingent Valuation Method in the US, EU, and Developing Countries*, Oxford: Oxford University Press, 1995.

## 二 期刊论文

[1] 赖章盛：《关于生态文明社会形态的哲学思考》，《云南民族大学学报》（哲学社会科学版）2009 年第 5 期。

[2] 张首先：《生态文明：内涵、结构及基本特性》，《陕西师范大学学报》2010 年第 1 期。

[3] 李应振：《从农业文明到生态文明：走向人与自然的和谐发展》，

《阜阳师范学院学报》（社会科学版）2006 年第 2 期。

[4] 余谋昌：《生态文化：21 世纪人类新文化》，《新视野》2003 年第 4 期。

[5] 赵成：《论生态文明建设的价值诉求——生态价值观》，《中共石家庄市委党校学报》2008 年第 4 期。

[6] 卢风：《生态价值观与制度中立——兼论生态文明的制度建设》，《上海师范大学学报》2009 年第 3 期。

[7] 孙莉：《法治与德治正当性分析》，《中国社会科学》2002 年第 6 期。

[8] 石文龙：《法律与道德关系新论》，《西南政法大学学报》2003 年第 4 期。

[9] 何士青：《生态文明的法理构建》，《湖北大学学报》（哲学社会科学版）2008 年第 3 期。

[10] 陈泉生：《论科学发展观与法律的生态化》，《法学杂志》2005 年第 5 期。

[11] 范进学：《论道德法律化与法律道德化》，《法学评论》1998 年第 2 期。

[12] 黄品、周海林：《全球可持续发展战略的回顾与展望》，《世界环境》2000 年第 4 期。

[13] 蔡守秋：《论环境道德与环境法的关系》，《重庆环境科学》1999 年第 2 期。

[14] 焦传岭：《谈谈环境道德与环境法的双向趋同——环境道德的法律化与环境法的道德化》，《武汉大学学报》（哲学社会科学版）2007 年第 5 期。

[15] 蔡守秋：《深化环境资源法学研究，促进人与自然的和谐发展》，《法学家》2004 年第 1 期。

[16] 王树义、桑东莉：《客观地认识环境法的调整对象》，《法学评论》2003 年第 4 期。

[17] 朱斌、张利华、宋江华：《资源、环境与社会发展》，《科学对社会的影响》1994 年第 1 期。

［18］刘文燕、刘滨：《生态法学产生的原因及指导思想》，《求是学刊》1998 年第 2 期。

［19］杜万平：《解读生态法学》，《暨南学报》（哲学社会科学版）2007 年第 3 期。

［20］刘立国、王洁、赵剑强：《环境资源与生态系统的关系》，《地球科学与环境学报》2005 年第 3 期。

［21］谢冬慧、王建国：《中外环境立法目的之比较》，《河南省政法管理干部学院学报》2008 年第 1 期。

［22］刘限、王春年：《环境伦理学———一门新兴交叉性学科》，《河北师范大学学报》（哲学社会科学版）2003 年第 6 期。

［23］曾建平：《生态伦理：解读人与自然关系的新范式》，《天津社会科学》2003 年第 3 期。

［24］马骧聪：《俄罗斯联邦的生态法学研究》，《外国法译评》1997 年第 2 期。

［25］杨通进：《环境伦理学的基本理念》，《道德与文明》2000 年第 1 期。

［26］徐春：《生态文明与价值观转向》，《自然辩证法研究》2004 年第 4 期。

［27］刘福森：《生态伦理学的困境与出路》，《北京师范大学学报》（社会科学版）2008 年第 3 期。

［28］余谋昌：《走出人类中心主义》，《自然辩证法研究》1994 年第 7 期。

［29］杨通进：《环境伦理学的三个理论焦点》，《哲学动态》2002 年第 5 期。

［30］郑红娥：《对环境伦理学的再思考》，《学术交流》2003 年第 3 期。

［31］曹顺仙：《论生态危机全球化》，《生态经济》2009 年第 9 期。

［32］聂华林：《论生态发展》，《开发研究》2002 年第 1 期。

［33］卢巧玲：《生态价值观：从传统走向后现代》，《社会科学家》2006 年第 4 期。

[34] 徐民华：《生态社会主义的生态发展观对构建和谐社会的启示》，《当代世界与社会主义》2005年第4期。

[35] 陈培永：《论生态学马克思主义生态正义论的建构》，《华中科技大学学报》（社会科学版）2010年第1期。

[36] 任暟：《科技视阈下的绿色维——西方生态马克思主义的技术观》，《江汉论坛》2007年第7期。

[37] 李世书：《生态学马克思主义的科学技术观》，《自然辩证法研究》2007年第7期。

[38] 李亮：《走向生态的社会与自由的自然——布克金〈自由生态学：等级制的出现与消解〉评介》，《绿叶》2011年第10期。

[39] 雷毅：《阿伦·奈斯的深层生态学思想》，《世界哲学》2010年第4期。

[40] 齐力：《生态社会、恢复型经济与可持续发展》，《生态经济》2009年第9期。

[41] 刘洪文：《生态发展观：从经济向政治的跨越》，《求索》2001年第2期。

[42] 聂华林：《论生态发展》，《开发研究》2002年第1期。

[43] 曹孟勤、黄翠新：《从征服自然的自由走向生态自由》，《自然辩证法研究》2012年第10期。

[44] 史家亮：《构建科学生态价值观刍论》，《内蒙古农业大学学报》（社会科学版）2008年第6期。

[45] 郭熙保、杨开泰：《生态现代化理论评述》，《教学与研究》2006年第4期。

[46] 王现东：《基于低碳理念的生态价值观批判与重构》，《求索》2012年第1期。

[47] 肖中舟：《关工业技术文明批判的若干思考》，《深圳大学学报》（人文社会科学版）2000年第3期。

[48] 秦书生：《科学发展观的技术生态化导向》，《科学技术与辩证法》2007年第5期。

[49] 崔建霞：《共生共荣：人与自然的和谐发展》，《北京理工大学

学报》（社会科学版）2003 年第 6 期。

[50] 廖小平：《可持续发展的两个伦理论证维度——兼论生态伦理与代际伦理的关系》，《中南林业科技大学学报》（社会科学版）2007 年第 1 期。

[51] 袁记平：《马克思主义生态观与生态社会建设》，《求实》2011 年第 12 期。

[52] 周生贤：《中国特色生态文明建设的理论创新和实践》，《求是》2012 年第 19 期。

[53] 樊小贤：《用生态文明引导生活方式的变革》，《理论导刊》2005 年第 10 期。

[54] 云杉：《文化自觉、文化自信、文化自强——对繁荣发展中国特色社会主义文化的思考（中）》，《红旗文稿》2010 年第 16 期。

[55] 刘福森：《生态伦理学的困境与出路》，《北京师范大学学报》（社会科学版）2008 年第 3 期。

[56] 费孝通：《重建社会学与人类学的回顾和体会》，《中国社会科学》2000 年第 1 期。

[57] 方李莉：《"文化自觉"与中国文化价值体系的重构》，《群言》2009 年第 2 期。

[58] 余谋昌：《从生态伦理到生态文明》，《马克思主义与现实》2009 年第 2 期。

[59] 张士敏：《拥抱大树》，《读者》2001 年第 9 期。

[60] 常纪文：《再论环境法的调整对象——评"法只调整社会关系"的传统法观点》，《云南大学学报》（法学版）2002 年第 4 期。

[61] 钱永苗：《环境法调整对象的应然与实然》，《中国法学》2003 年第 3 期。

## 三 报刊文章

[1] 胡锦涛：《高举中国特色社会主义伟大旗帜 为夺取全面建设小康社会新胜利而奋斗》，《人民日报》2007 年 10 月 15 日。

[2] 胡锦涛:《坚定不移沿着中国特色社会主义道路前进 为全面建成小康社会而奋斗》,《人民日报》2012年11月8日。

[3] 刘毅:《贾庆林信贺生态文化协会成立》,《人民日报》(海外版)2008年10月9日。

[4] 杨学博:《从战略高度破解环境污染难题(问对)》,《人民日报》2013年7月28日。

[5] 杨通进:《生态公民:生态文明的主体基础》,《光明日报》2008年11月28日。

[6] 依明卡力·力克衣木:《树立公民的生态意识》,《学习时报》2012年4月17日。

[7] 蔡登谷:《中国生态文化体系研究初步设想》,《中国绿色时报》2008年10月20日。

[8] 郑欣荣:《全球化石能源还够用多久?中科院院士估计约100年》,《长江日报》2010年3月12日。

## 四 网络文章

[1] 《联合国〈全球环境展望(四)〉(GEO4)在北京发布》,2007年11月2日,中国科学院(http://www.cas.cn/xw/yxdt/200711/t20071102_985292.shtml)。

[2] 文传浩、文小勇:《生态政治与政治生态化》,2003年8月5日,北大法律信息网(http://jrw.nxbug.com/)。

[3] 蔡亚娜、缪绅裕、李冬梅:《关于"生态化"》,2007年10月25日,中国环境生态网(http://www.eedu.org.cn./article/ecology/200404/765.html)。

[4] 百度百科"环境"词条(http://baike.baidu.com/view/13655.htm)。

[5] 百度百科"环境库兹涅茨曲线"词条(http://baike.baidu.com/view/60982.htm)。

[6] 百度百科"雾霾"词条(http://baike.baidu.com/view/740466.htm)。

# 后　记

本书是江西省高校人文社会科学重点研究基地项目《生态文明视域下环境法治与价值观的生态化转型研究》（项目编号：JD0938）的结项成果。该项目的难度和复杂度超出了最初的预想，但在大家的努力下最终得以完成。

自立项始，课题组成员即投入了巨大的精力。课题负责人赖章盛教授在总体上确定了全书的写作提纲，明晰了主要章节之间的逻辑关系。之后，课题组成员围绕课题的各个部分展开研究。其中，在赖章盛教授、邓永芳副教授的指导下，硕士研究生孔臻峥（第一、二章）、李红林（第五章）、胡文娟（第六章）、胡小玉和李会勤（第七章）等也参与了相关资料搜集与部分写作工作。邓永芳副教授对全书进行了统稿和润饰。

综合方能创新。本课题研究吸纳、借鉴了国内外环境法学、生态伦理学等领域众多学者的优秀理论成果。在本书中，我们亦尽可能详细地在注释、参考文献中把它们标识出来，而不敢贪天之功为己功。在此，对他们的辛勤劳动深表谢忱！